U0109627

古典文獻研究輯刊

三　編

潘美月・杜潔祥　主編

第10冊

劉寶楠《論語正義》研究

楊　菁　著

國家圖書館出版品預行編目資料

劉寶楠《論語正義》研究／楊菁著 — 初版 — 台北縣永和市：花木蘭文化出版社，2006〔民95〕

序 2+ 目 2+202 面；19×26 公分
（古典文獻研究輯刊 三編；第 10 冊）
ISBN：978-986-7128-45-4（精裝）
ISBN：986-7128-45-1（精裝）
1. 論語 – 註釋 – 研究與考訂
121.222　　95015376

古典文獻研究輯刊
三 編 第十九冊

ISBN：978-986-7128-45-4
ISBN：986-7128-45-1

劉寶楠《論語正義》研究

作　　者 楊 菁
主　　編 潘美月 杜潔祥
企劃出版 北京大學文化資源研究中心
出　　版 花木蘭文化出版社
發 行 所 花木蘭文化出版社
發 行 人 高小娟
聯絡地址 台北縣永和市中正路五九五號七樓之三
電話：02-2923-1455／傳眞：02-2923-1452
電子信箱 sut81518@ms59.hinet.net
初　　版 2006 年 9 月
定　　價 三編 30 冊（精裝）新台幣 46,500 元

劉寶楠《論語正義》研究

楊　菁著

作者簡介

楊菁，臺灣省臺中縣人，畢業於東吳大學中國文學研究所博士班，曾任教東吳大學、萬能科技大學，現為國立彰化師範大學國文學系助教授。著作有專書：《劉寶楠論語正義研究》、《李光地與清初理學》；單篇論文：〈劉寶楠《論語正義》的注疏方法及其特色〉、〈論《朱子全書》與《性理精義》之編纂特色〉、〈張伯行對程朱理學的傳布及其影響〉、〈朱澤澐的朱子學〉、〈乾嘉學者治《論語》之成果〉等；譯作有《論語思想史》（合譯）；點校有《翼教叢編》等。

提　　要

《論語正義》為清代劉寶楠所著，其子劉恭冕續成，是父子二代歷時三十八年完成的鉅作。此書蒐集漢魏舊疏及唐宋以來的注疏要義，並博採有清一代考據學的成就，可謂清中葉以前《論語》注疏的總結。此書除了總結歷代注疏的成果，其義理疏解，亦反映了清代中期以前的思想大勢。全書博綜群說，考證精祥，是清代治《論語》的集大成之作。

本書乃就《論語正義》一書進行研究，研究內容包括《論語正義》成書的學術背景、《論語正義》的作者及成書經過、《論語正義》的注疏體例、思想內涵及價值與缺失等，是國內第一部對《論語正義》進行研究的專書。

目錄

自　序

《論語正義》乃清劉寶楠所著，其子劉恭冕續成，成書於清同治五年。

清代學術在清初大儒顧炎武、王夫之、黃宗羲等人的帶領下，興起一股以經世致用爲目的的務實學風，其意在反對明代心學發展至末流所產生的空談心性、空疏不實的弊病，轉以考究經書中治國興民之道，以期應用於世，拯救世道人心及救亡圖存。此一重實務、重經驗、重學習的精神，可謂貫徹有清一朝的治學態度，無論是清初強調的經世致用、清中葉大興的考據學、晚清的公羊學派，以及清末的變革思想等，皆與此一精神有密切關連。《論語正義》成書於清中葉，上承乾嘉考據學的影響，又值揚州學派活躍之際，故此書既具考據學者重考證、重實證的風格，又秉承了揚州學派通變、開放的治學特色，在考據及資料的彙整上，總結了清中葉以前《論語》注疏的成果，是一集大成之作；在思想上，又反映了清代學術思想的特色，呼應著時代精神，是清代《論語》學著作的重要代表作。

《論語正義》於注疏上考證、辨析皆極詳盡，是一集歷代注疏大成之作，此書在思想義理上，結合了《易傳》、《中庸》、《大學》等儒家重要著作，構成了一套天人、性命的理論型態，又反映了清中期的思想大勢，與時代的學風契合，且呈現了匯納眾說，不泥於一曲之見的開放精神，其價值是值得肯定的。

本書之撰述，乃欲藉由此一《論語》注本之研究，進而契入歷代學術之演變，及儒家學說之嬗遞，冀以深入了解中國文化之深層結構，以觀古之變，究今之所需，雖因學力之所限，於此論文之撰述，猶有未盡周延完備之處，然猶期許以此一鎖鑰，開啓學問之門，洞見智慧之光，此爲筆者努力不懈之目標。

本論文承蒙指導教授劉師文起、口試教授林師慶彰、夏師長樸予以指正，特爲誌謝。諸位師長勤謹治學之精神，足堪爲末學繼踵追隨，亦祈諸前賢達德，予以賜正指教。

甲戌年端午　楊菁序於溪城

第一章　緒　論

第一節　導　言

儒家思想對中國的學術文化，一直居於主導地位，且對本國乃至鄰近各國的學術及文化都有極深影響，而在經歷西方文化的衝擊洗禮後，傳統文化的再延續、再創造，一直是現代學者所關注的重要課題，筆者數年來在中國傳統文學、思想的薰習涵泳之下，既深慕中國學術文化之豐富精采，愈深研其間，愈讚歎其宗廟之美、百官之富，然時於廿世紀文明發展的高峰，各種學說新知競出，而所謂的「傳統」，於此時亦經歷著前所未有的考驗，此一考驗，亦或意味著另一次的蛻變轉折，觀現今種種有關探討儒學之現代化，或會通中國傳統思想與西方思想之學問者，無論是傳承，抑或轉化創新，其對於文化的承續，皆有深厚自許，且其更迫切之感，毋寧是創造一更切用於社會人心的理論型態，以作爲政治、社會及道德人心的指導原則，使人類生存的社會更臻完美。

理想的完成必須經過披荊斬棘的艱辛歷程，筆者因自身學力尚不足，故在學習過程中，選擇儒家思想作爲契入學術文化的第一步，然而儒家文化又何其浩瀚無窮，故又先以代表孔子言行思想的《論語》一書爲研究對象。歷來研究《論語》的著述甚多，其中較爲人肯定的注疏本有何晏的《論語集解》、皇侃的《論語義疏》、邢昺的《論語注疏》、朱熹的《論語集注》及劉寶楠的《論語正義》，其中除了劉寶楠的《論語正義》尚無專書研究外，其餘諸書皆有研究之作。《論語正義》是清代的作品，一般學者又將之列於考據一派，以爲除了訓詁考證外，無甚可觀，此一觀念，蓋襲自世人對乾嘉考據學之批評非難。然殊不知考據之於中國學術研究，乃爲一重要治學方法，凡欲達一研究目的，方法的運用是不可輕忽的，而清世因考據學的大興，故能對散佚、脫落、疑義不明的古籍作全面的校勘、輯佚及考訂的工作，其對古史料的保存貢獻甚大，亦提供後學在研究取材上極大的方便，故其重要性自有值得肯定之處，且《論語正義》雖亦是考據風氣影響下的產物，然並非僅於字句名物的考訂，其在思想義理的闡發上，亦明顯地呈現了清代在面對客觀時代環境的變遷，及學術內在理路之反理學、修正理學的路上，表現出思想理論上的轉變，其所反映出的思想型態，亦可代表清代思想潮流之一，此一潮流對當時的學術文化具有其影響性，且若以一宏觀的歷史觀點視之，其在儒學的演變過程中，自亦呈現其特有的風貌與意義，實不容輕忽。

《論語正義》一書之研究，今人已有零散之單篇論文，如楊向奎著〈劉寶楠的論語正義〉，刊正《正義》的歧義，並比較《正義》與朱《注》，辨明樸學與理學解釋之優劣。陳鴻森著〈劉氏論語正義成書考〉，考證了《正義》成書的因緣及其正確成書時間；又著〈劉氏論語正義參正〉，對《正義》中釋義不妥者，多所辨正，甚爲詳盡。封恆著〈劉寶楠論語正義之特性〉、李紹戶著〈劉寶楠論語正義評述〉等，也對《正義》作了大略的評述，然以上諸文尚未能對《論語正義》作全面的歸納整理，且諸篇對《正義》所表達的思想內涵及其時代意義，亦略而不談，此爲一大缺憾，故本論文繼以上諸人的研究成果，將作更全面且深入的研究。

對於此一清代的《論語》注疏本，本論文所要探討的，除此書本身之內容、特色外，並將其置於一歷史發展的脈絡中審察，以觀此書注疏方法之特色及其思想義理在學術史上的傳承與創新，藉此突顯此書具時代意義的風貌與價值，故本論文第一章除本節之導言外，第二節將探討歷代《論語》學發展之概況，介紹由漢至清《論語》學的發展情形，及歷代所表現的不同學術風格，以作爲考察比較之用。第二章進入清代學術背景的探討，由乾嘉考據學的興起、治學方法及考據學的侷限談起，至揚州學派的學風轉變，以明《正義》一書受到清代學術大勢之影響狀況。第三章介紹《正義》之作者劉寶楠及其續成者劉恭冕，以及本書的撰述動機、成書經過、版本等。第四章進入原書的探討，析論其注疏體例、注疏方法等。第五章闡述《正義》一書的思想內涵，先略述戴震及揚州學派諸人的思想概要，再詳論《正義》闡發的思想義理及其與同時代思想的契合與呼應。第六章則評述《正義》在疏義及思想上的價值與成就，並檢討其缺失。第七章結論，對於全文作一總結論述。

傳統的承續與創新，皆非一蹴可幾之事，其所涉及的層面之廣大，亦非能以一曲之見限制之。清世經世致用之學的推動與貫徹，意味著知識分子對改造客觀環境，建立理想政治社會制度的迫切感，晚清公羊學的繼起，亦此一理想的實踐，而度越過近代中國政治社會的變革、思想人心的轉變，跨進現代社會，每一個革新時代都孕育了不同於以往的思維型態，也使普遍存在的永恆眞理，在時代的淬礪考驗中，刮垢磨光，益發彰顯其價値，故筆者於此一區區學術論文的撰述過程中，持以學習精進之心，冀能闡發故學之幽微，益期以立足於古，反觀於今，既誠惶恐，又不敢妄自菲薄。

第二節　歷代《論語》學概述

《論語》這部典籍，自孔子以後，歷代注釋其經文，闡發其義理者極多，皆記載於歷代史志、補志及書目中。1989 年，國立政治大學研究生王鵬凱著有《歷代論語著述綜錄》，將漢代至清代的《論語》著作，仿《漢志》體例，製成一目錄，並考述其源流；1992 年，私立逢甲大學研究生張清泉又據傅武光《四書學考》、王鵬凱《歷代論語著述綜錄》爲藍本，並參考國立編譯館《四書》編輯委員會所編《四書註解存目及存書目錄》，作成《清代論語學》，於書目之搜羅用心甚多，本節僅略述歷代《論語》學的概況，以明《論語》學在各朝代的研究狀況及其學術風貌，資料參見王鵬凱書有關《論語》學的源流演變的部分。

一、漢代的《論語》學

漢代《論語》的傳布因其所傳地域不同及今古文體的區別，故有齊、魯、古三《論》之分，皇侃《論語義疏．序》引劉向《別錄》云：

> 魯人所學，謂之《魯論》；齊人所學，謂之《齊論》；合壁所得，謂之《古論》〔註 1〕。

《漢書．藝文志》（以下簡稱《漢志》）亦稱《論語》「漢興有《齊》、《魯》之說」〔註 2〕。

《齊》、《魯》、《古》三家的區別有今、古文之別，馬宗霍《中國經學史》稱「《齊》、《魯》之別，初始皆由字音，亦猶古、今文之由於字體也，其後由字音之異而衍爲異說。」〔註 3〕，除了今、古文之別外，三家於篇數、篇次、文字等方面，也都有異。《漢志》云：「《論語》古二十一篇」，班固自注：「出孔子壁中，兩〈子張〉。」顏注引如淳曰：「分〈堯曰篇〉後，子張問『何如可以從政』已下爲篇，名曰從政。」

〔註 1〕（梁）皇侃，《論語集解義疏》（臺北：臺灣商務印書館，1983 年，影印文淵閣《四庫全書》本），頁 336 下。
〔註 2〕《前漢書藝文志》（北京：中華書局，1985 年，《叢書集成初編》本），頁 16。
〔註 3〕參見馬宗霍，《中國經學史》（臺北：臺灣商務印書館，1986 年 2 月），頁 38。

何晏《論語集解・序》云：「《齊論》有〈問王〉、〈知道〉，多於《魯論》二篇；《古論》亦無此二篇，分〈堯曰〉下章『子張問』以爲一篇，有兩〈子張〉，凡二十一篇。篇次不與《齊》、《魯》同。」皇侃《論語義疏・序》云：「《古論》分〈堯曰〉下章『子張問』更爲一篇，合二十一篇：篇次以〈鄉黨〉爲第二篇，〈雍也〉爲第三篇，內倒錯，不可具說。」《經典釋文序錄》引桓譚《新論》：「文異者四百餘字。」又稱：「《古論語》者，出自孔氏壁中，凡二十一篇，有兩〈子張〉，篇次不與《齊》、《魯》相同。」三家區別可歸納如下：

篇數方面：

《齊論》　二十二篇：多〈問王〉〔註4〕、〈知道〉二篇

《魯論》　二十篇：合〈堯曰〉下章「子張問」爲一，與今所見本同。

《古論》　二十一篇：分〈堯曰〉下章「子張問」以爲一篇，有兩〈子張〉。

篇次方面

《齊論》、《魯論》　與今所見本同。

《古論》　以〈鄉黨〉爲第二篇，〈雍也〉爲第三篇，內倒錯，不可具說。

文字方面

《魯論》　多用假借字。

《齊論》　多用本字，文異者四百餘字。

在兩漢經學注重師法、家法的風氣下，《齊》、《魯》、《古》三家亦各有傳承，有

〔註 4〕《前漢書藝文志》：「《論語》《齊》二十二篇，多〈問王〉、〈知道〉。」如淳曰：「〈問王〉、〈知道〉皆篇名也。」（頁 15）《論語集解・序》亦云：「《齊論》有〈問王〉、〈知道〉，多於《魯論》二篇，《古論》亦無此二篇。」（頁 338 上）晁公武《郡齋讀書志》曰：「詳其名，是必論內聖之道，外王之業。」（臺北：臺灣商務印書館，1978 年，頁 78 頁）劉氏《論語正義》曰：「朱氏彝尊《經義考》，斥晁說爲附會。謂今《逸論語》，見於《說文》，《初學記》、《文選注》、《太平御覽》等書，其詮『玉』之屬特詳。竊疑《齊論》所逸二篇，其一乃〈問玉〉，非〈問王〉也。考之篆文，三畫正均者爲『王』。中畫近上者爲『玉』，初無大異，因譌『玉』爲『王』耳。王伯厚亦云：〈問王〉疑即〈問玉〉。亶其然乎。案《說文》引《逸論語》：『玉粲之瑟兮，其瑮猛也。如玉之瑩』。段氏玉裁《注》云：『張禹《魯論》所無，則謂之《逸論語》。如十七篇之外爲《逸禮》，二十九篇之外爲《逸尚書》也。』其《初學記》所引「璠璵」，魯之寶玉也。孔子曰：『美哉璠璵，遠而望之煥若也；近而視之瑟若也。一則理勝，一則孚勝。』又《初學記》及《御覽》所引：『玉十謂之區，治玉謂之琢，又謂之雕。瑳，玉色鮮白也。瑩，玉色也。瑛，玉光也。瓊，赤玉也。璿瑾瑜，美玉也。璊，三采玉也。玲、瓏、瑲、瑣、瑝，玉聲也。璬，玉佩也。瑱，充耳也。璪，玉飾以水藻也。』凡所詮『玉』之辭，與《說文》所引《逸論語》文全不類，朱氏不當並數之，今《家語》亦有〈問玉篇〉，當是依用《論語》篇名，然則〈問王〉之爲〈問玉〉，其說信不誣也。」（《論語正義》，頁 778）是《正義》以爲〈問王〉當爲〈問玉〉。

關《齊論》的傳承，《漢志》云：「傳《齊論》者昌邑中尉王吉，少府宋畸，御史大夫貢禹，尚書令五鹿充宗，膠東庸生，唯王陽名家。」〔註 5〕何晏《論語集解・序》云：「瑯邪王卿及膠東庸生，昌邑中尉王吉，皆以教授之。」〔註 6〕較《漢志》所言多出王卿一家。皇侃《論語義疏・序》、《經典釋文序錄》所言傳《齊論》者，亦此六家。

有關《魯論》的傳承，《漢志》云：「傳《魯論語》者，常山都尉龔奮，長信少府夏侯勝、丞相韋賢、魯扶卿、前將軍蕭望之、安昌侯張禹，皆名家。張氏最後，而行於世。」〔註 7〕〈夏侯勝傳〉云：「勝傳從兄子建」〔註 8〕；〈蕭望之傳〉云：「又從夏侯勝問《論語》」〔註 9〕；可知夏侯勝傳夏侯建及蕭望之。《漢書・韋玄成傳》云：「少好學，修父（韋賢）業」〔註 10〕，是韋賢傳其子玄成。又〈張禹傳〉云：「禹先事王陽，後從庸生」〔註 11〕，皇侃《論語義疏・序》引《別錄》謂「晚有安昌侯張禹，就建（夏侯建）學《魯論》，兼講《齊》說，擇善而從之」〔註 12〕，故知到了張禹已雜糅《齊》、《魯》二家之說，時號曰《張侯論》。《經典釋文》又曰：「禹以《論》授成帝」〔註 13〕，《隋志》曰：「周氏、包氏（咸）爲之章句」〔註 14〕，《後漢書・儒林傳》又云包咸「建武中入授皇太子（明帝劉莊）《論語》，又爲章句」〔註 15〕，其「子福，拜郎中，亦以《論語》入授和帝」〔註 16〕。

至於《古論》之傳承，何晏《論語集解・序》云：「《古論》唯博士孔安國爲之訓解，而世不傳。至順帝之時，南郡太守馬融亦爲之訓說。」〔註 17〕《經典釋文序錄》亦言：「《古論語》者，出自孔氏壁中，凡二十一篇，有兩〈子張〉，篇次不與齊、

〔註 5〕《前漢書藝文志》，頁 16。

〔註 6〕（魏）何晏撰，（梁）皇侃集解，《論語集解義疏》（臺北：臺灣商務印書館，1983 年，影印文淵閣《四庫全書》本），頁 338 上。

〔註 7〕《前漢書藝文志》，頁 16。

〔註 8〕《漢書》卷 86，〈儒林傳〉第 58，頁 3604。

〔註 9〕《漢書》卷 78，〈蕭望之傳〉第 48，頁 3271。

〔註 10〕《漢書》卷 73，〈韋賢傳〉第 43，頁 3108。

〔註 11〕《漢書》卷 81，〈匡張孔馬傳〉第 51，頁 3352。

〔註 12〕（梁）皇侃，《論語集解義疏》，影印文淵閣《四庫全書》本，頁 336 下。

〔註 13〕（唐）陸德明撰、吳承仕疏，《經典釋文序錄疏證》（臺北：新文豐出版社，1975 年），頁 107 右葉。

〔註 14〕《隋書》卷 32，〈經籍志〉第 27，頁 939。

〔註 15〕《後漢書》卷 79 下，〈儒林列傳〉第 69 下，頁 2570。

〔註 16〕同上。

〔註 17〕（魏）何晏撰、（梁）皇侃集解，《論語集解義疏》，頁 338 下。

魯《論》同。孔安國爲傳，後漢馬融亦注之。」〔註18〕故知《古論》之傳，有孔安國之傳、馬融之注，到了東漢，馬融的弟子鄭玄，則將三《論》合而爲一。何晏《論語集解·序》曰：「漢末，大司農鄭玄，就《魯論》篇章，考之《齊》、《古》爲之注。」〔註19〕《經典釋文序錄》云：「號曰《張侯論》，最後而行於漢世。禹以《論》授成帝。後漢包咸、周氏，並爲章句，列於學官。鄭玄就《魯論》張、包、周之篇章，考之《齊》、《古》，爲之注焉。……鄭玄注十卷。」〔註20〕鄭玄結合了《齊》、《魯》、《古》三家爲之注，從此三家之原貌已難探究。

有關三家之傳承，表解如下：〔註21〕

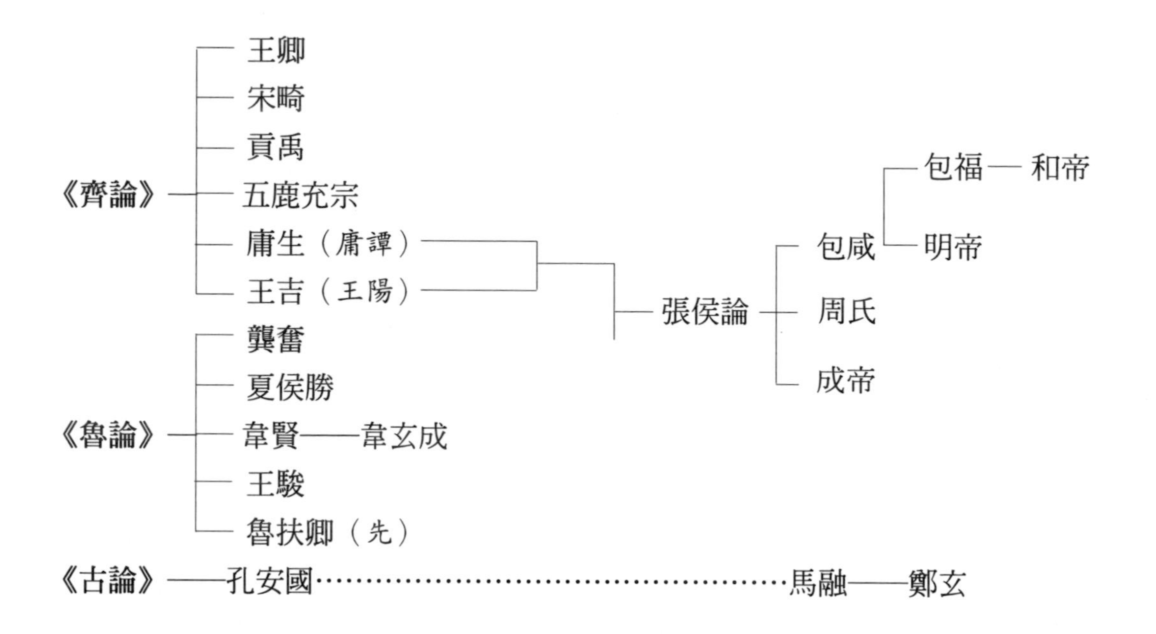

《論語》曾於漢孝文帝時列爲學官，趙歧《孟子題辭》云：

> 孝文皇帝欲廣遊學之路，《論語》、《孝經》、《孟子》、《爾雅》皆置博士。〔註22〕

〔註18〕（唐）陸德明撰、吳承仕疏，《經典釋文序錄疏證》，頁107右葉。

〔註19〕（魏）何晏撰、（梁）皇侃集解，《論語集解義疏》，頁338下。

〔註20〕（唐）陸德明撰、吳承仕疏，《經典釋文序錄疏證》，頁107左葉—109左葉。

〔註21〕此表參見王鵬凱著，《歷代論語著述綜錄》（臺北：國立政治大學中國文學研究所，1989年），頁25。

〔註22〕（漢）趙歧注，《孟子注疏》（臺北：臺灣商務印書館，1983年，影印文淵閣《四庫全書》本），頁12上。

武帝時罷傳記博士，獨立五經，然漢儒無不學《論語》，《經典釋文序錄》云：

蓋《孝經》、《論語》，漢人所通習。有受《孝經》、《論語》而不受一經者，無受一經，而不先受《孝經》、《論語》者。〔註 23〕

可見《論語》、《孝經》爲當時學者所重。王國維亦有此說：

至《論語》、《孝經》，則以受經與不受經者皆誦習之，不宜限於博士而罷之者也。劉向父子作《七略》，六藝一百三家，於《易》、《書》、《詩》、《禮》、《春秋》之後，附以《論語》、《孝經》、小學三目。六藝與此三者，皆漢時學校誦習之書，以後世之制明之，小學諸書者，漢小學之科目；《論語》、《孝經》者，漢中學之科目；而六藝則大學之科目也。武帝罷傳記博士，專立五經，乃除中學科目於大學之中，非遂廢中小學也。〔註 24〕

靈帝熹平四年所頒刻的石經，所刻七經中，《論語》亦在其中，是《論語》第一次有標準本，然而後經破壞，殘缺甚多。

二、魏晉南北朝的《論語》學

魏晉時期，因玄學風氣的盛行，解經之風已與兩漢迥異。何晏、王弼開以玄學釋經之風，顧炎武《日知錄》曰：

是以講明六藝，鄭王是集漢宋之宗；演說老莊，王何爲開晉之始。〔註 25〕

經此風氣一開，當時學者在談玄論道時，也往往援道入儒，陳澧《東塾讀書記》云：

何注始有玄虛之語，如子曰志於道，注云道不可體，故志之而已。回也其庶乎屢空，注云，一曰空猶虛中也。自是以後，玄談競起。〔註 26〕

魏晉許多重要的玄學家，都有《論語》方面的著作，如王弼有《論語釋疑》、何晏有《論語集解》、郭象有《論語體略》、《論語隱》、孫綽有《論語集解》、王濛有《論語義》、庾亮有《論語君子無所爭》等，其中以何晏所作《論語集解》，收集各家精華，最具代表性。

到了晉室南遷，遂成南北朝不同的政治勢力，兩邊的經學發展狀況也不盡相同，大抵來說，北方說經尊鄭玄，南方則宗何晏；南朝說經雜有玄理，北朝則尙樸實；且北朝君王較爲重視經學的提倡〔註 27〕，因此，在《論語》方面，北方宗鄭玄之注，

〔註 23〕（唐）陸德明撰、吳承仕疏證，《經典釋文序錄疏證》，頁 108 左葉。

〔註 24〕（清）王國維，《觀堂集林》（臺北：世界書局，1961 年 3 月），卷 4，頁 179。

〔註 25〕（清）顧炎武，《日知錄》（臺北：臺灣商務印書館，1983 年，影印文淵閣《四庫全書》本），卷 13，〈正始〉，頁 683 上一下。

〔註 26〕（清）陳澧，《東塾讀書記》（臺北：中華書局，1965 年，《四部備要》本），頁 14 左。

〔註 27〕關於南北經學的比較，詳見李威熊著，《中國經學發展史論》（臺北：文史哲出版社，

南方則以何晏注爲主，《隋書・經籍志》云：

> 梁、陳之時，唯鄭玄、何晏立於國學，而鄭氏甚微。周、齊，鄭學獨立。至隋，何、鄭並行，鄭氏盛於人間。〔註 28〕

即說明了南北經學流傳的情形。至於南北朝《論語》的著述，簡博賢《今存南北朝經學遺籍考》將其分爲二類〔註 29〕：

（一）《論語》玄說之風尚

如釋慧琳著《論語說》，是爲儒釋雙修之人；沈麟士著《論語訓注》，馬國翰《玉函山房輯佚・沈氏輯本・序》言其：「其說亦涉玄宗，而文章清俊可喜。」〔註 30〕；顧歡有《論語注》，馬氏輯本〈序〉稱其：「語涉沖玄，聃周餘緒，……然清辨滔滔，其味雋永。」〔註 31〕；皇侃的《論語義疏》，亦語涉清玄；太史叔明《論語集解》，馬氏輯本〈序〉稱：「語涉沖虛，出入釋氏，與王弼、郭象二家相近。聽從者眾，亦當代風趨然也。」〔註 32〕；褚仲都《論語義疏》，亦爲何晏遺緒。

（二）魏晉玄風下之樸學

如顏延之《論語說》，馬氏輯本稱：「覽是篇者，應嘆江左之士，說經鏘鏘，非徒以錯彩鏤金，齊名康樂已也。」〔註 33〕；梁武帝《論語注》，簡博賢稱其「頗存漢儒古義，史謂武帝洞達儒玄，似尚玄風矣。然說經多見樸質，語皆有據，亦可貴也。」〔註 34〕

南北朝時期，佛教頗爲盛行，受到佛教說經注經的影響，因此有所謂義疏之學的產生〔註 35〕，其中以皇侃的《論語義疏》，是現存最完整的義疏作品，此書當中，甚多引用佛教名詞及佛教思想來解釋這部儒家經典的，以佛釋儒，也是這時期經學的特色之一。

1988 年 12 月），頁 238～240。

〔註 28〕《隋書》卷 32，〈經籍志〉第 27，頁 939。

〔註 29〕參見簡博賢著，《今存南北朝經學遺籍考》（臺北：黎明文化出版社，1975 年 2 月），頁 229～263。

〔註 30〕（清）馬國翰，《玉函山房輯佚書》（臺北：文海出版社，1967 年 6 月），頁 1740。

〔註 31〕同上，頁 1743。

〔註 32〕同上，頁 1746。

〔註 33〕同上，頁 1737。

〔註 34〕簡博賢，《今存南北朝經學遺籍考》，頁 252。

〔註 35〕關於義疏之學的興起，有認爲受佛教說經影響者，如梁啓超著〈翻譯文學與佛典〉（《飲冰室專集》卷 55），牟潤孫著《論儒釋兩家之講經與義疏》，皆有此主張。亦有認爲義疏之學乃承自漢章句之學而來，如戴君仁《梅園論學續集》中有此主張。

三、隋唐五代的《論語》學

隋代因國祚過短，故經學並無太大成就，只能算是過渡期。《論語》注疏方面，有張沖的《論語義疏》、徐孝克的《論語講疏文句義》、劉炫的《論語章句》等，著述今多亡佚而難考。

唐代經學乃上承南北朝，以正義、義疏之學爲主流，當時的明經考試，除了要通《五經》外，且須兼通《孝經》與《論語》〔註 36〕，《論語》採鄭玄、何晏兩家注〔註 37〕。然而科舉考試雖取鄭、何兩家注，在經學上仍承隋以來之風，以南學爲盛，陸德明《經典釋文序錄》云：

> （何晏）爲《集解》，正始中上之，盛行於世，今以爲主。〔註 38〕

文宗開成年間刻石經，《論語》以何晏集解本爲主，亦可見唐代所流行的本子乃是以南學的《集解》本爲主。至於鄭玄《注》，在唐人注疏及類書中，早如孔穎達的《五經正義》、歐陽詢的《藝文類聚》、虞世南的《北堂書鈔》等書，晚至開元年間的《大唐開元占經》、徐堅《初學記》等，都有徵引，惜因安史亂起，鄭玄《注》因戰亂而亡佚〔註 39〕。

唐代在治經上，因前人成就甚大，難於突破，且明經考試，侷限於一家之言，而士人又趨於利祿之途，故經學並不昌盛。初唐時有陸德明撰《論語音義》、賈公彥撰《論語疏》、王勃撰《次論語》，此後從事於《論語》箋注的便不多。在當時群經大一統的主流下，也有不守舊說者，如《新唐書》記載：

> 大曆時，助、匡、質以《春秋》，施士匄以《詩》，仲子陵、袁彝、韋彤、韋茝以《禮》，蔡廣成以《易》，強蒙以《論語》，皆自名其學。〔註 40〕

唐代大曆時期如強蒙這些學者，雖能自出機杼，不從舊說，然並未造成風氣，直到中唐憲宗時，韓愈、李翱作《論語筆解》，以意說經，開宋儒以義理解經的先河，劉師培說：

> 唐韓愈、李翱作《論語筆解》，附會穿鑿，緣詞生訓，遂開北宋說經之先。〔註 41〕

〔註 36〕見《唐六典》（臺北：臺灣商務印書館，1983 年，影印文淵閣《四庫全書》本），卷 2，「吏部員外郎」條記載，頁 22 下。

〔註 37〕見《唐六典》，卷 21，「國子祭酒司業」條記載，頁 199 下。

〔註 38〕（唐）陸德明撰、吳承仕疏證，《經典釋文序錄疏證》，頁 109 右葉。

〔註 39〕參見鄭靜若著：〈兩漢論語學與論語鄭氏注〉（《中華文化復興月刊》，第 10 卷第 5 期），頁 25～39。

〔註 40〕《新唐書》卷 200，〈儒學下・啖助〉第 125，頁 5707。

〔註 41〕劉師培，《劉申叔先生遺書》（臺北：華世出版社，1975 年），頁 2362 上一下。

又云：

> 即韓愈、李翱，亦作《論語筆解》，緣詞生訓，曲說日繁，此皆以己意說經之書也。蓋正義之失，在于信古過篤；惟信古過篤，故與之相反者，即以蔑古逞奇。故唐人說經之穿鑿，不可謂非孔氏《正義》之反動力也。〔註 42〕

韓、李於《筆解》中，能不拘泥於文字，但求要旨，且排斥舊注，時有新解，因此也產生了以己意說經之弊，然其勇於排拒陳言，發揮大義的作法與精神，在當時可視爲對孔穎達《五經正義》的反動，也開啓了宋儒以義理說經之門，而其引用老莊語及佛家語，也反映了傳統儒家在佛教的衝擊挑戰下，欲在其內部尋求調適之道，而產生的會通儒、釋、道的作法，其會通雖多齟齬牴牾之處，然其所代表的新精神是值得重視的。

又，唐開成年間有唐石經的刊刻，《論語》亦在刊刻之列。

四、兩宋的《論語》學

宋初經學，大都遵循唐代的風氣，馬宗霍稱宋初經學：

> 惟是因襲雷同，即不出唐人正義之範，則宋初經學，猶是唐學，不得謂之宋學。〔註 43〕

宋眞宗時，邢昺修《論語正義》，改定舊疏，對於其後理學的興起，具有啓發之功〔註 44〕，《四庫全書總目提要》稱其：

> 其書大抵翦皇氏之枝蔓而稍傳以義理，漢學、宋學，茲其轉關。〔註 45〕

故知邢昺之疏，注重章句訓詁名物，對於皇侃疏語涉清玄之處，加以翦裁枝蕪，並傳以義理，是漢學、宋學的轉關之作。

宋神宗時，王安石改明經的帖經之試爲默義，意即以經義策論代替記誦注疏，並刊定《三經新義》，用以取士，此一作法，已擺脫漢唐舊疏的陳套，別具新義，且士人能發策縱論，而不泥於背誦死記，更有助於義理的引申與發揮，故《翁注困學記聞》云：

〔註 42〕同上，頁 110。

〔註 43〕馬宗霍，《中國經學史》，頁 110。

〔註 44〕邢昺《疏》中若干義理的疏釋，爲後來理學家所承，故說其對理學的興起具有啓發之功，見蔡娟穎著，《論語邢昺疏研究》，（臺北：國立師範大學國文研究所碩士論文，1990 年 5 月）。

〔註 45〕《四庫全書總目提要》（石家莊：河北人民出版社，2000 年 3 月），卷 35，〈四書類一〉，頁 919。

> 自漢儒至於慶曆間，談經者守訓詁而不鑿。《七經小傳》出而稍尚新奇矣。至《三經新義》行，視漢儒之學若土梗。〔註 46〕

王安石及其子弟王雱、呂惠卿、鄒浩、陳祥道，皆有《論語》方面的著作，今僅存陳祥道的《論語全解》傳世。王安石曾作《字說》，其子弟多引此書爲訓詁，並雜以《莊子》之文，全祖望〈正字陳先生祥道〉云：

> 荊公嘗自解《論語》，其子雱又衍之，而成於祥道。長樂陳氏兄弟，深于禮樂，至今推之，乃其得荊公之傳，則獨在《論語》。……諸家爲荊公之學者，多遷於《字說》，祥道疵纇獨寡，爲可喜也。況荊公父子之《論語》不傳，而是書獨存，亦已幸矣。〔註 47〕

王學獨行於世六十年〔註 48〕，於宋室南渡後才逐漸不被重視，也因政治因素使然，在當時保守學者攻詰新法時，連帶批評解經之新義，故造成王學著作之亡佚。

在反對王安石的聲浪中，西蜀的蘇氏一門尤爲有力，全祖望言：

> 《三經新義》累數十年而始廢，而西蜀學亦遂爲敵國。〔註 49〕

蘇軾、蘇轍及蘇軾弟子曾鞏皆有《論語》方面的著作，今僅存蘇轍的《論語拾遺》，《四庫全書總目提要》評爲「頗涉禪理」〔註 50〕，知其《論語》之作亦受佛學影響。

其後理學盛行，程朱及其門人多有《論語》方面的著作，朱熹於〈書臨漳所刊四子書後〉言：

> 河南程夫子之教人，必先使之用力乎《大學》、《論語》、《中庸》、《孟子》之言，然後及乎六經。蓋其難易、遠近、大小之序，固如此不可亂也。〔註 51〕

朱熹又言：

> 《語》、《孟》工夫少，得效多。六經工夫多，得效少。〔註 52〕

可見程朱對於《論語》的重視，朱熹更將《大學》、《論語》、《中庸》、《孟子》正式集結爲《四書》，其後《四書》逐漸取代《五經》的地位。元仁宗時，朱子的《四書

〔註 46〕（宋）王應麟，《翁注困學記聞》（臺北：臺灣商務印書館，1968 年 3 月，《國學基本叢書》本），卷 8，頁 774。

〔註 47〕（清）黃宗羲注，全祖望補修，陳金生、梁運華點校，《宋元學案》（臺北：華世出版社，1987 年），卷 98，頁 3260。

〔註 48〕陳振孫著，《直齋書錄解題》卷 2，稱王學獨行於世六十年。

〔註 49〕《宋元學案》，卷 98，〈荊公新學略序錄〉，頁 3237。

〔註 50〕《四庫全書總目提要》，卷 35，〈四書類一〉，頁 922。

〔註 51〕（宋）朱熹，《晦庵集》（臺北：臺灣商務印書館，1983 年，影印文淵閣《四庫全書》本），卷 82，頁 717。

〔註 52〕（宋）黎靖德編，《朱子語類》（臺北：文津出版社，1986 年），卷 19，頁 368。

集注》被定爲科舉考試的教科書，《四書》被推上最高寶座，影響宋以後學術甚鉅。

朱熹之後，羽翼朱注者有眞德秀、趙順孫、金履祥等人，金氏主要在補朱注名物訓詁考證之未備，眞氏、趙氏則重在思想的發揮。《四庫全書總目提要》云：

> 朱子以後解《四書》者，如眞德秀、蔡節諸家，主於發明義理而已，金履祥始作《論語孟子集注考證》。後有杜瑛《論語孟子旁通》、薛延年《四書引證》、張存中《四書通證》、詹道傳《四書纂箋》，始考究典故，以發明經義。今杜、薛之書不傳，惟金氏、張氏、詹氏書尚傳於世。三人皆篤信朱子，然金氏於《集註》之承用舊文偶失駁正者必一一辨析，張氏、詹氏，皆於舛誤之處諱而不言，其用意則小異。〔註 53〕

眞氏將朱熹學說中的僞異、牴牾之處去除，使其說更爲圓通。趙氏則集朱門學者之說，來申明朱注，有薈萃眾家精華之功，因其所輯者，亦使諸家亡佚者得以保存梗概。

南宋陸九淵一派學者，主張「心即理」，與程朱的主張「性即理」相爲對峙，陸象山「學苟知本，六經皆我註腳」〔註 54〕之說，是對傳統經注的一大反動，明王陽明承襲其說，天下學者景從，風行了兩百餘年，此派學者如傅子雲、葉夢得、孫應時、錢時、楊簡等都有《論語》方面的著作。

兩宋都有石經的刊刻，一刻於北宋慶曆年間，分眞、隸二體，又稱二字石經；一刻於南宋紹興年間，兩次的刊刻都有《論語》。〔註 55〕

五、遼金元的《論語》學

遼金元三代爲外族統治中國的時期，此三代文化受到中國文化影響甚大，如《遼史・義宗傳》有記載：

> 神冊元年春，立爲皇太子。時太祖問侍臣曰：「受君之命，當事天敬神。有大功德者，朕欲祀之，何先？」皆以佛對。太祖曰：「佛非中國教。」倍曰：「孔子大聖，萬世所宗，宜先。」太祖大悅，即建孔子廟，招皇太子春秋釋奠。〔註 56〕

由此可見遼主對於孔學的重視，但遼代並無《論語》方面的著作。金代治《論語》者，則有趙秉文《刪集論語解》、王若虛《論語辨惑》、《四書集說》、《四書解惑》。

〔註 53〕《四庫全書總目提要》，卷 36，〈四書類二〉，頁 951～952。

〔註 54〕（宋）陸九淵，《象山語錄》（臺北：臺灣商務印書館，1983 年，影印文淵閣《四庫全書》本），卷 1，頁 540 下。

〔註 55〕詳見張國淦著，《歷代石經考》（臺北：鼎文書局，1972 年 4 月），頁 461～488。

〔註 56〕《遼史》卷 72，〈宗室〉第 2，頁 1209。

蘇天爵〈默庵先生安君行狀〉云：

> 國初有傳朱子《集注》至北方者，滹南王公雅以辨博自負，爲說非之。〔註57〕

王若虛《論語辨惑》自序亦言：

> 晦庵刪取眾說，最號簡當，然尚有不安，及未盡者。竊不自揆，嘗以所見正其失而補其遺，凡若干章。非敢以傳世也，姑爲吾家童蒙之訓云。〔註58〕

可見當時朱子之學已流行於北方，然此時學者有鑑於朱學之弊，心有不安，故另作他說以補之，如王若虛之作即有此意。另外高麟趾《高麗史》載金存仁撰《論語新義》，進講東宫〔註 59〕；西夏斡道沖以西夏文譯《論語注》，並撰有《論語小義》；金溫迪、罕締達等譯《四書譯解》，是外鄰習《論語》的情形。

元代《論語》學以朱學爲宗，陸象山之學在元代幾無傳人，《論語》方面著作，僅有任大椿之《四書講義》。另有會同朱陸異同者，自南宋即有湯巾爲先導〔註 60〕，後程紹開亦欲會合二家〔註 61〕，宋元之際，龔霆松著有《四書朱陸會同注釋》。程紹開之徒吳澄「出于雙峰，固朱學也，其後亦兼主陸學」〔註62〕，皆有會合朱陸之意。

《四書》在元代流傳甚廣，虞集〈考亭書院重建文公祠堂記〉云：

> 群經《四書》之說，自朱子折衷論定，學者傳之，我國家尊信其學，而講授授受，必以是存則，而天下之學皆朱子之書，書之所行，教之所行也；教之所行，道之所行也。〔註63〕

《四書》在元代成爲學者必讀之書，元仁宗皇慶二年（1313）更下詔以《四書》、《五經》爲國家取士之規定課本，次年，又頒定以朱注爲疏釋之本，自此以後，朱子《四書》的地位更爲鞏固，並影響了此後的學風，《四庫全書總目提要》言：

> 蓋仁宗延祐以前尚未復科舉之制，儒者多爲明經計，不爲程試計，故

〔註57〕（元）蘇天爵，《滋溪文稿》（臺北：臺灣商務印書館，1983 年，影印文淵閣《四庫全書》本），卷 22，頁 291。

〔註58〕（金）王若虛，《滹南集》（臺北：臺灣商務印書館，1983 年，影印文淵閣《四庫全書》本），卷 3，頁 291。

〔註59〕（清）朱彝尊，《經義考》（臺北：臺灣商務印書館，1983 年，影印文淵閣《四庫全書》本），卷 220，頁 826 上。

〔註60〕全祖望著，《宋元學案》云：「鄱陽湯氏三先生，導源於南溪，傳宗於西山，而晦靜（湯巾）由朱入陸」。（臺北：正中書局，1970 年三版，卷 79，〈存齋晦靜息庵學案〉）。

〔註61〕《宋元學案》，卷 85，〈草廬學案〉，頁 1093。

〔註62〕同上。

〔註63〕（元）虞集，《道園學古錄》（臺北：臺灣商務印書館，1986 年 12 月），卷 36，頁 611。

其言切實，與後來時文講義異也。〔註 64〕

蓋科舉恢復以後，讀書人講習經義，研讀義理，都是爲了作爲功名利祿的進階，如當時有所謂經疑一派，袁俊翁的《四書疑節》、王充耘的《四書經疑》等，《四庫全書總目提要》稱其爲「皆程試之式也」〔註 65〕；蕭鎰《四書待問》自序即云：「是書之集本爲舉子觀覽之便」〔註 66〕，楊士奇亦譏爲「爲科舉之學說也」（同上）；董彝的《四書經疑問對》也是屬於這類爲科舉而作的書，然而這類書因在研究經義之時，進而對經書產生了疑問，雖是科舉用書，然對於研究古義，亦有功勞，故大體來說，「有元一代，士猶篤志於研經」〔註 67〕。科舉的實行也造成了讀書人侷限於狹隘的求學範圍，袁桷〈國學議〉云：

近者江南學校教法，止於《四書》。髫齔諸生，相師成風，字義精熟，蔑有遺志，一有詰難，則茫然不能以對。〔註 68〕

學校教學，僅於《四書》，學生雖精熟字義，然而因所學狹隘，且缺乏辨疑精神，故不能舉一反三，應對非議，也因爲習誦的結果，造成空談學問，不能起而力行的弊病。

元代的北方與南方對於朱子學的傳布各有不同，趙復始將朱子學傳向北方〔註 69〕，姚樞有刊布朱子學之功〔註 70〕，許衡則在中央主持國學並尊崇朱學，使朱學得到官方的認同，《新元史》云：

迨南北混一，衡爲國子祭酒，謙雖屢聘不起，爲朝廷所禮敬，承學之士，聞而興起，《四書章句集註》及《近思錄》，小學通行於海內矣。延祐開科，遂以朱子之書爲取士之規程，終元之士，莫之改易焉。〔註 71〕

三人雖無《論語》方面的著述，但對朱子學在異族統治下猶能大放異彩，其功不可

〔註 64〕《四庫全書總目提要》，卷 35，〈四書類一〉，頁 939。

〔註 65〕《四庫全書總目提要》，卷 36，〈四書類二〉，頁 945。

〔註 66〕（清）朱彝尊，《經義考》，頁 298 上。

〔註 67〕《四庫全書總目提要》，卷 36，〈四書類一〉，頁 9460。

〔註 68〕（元）袁桷，《清容居士集》（臺北：臺灣商務印書館，1967 年，《四部叢刊初編》本），卷 41，頁 598。

〔註 69〕據《元史》記載：「先是，南北道絕，載籍不相通；至是，復以所記程朱所著諸經傳註，盡錄以付（姚）樞。自復至燕……乃與樞謀建太極書院，立周子祀，以二程、楊、游、朱六君子配食。……樞既退隱蘇門，乃即復傳其學，由是許衡、郝經、劉因，皆得其書而尊信之。北方知有程、朱之學，自復始。」（卷 189，〈儒學一〉第 76，頁 4314。）《新元史》亦云：「自趙復至中原，北方學者，始讀朱子之書。」（臺北：藝文印書館，1973 年，卷 234，〈儒林一〉第 131，頁 2093 上）

〔註 70〕《元史》載：

得名儒趙復，始得程頤、朱熹之書。（卷 158，〈姚樞〉第 45，頁 3711。）

〔註 71〕《新元史》，卷 13，〈儒林一〉第 131，頁 2093 上。

滅，詹道傳曾「用魯齋（許衡）先生所定之句讀，會近代諸儒之箋釋而參訂之」〔註72〕，作成《四書纂箋》，劉因著有《四書語錄》（已佚）、《四書集義精要》，後者是劉因就盧孝孫所輯《四書集義》一百卷，「擇其指要，刪其複雜」〔註73〕而成，劉因私淑弟子安熙有《四書精要考異》，其弟子林起宗有《論語圖》、《四書圖解》，以圖表來闡發《四書》之義。

南方儒學較北方爲盛，並以金華四先生－何基、王柏、金履祥、許謙最負盛名。許謙著《論語義說》，其學宗朱註，且承襲其師金履祥重訓詁名物之考證，於朱子學有所發明。其弟子朱公遷有《四書通旨》傳世，《四庫全書總目提要》稱其書「體近類書」〔註74〕，但「於天人性命之微，道德學問之要，多能剖其疑似，詳其次序」〔註75〕，故亦有其價值。

元代《四書》學之作有爲闡發朱注，進一步作疏釋的，如胡文炳《四書通》，因趙孫《算疏》、吳眞子《集成》刊削而成；陳櫟《論語訓蒙口義》采黃榦《通釋》、趙順孫《纂疏》等說而成；倪士毅《四書輯釋》合陳櫟《四書發明》、胡文炳《四書通》而成；張存中則因杜瑛《論語旁通》、薛延年《四書引證》太繁，而爲《通證》。

大抵來說，元代《論語》學多尊朱註，其著作亦多爲闡發朱註而作。

六、明代的《論語》學

明代《論語》學主要爲程朱、陸王兩派的興衰交替，《四庫全書總目提要》云：

> 朱陸二派，在宋已分。洎乎明代弘治以前，則朱勝陸。久而患朱學之拘，正德以後，則朱、陸爭詬。隆慶以後則陸竟勝朱。又久而厭陸學之放，仍伸朱而黜陸。〔註76〕

宗朱者多缺乏獨創性〔註77〕，宗王者則自王畿而爲禪悟，到了顏鈞、何心隱、李贄一派又流爲狂禪，不受名教所羈絡，空疏不實。在程朱、陸王之外，另有考訂文字音義、名物制度之作者，成爲清代學術的先導，此爲明代《論語》學的三大主流。

〔註72〕《經義考》，卷254引，頁288上。
〔註73〕《四庫全書總目提要》，卷36，〈四書類二〉，頁941。
〔註74〕同上，卷36，〈四書類二〉，頁947。
〔註75〕同上。
〔註76〕同上，卷97，〈儒家類存目三〉，頁2494～2495。
〔註77〕黃宗羲云：

> 有明學術，從前習熟先儒之成說，未嘗反身理會，推見至隱，所謂「此亦一述朱，彼亦一述朱」耳。（《明儒學案》，臺北：里仁書局，1987年4月，卷10，〈姚江學案敍錄〉，頁179）

篤守程朱者，如楊守陳《論語私抄》，范謙等《二刻禮部增補訂正四書合注篇主意》、許獬《四書合喙鳴》、顧夢麟《四書說約》、自翔《四書群言折衷》、張居正《四書集註直說解約》、莫如忠《四書程朱繹旨》、呂柟《四書因問》、章一陽《四書正學淵源》等，皆以程朱爲依歸。其中也有能抒己見者，如景星《四書集說啓蒙》、孫肇興《直解說約》、孫應鰲《四書近語》、戴宗華《四子書塵言》等，於朱注外，頗能發明己見，不盲從附加。另有與朱學意見相左者，如高拱《問辨論》，能辨駁朱子《四書章句集注》之疑義，較有價值。

明永樂十二年，胡廣、楊榮、金幼枚等人奉敕纂修《五經四書大全》，其中《四書大全》採宋元人經說而成，並定爲科舉考試用書，遂使士子棄古注疏不觀，逐功利而忘經義〔註78〕。且《四書大全》乃「因元倪士毅《四書輯釋》，稍加點竄」〔註79〕，是爲剽竊之作，因此也造成一剽襲的學風。《四書大全》以後，學者著述多爲舉業而作，如楊松齡《四書廣炬訂》、黃汝享《論孟語錄》、陳際泰《四書讀》、徐養原、趙漁《四書集說》，陳琛《四書淺說》等，都是爲舉業而作之書，其中以蔡清《四書蒙引》〔註80〕、林希元《四書存疑》較有成就。之後，又有輾轉因襲他人之作者，如陳琛之《四書淺說》，合蔡清之《蒙引》、林希元之《存疑》；丘檞《四書摘訓》、管大勳《四書三說》也是折衷蔡、林二書以爲己意而成；王守誠《四書傳三義》輯《蒙引》、《存疑》、《淺說》三書而成，諸如此類剽襲之作，皆無多大價值，顧炎武言「八股行而古學棄，《大全》出而經說亡」〔註81〕，實有深意。

刁包亦云：

> 《大全》而後，惟蔡文莊《蒙引》專以發明朱注爲主。注者，《四書》功臣；《蒙引》，又朱注功也。〔註82〕

明代學術到了陳獻章、王陽明才有明顯改變，《明史・儒林傳》云「學術之分，則自

〔註78〕《四庫全書總目提要》云：

> 初，明永樂間，胡廣等奉詔撰《四書大全》，陰據倪士毅舊本，潦草成書。而又不善於剽竊，龐雜割裂，痕迹顯然。雖有明二百餘年懸爲功令，然講章一派從此而開。庸陋相仍，遂以朱子之書專爲時文而設，而經義於是遂荒。（卷37，〈四書類存目〉，頁989）

〔註79〕《四庫全書總目提要》，卷36，〈四書類二〉，頁949。

〔註80〕《四庫全書總目提要》評《四書蒙引》曰：

> 此書雖爲科舉而作，特以明代崇尚時文，不得不爾。至其體認眞切，闡發至深，猶有宋人講經講學之遺，未可以體近講章，遂視爲揣摩弋獲之書也。（卷36，〈四書類二〉，頁950）

〔註81〕（清）顧炎武，《日知錄》，卷18，〈書傳會選〉，頁802上。

〔註82〕（清）朱彝尊，《經義考》，卷256引，頁310下。

陳獻章、王守仁始」〔註 83〕，《明儒學案》亦云：

有明之學，至白沙始入精微。其喫緊工夫，全在涵養。喜怒未發而非空，萬感交集而不動，至陽明而後大。兩先生之學，最爲相近。〔註 84〕

《明史・陳獻章傳》言「獻章之學，以靜爲主。其教學者，但令端坐澄心，於靜中養出端倪」〔註 85〕，但此派傳之不遠，有關《論語》的著作有：湛若水的《四書講章》、許孚遠的《論語述》、唐樞的《四書問疑》、馮從吾的《四書疑思錄》。

王陽明承宋代陸象山一派而來，強調致良知，學以得心爲要的心學，自明中葉以後，其說大行。然到了後學林兆恩、李贄、管志道等人，將儒學與釋老等雜糅一起，流弊甚大。王派學者有關《論語》的著作有：林兆恩《四書正義》、李贄《李氏說書》、《四書評》、管志道《論語訂釋》、羅汝芳《近溪子論語答問篇》、《四書一貫》、樊問仁《四書心旨》、鹿善繼《四書說約》等。王學愈到末流，愈走入狂禪的地步，如王肯堂《論語義府》，《四書全書總目提要》稱：「其說頗雜於禪。如解『子貢問貧而無諂』一章有境、無境諸義，豈可以詁儒書哉？」〔註 86〕他如周宗建《論語商》、萬尚烈《四書測》、沈守正《四書說叢》、劉鳳翺《四書鞭影》、來斯行《四書小參》等，間雜釋道，不與本意合者甚夥。在一片狂禪的風氣中，遂有顧憲成、高攀龍等出來拯救空談之弊者，兩人皆著有《四書講義》，意欲以朱學來匡救王學。另有批判王學末流之作者，如張雲鸞《四書經正錄》、郝敬《四書攝提》、馮從吾《四書疑思錄》等。

明中葉以後，有不少學者於經典的文字音義、名物制度進行考訂的，如陳士元的《論語類考》，亦頗具價值。〔註 87〕

七、清代的《論語》學

清初治《論語》者，仍以宗朱註爲主；乾嘉以後，考據學大盛，《論語》方面的著作也偏重於考據；晚清今文學興起，則有以今文家之說解《論語》者，清代《論語》學大抵分爲這三大方向。

〔註 83〕《明史》卷 282，〈儒林〉第 170，頁 7222。
〔註 84〕《明儒學案》，卷 5，〈白沙學案〉上，頁 78。
〔註 85〕《明史》卷 283，〈儒林二〉第 171，頁 7262。
〔註 86〕《四庫全書總目提要》，卷 37，〈四書類存目〉，頁 979。
〔註 87〕《四庫全書總目提要》評此書云：

士元此書大致遵履祥之例，於《集註》不爲苟同。每條必先列舊說，而搜討諸書，互相參訂，皆以「元案」二字列之。凡一切杜撰浮談，如薛應旂《四書人物考》稱「有若字子有」之類，悉爲糾正。較明代諸家之書，殊有根柢。特以專考《論語》，不備《四書》，故不及應旂書之盛傳，實則有過之，無不及也。（卷 36，〈四書類二〉，頁 953）

清代官學，沿襲元明之舊，以程朱為宗，順治二年定試士例，即以朱熹《集註》為主，康熙時，又刊定《性理大全》、《朱子全書》等，康熙五十一年，將朱熹奉祀於「十哲」之列，對於朱學可謂推崇備至，在這樣的風氣之下，士子習經亦多為了利祿之途，即是習《四書》，未必知朱子之蘊，更遑言達聖人之意〔註 88〕，當時為制藝之作的作品有：朱奇生《四書發註》、金松《四書講》、朱應麟《四書集解》、耿埰《四書讀註提耳》、王錟《四書繹注》、胡清焣《四書注說參證》、紀克揚《麗奇軒四書講義》、陸隴其《續困勉錄》、孫見龍《五華纂訂四書大全》、魏裔介《四書大全纂要》、任啓運《四書約旨》、蕭正發《翼藝典略》、戴鋐《四書講義尊聞錄》、王步青《四書本義匯參》、駱培《四書襯》、朱良玉《增訂四書貫解》、胡斐才《四書注疏撮言大全》、張甄陶《四書翼注論文》、李道南《四書集說》、郝寧《四書說》、張江《三訂四書辨疑》、李嵩崙《四書讀》、王筠《四書讀》、汪在中《四書地記》、王道然《四書圖說》、丁守存《四書虛字講義》等都是此類作品。在這些時文之作中，也有可取的，如江永《四書典林》、《四書古人典林》、方婺如《論孟考典》、呂留良《四書文》、《四書批語》、《四書題說》、《四書講義》等，其中又以呂留良之作能於批點八股文中講朱子學，且表現民族精神，惜其書多遭禁燬而遺佚，後人之書亦有引呂留良語而同遭禁燬者，足見清廷文字獄暴虐之甚。

在一片宗朱的潮流中，此類作品甚多，如朱曾武《四書字義說略》、王元啓《四書講義》、夏力恕《蔡根堂箚記》、劉葆眞《四書易簡錄》、張謙宜《四書廣註》、李滋然《四書朱子集注古義箋》、方宗誠《讀論孟筆記》、趙大鏞《論孟考證輯要》、張九達《四書尊注會意解》、崔紀《成均課講》、《論語溫故錄》、祕丕笈《四書鈔》、陳其凝《四書或問語類》、尹會一《讀書筆記》、李榮陛《四書解細論》、何焯《四書釋文》、李錫書《四書大成直講》、趙太鏞《四書集註管窺》、基澧《四書會解》、楊樹椿《四書隨筆》、凌揚藻《四書紀疑錄》、章守待《四書聯珠》、姚遂煇《四書經義考辨濬存》、徐方廣《朱子四書或問小註》、揚廷芝《四書遵朱會通》、陳梓《四書質疑》、黃越《四書大全或問語類大全》等，都是宗朱之作。而張履祥、陸世儀、

〔註 88〕清儒錢大昕曾批評此種風氣云：

嗚呼，自科舉之法行，士大夫之習其業者，非孔孟之書不觀，非程朱之說不用。國無異學，學無他師，其所謂一道德以同俗者矣。然學者自就傅而後，初涉章句，即從事於應舉之文。父師所講授，無過庸輭骫骳之詞；得其形似，便可以致功名，轉不如詩賦策士之難工。由是六經諸史，束之高閣。即四書之義，亦可勿深求。譬之苾蒭誦經禮懺，志在乞食，而不在修行，蒙竊憂焉。元之時，始以四書義取士。當時士大夫謂天理同根人心，誦其言者眾，則為其道者將多。迄今垂五百年，自通都大邑，以至窮鄉蠻徼，無不知誦四書，尊程朱，而未見有為其道者。所誦者禮義，所好者名利，……何其相戾之甚也。（《潛研堂文集》，卷 19）

陸隴其、李光地等，則以恪遵程朱爲名，陸世儀著有《四書講義輯存》，李光地有《讀論語劄記》，陸隴其有《松陽講義》、《四書講義困勉錄》，皆能發明朱註之精義。又如王夫之《四書稗疏》、《讀四書大全說》、《四書箋解》，於朱註皆能有所糾正。然刁包《四書翊注》、劉所說《四書尋真》、黃梅峰《四書解疑》、亹亹齋《四書過庭錄》、范凝鼎《四書句讀釋義》、劉琴《四書順義解》等，皆墨守朱註，而不敢改易。亦有持論精覈，能自抒己意者，如焦袁熹《柴軒四書說》、王掞《朱註發明》、冉覲祖《四書玩註詳說》、劉台拱《論語駢枝》、張定鋆《四書訓解參證》、党瀛《四書講義參眞》、李中培《朱子不廢古訓說》、李元春《四書簡題》、俞廷鑣《四書評本》、曹之升《四書摭餘說》、劉紹攽《四書凝道錄》、韓泰青《說四書》、黃端《四書會要錄》、陳廷策《四書遺義》、張履祥、呂留良《四書朱子語類摘抄》、李求齡《四書講義日孜錄》、汪德鉞《論語大學偶記》、徐天璋、徐紹仁《四書箋疑疏證》、程大中《四書逸箋》等。

此外吳英父子考訂朱熹《四書章句》之書，如《四書章句集注定本辨》、《四書章句集注附考》等，更正傳寫之誤，亦有功焉。

在宗朱學者中，亦有與朱學立異者，如王廷植《四書疑言》、徐春《四書私談》、程廷祚《論語說》、何綸錦《論語語直》、王國瑚《四書窮鈔》、揚一崑《四書教子尊經求通錄》等，其中又以毛奇齡的《四書正事括略》、《四書改錯》、《四書賸言》、《四書索解》、《論語稽求篇》，攻詰朱說，最爲可觀。顏元、李塨號爲顏李學派，對於宋明理學，非難亦多，顏元著有《四書正誤》，李塨著有《論語傳註》、《論語傳註問》，對於理學之空談心性，多能力陳其弊。

清初學術亦有宗王陽明一派者，如孫奇逢《四書近指》、李顒《讀四書說》、《四書反身錄》、吳嘉賓《四書說》等，其著述遠不如宗朱註者之盛。反對王學者有徐世沐《四書惜陰錄》、汪紱《四書詮義》等。另有調停程朱、陸王者，如李錦書《四書臆說》、胡統、虔成均《四書講錄》、陳詵《四書述》等皆是。

清乾嘉時期，以標榜漢學的考據學大盛，《論語》著作也在此風氣下，多以詳實的考證爲主，作品有：錢坫《論語後錄》、方觀旭《論語偶記》、江聲《論語竢質》、徐天璋《論語實測》、黃之晉《四書說牘》、胡紹勳《四書拾義》、姚凱元《論語校議》、馮登府《論語異文考證》、王復禮《四書正誤》、陳鱣《論語古訓》、吳騫《皇侃論語義疏考訂》、蔣曰豫《論語集解校補》、桂文燦《論語皇疏考證》、陳宏謀《四書考輯要》、吳鼎科《四書考正誤》、畢憲曾《論語廣注》、俞樾《四書辨疑辨》、《論語平議》、《論語小言》、《續論語駢枝》、《論語古注擇從》、潘維城《論語古注集箋》、梁廷枏《論語古解》、惠棟《論語古義》等皆屬之。又有取經史以與《四書》相發明者，范士增《周易解四書》、《尚書解四書》、《詩經解四書》、《禮記解四書》、《四書互解》、周龍官《四書左國輯要》、高其名《四書左國彙纂》、蕭榕年《四書引左彙解》，宋繼穜《四書經史摘證》、陳子驥《四書子史集證》等屬之。

在考證作品中，又有細考人物時地者，如劉曾騄《論語人考》、《論語地考》、宋翔鳳《論語師法表》、《四書人物類典串珠》、《四書古人紀年》等，而以閻若璩《四書釋地》、《又續》、《三續》成就最大，之後，又有續閻若璩之作者，如顧問《校正四書釋地》、樊廷《四書釋地補》、《續補》、《三補》，宋翔鳳《四書釋地辨證》，可見其影響之大。另外有考典章制度者，如康元夔《四書通典備考》、閻其淵《四書典制類聯音注》、陸文籀《四書典故通考》、杜炳《四書圖考》、凌曙《四書典故覈》、戴清《四書典故考辨》、周炳中《四書典故辨正續編》，其中又以江永《鄉黨圖考》於深衣車制，及宮室制度，考辨最爲專門，爲諸家所不及，故江永之後，又有模倣其書義例而作者，如杜炳《四書圖考》、金鶚《鄉黨正義》、胡黨《鄉黨義考》、黃守儛《鄉黨考》、吳鼎科《四書鄉黨考》、程光國《鄉黨經傳通解》、魏晉《鄉黨典義》、霍禮運《論語鄉黨篇訂疑》、劉傳一《鄉黨便蒙》、洪世佺《鄉黨爵祿考辨》、高崇志《鄉黨義證》等。

在《論語》輯佚方面，有輯經文，如《古論》、《齊論》、《論語》佚文者，馬國翰、王紹蘭、曹廷棟、王謨、趙在翰等在這方面皆有貢獻。有輯讖緯者，以馬國翰、黃奭爲主。餘者以輯傳注爲多，所輯傳注有：孔安國、鄭玄、馬融、包咸、何休、周氏、麻達、王弼、周生烈、王朗、陳群、王肅、譙周、謝道蘊、蔡謨、張憑、殷仲堪、江熙、梁顗、孫綽、李充、虞喜、欒肇、郭象、繆播、衛瓘、袁喬、范寧、庾翼、繆協、釋慧琳、顏延之、顏歡、范麟士、梁武帝、太史叔明、褚仲都、皇侃、熊理、沈峭等人。

清道咸以後，因時代的劇變，而考據學已走入褊狹固蔽的胡同，有識者不滿此風，故倡今文學以代之，主張力求經書中的微言大義，而不拘泥於訓詁名物的餖飣考證之學，清代今文學家以何休的《公羊》說爲宗，代表人物有劉逢祿、莊存與、宋翔鳳、戴望、崔適、康有爲等，劉逢祿著《四書是訓》、《論語述何》，其《論語述何》乃追述何氏解詁之義；宋翔鳳有《論語鄭注》、《四書古今訓釋》、《論語說義》、《論語發微》，其《論語說義》、《論語發微》，多牽引公羊家之說。戴望《戴氏注論語》，與劉宋二人宗旨相同，崔適《論語足徵記》、劉恭冕《何休注訓論語述》、康有爲《論語注》等都是本《公羊》之說以解《論語》，另有俞樾、何劭公《論語義》，採《公羊解詁》所引之《論語》文而成；劉恭冕《何休注訓論語述》兼采何休《左氏膏肓》、《穀梁廢疾》二書所引之《論語》文而成。

乾隆之世，考據學發達，又稱漢學，故尊程朱之學者，別之爲宋學，於是有漢宋學之爭，當時有桐城派方苞，好古文，尊朱學，開始與漢學相輕；後有姚鼐，更屢爲文詆責漢學之破碎，其弟子方東樹，著《漢學商兌》，批評當時漢學家不遺餘力，桐城弟子管同著《四書紀聞》、劉開著《論語補注》、王植著《四書參註詮理》，皆宗桐城，專重義理，疏於考據，爲漢宋之爭的產物。其中亦有調合漢宋者，如黃式三《論語後案》、簡朝亮《論語集注補正述疏》、宦懋庸《論語稽》、戚學標《四書偶談內外編》、狄子奇《經學質疑》、宗稷辰《四書體味錄》、胡澤順《四書一得錄》等，皆參漢宋之長，不爲墨守。

除了上述諸派外，另有別開途徑者，如阮元《論語論仁論》，將其平日有得於經義者，發爲議論以述之；張瑛《論孟書法》，以書法解論孟；王伊《四書論》，輯自唐至清以來的《四書》題論，多能發抒理蘊，不涉考據與空談。

第二章　劉氏注疏的學術背景

劉寶楠的《論語正義》，是清代最具代表性的一本《論語》注解，其書總結了有清一代《論語》注疏的成就，《清儒學案》稱此爲：「有清一代，治《論語》學者，蓋以劉氏爲集大成。」〔註1〕《續修四庫全書提要》亦稱：「其書博洽，固爲治《論語》之學所鑽研莫盡者。」〔註2〕可知此書之重要。

《論語正義》成書於清道光年間，是清代學術思潮影響下的產物，尤其受到清代考據學風的影響甚大，其注疏方式、思維方法、思想內容等都明顯地表現了清代特有的學術風格。且《論語正義》在歷代《論語》注解中，對於前人的成就能有所超越，其能特出於同時期的眾多作品中，除了注解上的創獲，內涵體例包含廣大之外，其所反映此一時代的學術風格，也使得此書在學術發展的脈絡中，得以呈現其歷史意義的一面。徐復觀先生說：「中國學者在學問上的動機、傾向及其成就，與各人在時代中的遭遇，有不可分的關係。」〔註3〕因此，在了解此書之時，將先介紹此書注疏的時代背景，由清代學術概況的了解，再進入原書的研究探討。

第一節　乾嘉考據學概述

劉寶楠活躍於乾隆、道光時期，是揚州學派的學者，而揚州學派又與乾嘉考據學有密不可分的關係，因此，在了解揚州學派之前，須先對乾嘉考據學有所認識，以下即先介紹乾嘉考據學。

〔註1〕（清）徐世昌，《清儒學案》（北京：中國書店，1990年），卷106。

〔註2〕柯劭忞等撰，《續修四庫全書提要》（臺北：臺灣商務印書館，1972年），〈經部〉，頁1218。

〔註3〕見徐復觀著：〈「清代漢學」衡論〉，《大陸雜誌》第54卷第4期（1977年4月），頁151。

一、乾嘉考據學的興起

乾嘉學派，江藩稱其爲「漢學」〔註4〕，孫星衍等稱爲「考據學」、「樸學」，後來梁啓超、胡適等人則稱爲「乾嘉學派」，沿用至今；此外，又有「乾嘉漢學」、「乾嘉考據學」之稱。梁啓超在《中國近三百年學術史》說：「其在我國，自秦以後，確能成爲時代思潮者，則漢之經學，隋唐之佛學，宋明之理學，清之考證學，四者而已。」〔註5〕即以考據學爲清代學術的代表。

中國古代經書，總結了前人的經驗智慧，自漢以來，又爲統治者所重視，漸而成爲統治的指導方針，其影響性，普及至學術、思想、文化、風俗習慣等各方面。歷來闡釋、校勘經書的人，都以探求經書的原義出發，然而每個時代的學者，卻在解經時，受限於個人學養、學術內在理路的發展、時代風氣的薰染等因素，而背離經書的原意愈來愈遠。加上時間的推移嬗遞，古籍的散佚裁汰、訛脫衍倒愈加嚴重；加以後人的刪經、改經、僞託，殘害經書原貌，因此，到了清代，對傳統文獻典籍進行大規模且全面地考據校勘、廓清整理的工作，已經勢在必行，而清儒便在歷史的種種因緣下，擔負起此一工作。〔註6〕

乾嘉考據學的興起，其因甚多，若往上追溯於經學發展的源流，則約可探究其成因的脈絡所在。歷朝治經，自漢以來的章句之學，說經與利祿之途結合，造成各經博士的家法，解經也日益瑣碎，故自東漢中葉以後，學者多通數經，注經傾向於字句的訓詁和名物制度的考訂，與章句之學截然不同。漢代以章句和訓詁的方式來治經，形成一種所謂的「漢學傳統」。

魏晉之時，玄學家以佛道解經，義疏之學正是此一時期解經的代表，「義疏」雖有其新方法，然秉持著「疏不破注」的原則，故又能與漢學傳統相貫通。

唐韓愈作〈原道〉，再次強調道統之說，《宋史》分〈儒林傳〉與〈道學傳〉，已意味著傳經與傳道爲分開之二事。宋初傳統經學家守故訓而不鑿，然自《七經小傳》出，稍尙新奇，王安石《三經新義》行，疑經風氣益熾，所疑者如經書作者、經書之義，經文的脫落、錯簡、訛誤等，他們視漢儒之學如土梗，經學傳統於此時遭受

〔註4〕清初考據學還處於草創階段，所以尚沒有明確的宗旨及門户。到了乾隆間惠棟注《易》，全遵漢儒，不取宋儒以後之說，於是出現「漢學」的標幟，並漸有學者附從，於是時人目爲「漢學」；既有漢學，便將宋儒視爲「宋學」。因當時朝廷忌諱學者結社標派，故漢、宋之分只是事實，而不具組織形式。到了嘉慶間江藩作《國朝漢學師承記》、《宋學淵源記》，才有正式的名目與劃分。

〔註5〕梁啓超，《中國近三百年學術史》（臺北：華正出版社，1989年8月），頁12。

〔註6〕有關歷代經書被訛改，僞託的情形，詳見漆永祥著，《乾嘉學術新探》，《西北師大學報》（社會科學版），1991年第2期，頁53～54。

摧折與懷疑。

元人治經承襲宋學，一方面將朱熹《四書集注》列爲官學，又將《四書》刊定爲考試科目，並在說經時，依循宋人經說，強化宋學傳統的內涵。明初科舉所用經注，又承元人而來，明成祖時，胡廣、楊榮、金幼牧等人奉敕修《四書》、《五經大全》，抄錄宋元人經說，略去姓名，雜湊而成，《大全》完成後即成爲科舉考試的用書，自是以後，經學與八股結合，經學亦日趨鄙陋。傳經者既不振，傳道者則自尋途徑。元以來，朱子學成爲宋學的代表，元代傳朱學的，北方有許衡、郝經；南方有金履祥、許謙。明代朱學分兩派，一爲博學或致知派，如宋濂、王褘、方孝孺等。一爲涵養或躬行派，如薛瑄、吳與弼等。明初數十年間，博學或致知派逐漸衰落，代之而起的是躬行實踐一途。明代陽明學的崛起，意在對程朱理學的反動，其拋棄宋學的拘限，開創自由學風，影響了當時的學術風氣，然其門弟子卻流於猖狂，束書不觀，愈加遠離孔門之旨，而於此時，宋學傳統發生危機，便有學者開始強調經驗知識的重要，以糾正學界的風氣，如王廷相主張見聞思慮，累積知識。又陽明編《朱子晚年定論》一書，以朱子晚年思想同於象山，而遭到朱學派羅欽順的抨擊，此時陽明已意會到，僅是理論的探討，並不足以解決朱陸異同的問題，唯有回歸經書原典，才能明義理是非，此後的經學即循此一觀念而逐漸復興。且繼承宋學傳統的《四書》、《五經大全》，流弊漸生，引起學者對宋學的反感，當時學者開始質疑宋人經說，如王鏊強調漢學不可廢，楊愼則進一步強調漢儒和宋儒在經典闡釋的傳承關係，言宋人議論出於漢唐的傳注疏釋，既肯定漢儒的地位，又不忽視宋儒的重要性，態度更爲客觀。餘如鄭曉、王道、黃洪憲等，皆對漢儒有所推重。明代對經學的復興，如追尋經學的源流授受、斥責疑經改經之非、考辨經書眞僞、考訂文字音義、考訂名物制度、蒐集經書佚文等，多有貢獻，也提昇了經學研究的水平，學者也能較深刻了解經書本質，進而對於孔門義理進行反省。明中葉以後，學者已反覆申明道學與經學的關係，如湛若水言：

> 聖人之治本於一心，聖人之心，見於《六經》，故學《六經》者，所以因聖言以感吾心而達於政治者也。〔註7〕

諸如此類強調由經書中尋找聖人之道者，如高攀龍、錢謙益、顧炎武、李顒、湯斌等，亦有此主張。此外亦有強調經書中經世致用之學者，如焦竑言：

> 經者性命奧，政治之樞，文章之祖也。〔註8〕

黃宗羲言：

〔註7〕（清）朱彝尊，《經義考》，卷297，頁806下。
〔註8〕同上，卷297，頁812下。

受業者必先窮經。經術所以經世，方不爲迂腐之學。〔註 9〕

皆說明窮經與經世的關係，陸元輔著《十三經注疏類鈔》，便是此一學風下的產物，又當時學者認爲讀〈禹貢〉可以通地理，通地理可以治天下，陳子龍言：「〈禹貢〉則聖人治天下之書也。」〔註 10〕餘如艾南英著《禹貢圖注》、夏允彝著《禹貢古今合注》、朱鶴齡著《禹貢長箋》、孫承澤著《禹貢九州山水考》等。而學者方以智、顧炎武、閻若璩、胡渭等皆精通地理，都是受到經世致用觀念的影響。由此可見，經學發展至此，學者無論談心性的內聖之學，或論經世致用的外王之學，皆必須取資於經書，從經書中找尋本源，清初的群經辨僞〔註 11〕，便承此一學風而展開，而經由清初群經辨僞的成果，完成正本清源的工作，乾嘉時代則能進一步地專注於文字音義的研究、典章制度的考訂，此一脈絡，正足以說明乾嘉考據學興起之因。

因此，在乾嘉考據學盛興之前的清初，學術界早已瀰漫著一股健實的經世致用的學風，其治學的態度和方法，可說是乾嘉考據學的先驅。明清之際，因爲社會、經濟、政治急劇地動盪，學者不滿心學空疏的學風，爲了救亡圖存，整治社會風尙，遂興起了一股務實的學風，由顧炎武、黃宗羲、王夫之等人爲代表，形成一股博大健實之學，開風氣之首的顧炎武，「感四國之多虞，耻經生之寡術」〔註 12〕，故謂「凡文之不關於六經之指，當世之務者，一切不爲」〔註 13〕，主張學問之旨在於有利於國用民生，方爲要務。故當時學者，都能鑽研典籍中有關治國利民之道者，黃宗羲《南雷文定》記載：「兵書、戰策、農政、天官、治河、城守、律呂、鹽鐵之類，無不講求，將以見之行事。」〔註 14〕可見當時的務實學風，凡有關農田、水利、軍事戰略、天文曆算，只要與經世致用有關的，都是學者考究的對象。

清初經世致用學風的興起，除了應救亡圖存的需要外，還有一點重要的原因是挽救明末以來的空疏學風。如黃宗羲曾批評王學道：

奈何今之言心學者，則無事乎讀書窮理。言理學者，其所讀之書，不過經生之章句；其所窮之理，不過字義之從違。……封己守殘，摘索不出

〔註 9〕（清）全祖望撰、詹海雲校注，《鮚埼亭集》（臺北：國立編譯館，1993 年），內編，〈梨洲先生神道碑文〉，頁 267～268。

〔註 10〕（清）朱彝尊，《經義考》，卷 94，頁 257 上。

〔註 11〕關於清初的群經辨僞學，詳見林師慶彰著，《清初的群經辨僞學》，（臺北：文津出版社，1990 年 3 月）。

〔註 12〕（清）顧炎武，《亭林詩文集》（臺北：臺灣商務印書館，1965 年，《四庫叢刊初編》縮本），卷 6，〈天下郡國利病書序〉，頁 135 上－下。

〔註 13〕同上，卷 4，〈與人書三〉，頁 113 下。

〔註 14〕（清）黃宗羲，《南雷文定》（臺北：世界書局，1964 年 2 月），卷 6，〈翰林院庶吉士子一魏先生墓誌銘〉，頁 90。

一卷之內。……猶且說同道異，自附於所謂道學者，豈非所謂逃之愈巧乎？」〔註15〕

閻若璩也批評明儒：

余嘗發憤嘆息前明三百年文章學問不能遠追漢、唐及宋、元者，其故蓋有三焉：一壞於洪武十七年甲子定制，以八股時文取士，其失也陋。再壞於李東陽倡復古學而不原本六藝，其失也俗。三壞於王守仁講致良知之學而致以讀書為禁，其失也虛。〔註16〕

李恕谷說：

高者談性天，撰語錄；卑者疲精死神於舉業，不唯聖道之禮樂兵農不務，即當世之刑名錢穀，亦憚然罔識。〔註17〕

江藩《漢學師承記》卷八總結道：

有明一代，囿於性理，汩於制義，無一人知讀古經注疏者。〔註18〕

王陽明心學發展到了明末，鎮日空談心性，甚至束書不觀，所言盡是游詞浮調，對於現實民生無所貢獻，清初諸儒起而矯正其弊，亦勢所必然。

顧炎武諸人的治學方法也影響了乾嘉考據學者，如顧炎武提出：「讀九經自考文始，考文自知音始」〔註19〕的主張，並花了三十年的時間著了《音學五書》，是一部古音學的巨著。顧、黃、王同時而稍後的閻若璩、胡渭、毛奇齡等人，為學也汲汲於名物的考究、文字的訓詁及典章制度的考稽，仍以樸實之風治學，其意皆以摒棄明心見性的空言，代之以修己治人的實學，認為為學不但要修身，更要以之經世治民，探索國家治亂之源及生民根本之計，以為致用。〔註20〕

此外，清朝以外族的身分入主中原，為了倡導文治，以佑文政策標榜其承祚之正統，並拉攏學子之心，引誘學者埋頭書齋，稽古而不問世事，故廣開博學鴻詞科

〔註15〕同上，卷1，〈留別海昌同學序〉，頁16。

〔註16〕（清）閻若璩，《潛邱札記》（臺北：臺灣商務印書館，1985，影印文淵閣《四庫全書》本），卷1，頁407下。

〔註17〕（清）李恕，《恕谷後集》（北京：中華書局，1985年，《叢書集成初編》本），〈書刻户部墓表〉。

〔註18〕（清）江藩，《漢學師承記》（臺北：明文書局，1985年，《清代傳記叢刊》本），卷8，〈顧炎武〉，頁15。

〔註19〕（清）顧炎武，《亭林詩文集》，卷4，〈答李子德書〉，頁108上。

〔註20〕明代的焦竑，便已究心考據訓詁、版本目錄之學，寫成《國史經籍志》，在目錄上作出了貢獻；又陳第精研古音，著有《毛詩古音考》、《屈宋古音義》等書，是後來顧炎武等研究古音的先導，其他如楊慎等，皆以博雅著稱。崇禎十一年，陳子龍、徐孚遠等人所輯《皇明經世文編》，是為了矯正明末空疏學風而作，對於清初諸大家皆具影響性。

以招徠學者，尤以大部圖書的編輯，對乾嘉學風影響甚大，如康、雍、乾時期，《明史》、《康熙字典》、《佩文韻府》、《古今圖書集成》的編纂，都是大手筆之作，其中更以《四庫全書》的編纂，對歷代的文獻典籍作了全面的總整理，朝廷又藉此大肆鼓吹「稽古右文」，提倡歷史考據，當時網羅的學者有三百多位，連戴震都在其中，章學誠曾記載此事：

> 特徵修《四庫全書》，授官翰林，一時學者稱榮遇，而戴（震）以訓詁治經，紹明絕學，世上疑信者半。二君者皆以博洽貫通，爲時推許。于時四方才略之士，挾策來京師者，莫不斐然有天祿石渠、句墳抉索之思，而投卷於公卿間者，多易其詩賦舉子藝業，而爲名物考訂，與夫聲音文字之標，蓋駸駸乎移風俗矣。〔註21〕

章學誠的朋友周書昌、邵晉涵當時也在朝廷招募之列，所以由這一段話，可以想見當時學者紛紛拋棄詩賦舉子藝業，致力於訓詁名物考訂工作的情況，在這樣的趨勢下，對於乾嘉學術的發展不無推波助瀾的作用，並影響了學者讀書研經，整理考訂古文獻的熱潮。

有關造成乾嘉考據興盛的原因，除以上所述之外，其他如乾嘉時期經濟的穩定、文字獄的迫害等，無論直接或間接，對於這一時代的學術風潮都具影響作用，了解了這些背景因素，我們將更能進一步了解乾嘉時期的學術風格，且在評價其功過時，也將不會獨斷地將其置於歷史脈絡之外，而能予以更客觀的評價。〔註22〕

到了乾隆初葉，江蘇學者惠棟繼起，以漢《易》爲家學，惟漢是尊，惟漢是信，認爲：「漢經師之說，立於學官，與經並行。《五經》出於屋壁，多古字古言，非經師不能辨。經之義存乎訓詁，識字審音，乃知其意。是故古訓不可改也，經師不可廢也。」〔註23〕至此，以漢學標榜的乾嘉學派，遂以系統而嫻熟的考據學，登上了清代中期的學術舞台。錢大昕曾評述惠棟的學術道：「漢學之絕者千有五百餘年，至是而粲然復彰矣。」〔註24〕

自惠棟拉開乾嘉考據學派的序幕，同時期又有戴震，亦是乾嘉學派的首要人物，

〔註21〕（清）章學誠，《章氏遺書》（臺北：漢聲出版社，1973年），卷18，〈周書昌別傳〉。

〔註22〕余英時先生在〈清代學術思想史重要觀念通釋〉一文中，認爲由理學演變到顧炎武等主張的經學，具有學術發展的「內在理路」。詳見《中國思想傳統的現代詮釋》（臺北：聯經事業公司，1992年2月第5次印行，頁405～486。）

〔註23〕（清）惠棟，《松崖文鈔》（臺北：新文豐出版社，1989年，《叢書集成續編》本），卷1，〈九經古義述首〉。

〔註24〕（清）錢大昕，《潛研堂文集》（臺北：臺灣商務印書館，1968年12月），卷39，〈惠先生棟傳〉，頁610。

近代學者章太炎、梁啓超將乾嘉學派概括爲兩派〔註25〕，一即是以惠棟爲首的吳派，弟子江聲、余蕭客、王鳴盛、錢大昕、江藩等皆汲其流，其治學旁及史學和文學，主張「凡古必眞，凡漢皆好」，墨守漢儒。另一派則是以戴震爲首的皖派，衍其學者有金榜、程瑤田、凌廷堪、胡培翬、任大椿、盧文弨、孔廣森、段玉裁等，其治學主「實事求事」、「無徵不信」，從訓詁、音韻、名物、度數等方面闡明經典大義和哲理，以考據精審見長，並敢突破漢人學說，引申己意。〔註26〕自此，乾嘉學者以樸實的考據學風，欲向當時高踞廟堂的宋學挑戰，其學遂空前鼎盛，風靡朝野。

二、考據學派的治學內容與治學方法

乾嘉考據學派的治學內容，大體包括經學、史學、文字聲韻、天文曆算、地理、校勘目錄及律呂學、金石學等。他們的根本目的在於治經，以訓詁考釋的方法來明經典裡的聖人之道。戴震說：「六經者，道義之宗而神明之府也。」〔註27〕錢大昕也說：「夫六經定於至聖，舍經則無以爲學；學道要於好古，蔑古則無以見道。」〔註28〕可見這些考據學者對經學的尊奉程度，並都認爲惟有學古才能見道，幾乎所有的乾嘉學者都離不開此一律則。

至於乾嘉考據學派治學方法的主要特徵，是把文字訓詁放在研究工作的第一位，戴震說：「由字以通其詞，由詞以通其道。」〔註29〕這樣的一套公式，爲考據學者所襲用。通過文字訓詁的考訂後，第二步即開始典章、名物、字義、音韻的訓詁工作，王鳴盛曾說治經的辦法是：「正文字、辨音讀、釋訓詁、通傳注，則義理自見而道在其中矣。」〔註30〕這些正文字、辨音讀、釋訓詁、通傳注等工作都是基本工夫，除此之外，還必須取證參稽諸書，楊曾超曾謂惠棟之學：

> 大抵以經爲綱領，以傳爲條目，以周秦諸子爲左證，以兩漢諸儒爲羽翼。信而好之，擇其善而從之，疑則闕之。遐搜博考，極深研幾，無所不通，無所不貫。〔註31〕

〔註25〕章太炎在所撰〈清儒〉說：「其成學著系統者，自乾隆朝始。一自吳，一自皖南：吳始惠棟，其好博而尊聞；皖南始戴震，綜形名，任裁斷，此其所異也。」

〔註26〕有關吳、皖的分派，今人有質疑者，如暴鴻昌，〈乾嘉考據學流派辨「吳派」、「皖派」說質疑〉，《史學集刊》，1992年第3期，頁68～74。

〔註27〕（清）戴震，《戴東原集》（臺北：臺灣商務印書館，1965年2月），卷10，〈古經解鉤沈序〉，頁30。

〔註28〕（清）錢大昕，《潛研堂文集》，卷24，〈經籍纂古序〉，頁350。

〔註29〕（清）戴震，《戴東原集》，卷9，〈與是仲明論學書〉，頁30。

〔註30〕（清）王鳴盛，《十七史商榷》（臺北：大化書局，1984年5月），〈序〉，頁1。

〔註31〕見楊曾超著：〈翰林院侍讀學士惠公墓誌銘〉，收於錢儀吉，《碑傳集》（光緒19年江

惠棟治學，除了以經爲綱領，以傳爲條目，另外還取周秦的諸子之說作爲佐證，兩漢諸儒的見解爲輔翼，擇善開疑，以求貫通經義。故知乾嘉學者治學亦極重證據的考求，能旁求諸書，以證其理之要，他們又善於用歸納推理的方法，花極大的工夫去搜集資料，並廣泛抄摘書籍、記札記，然後通過類比條貫，究其異同，核其本末，來解決問題，對歷史文獻進行審訂、辨別文獻眞僞、校勘文字正誤、注疏文字含義、詮釋典章制度、考辨地理沿革，同時以邏輯推理的方法，抓住問題之癥結，層層深入，然後以縝密的推理，演繹出令人信服的答案，解決了許多被前人誤解或避而不談的問題，故胡適諸人皆稱其學具科學實證的方法。

由以上可見，乾嘉學者以訓詁、名物制度考訂等方法來治經，其目的在要求「客觀」，要「實事求是」。戴震說：「治經先考字義，次通文理，志在聞道，必空所依傍。」〔註32〕他講自己「此數十條，得於行事者，其得於學，不以人蔽己，不以己自蔽，不爲一己之名，亦不期後世之名」〔註33〕，都是客觀精神的呈現。他們治經意在擺脫漢儒、宋儒對經文的注釋，突破傳注的重圍，以求經書本義與聖人之道的重視，此一種出發點，是値得肯定與嘉許的。

三、乾嘉考據學的侷限

乾嘉考據學者，雖然繼承了清初大師們的治學方法，卻在考據過程中忽略了清初學者們治學精神的實質，到最後變成爲考據而考據，囿於古而蔽於今，博古而不通今，且忽視了當世之務、時代興衰、國計民生等大計，爲人詬病甚多。嘉道時期便有學者開始批評這種學風，由章學誠開其端，龔自珍、魏源等繼其後，方東樹著《漢學商兌》更是攻擊乾嘉學風的集大成之作。他們主要抨擊乾嘉學者刻意學古，逃避現實及考據過程煩瑣細碎，章學誠曾批評道：

> 自四庫館開，寒士多以校書謀生，而學問之途，乃出一種貪多務博，而胸無倫次者，於一切撰述，不求宗旨，而務爲無理之繁富，動引劉子駿言「與其過廢，無寧過存」，即明知其載非倫類，輒以有益後人考訂爲辭。〔註34〕

又說他們：「但知聚銅，不知鑄釜。其下焉者，則砂礫糞土，亦曰『聚之』而已。」

蘇書局刊，卷46，頁21）。

〔註32〕（清）戴震，《戴東原集》，卷9，〈與某書〉，頁33。

〔註33〕同上，卷9，〈答鄭丈用牧書〉，頁32。

〔註34〕（清）章學誠，《丙辰札記》（臺北：新文豐出版公司，1985年，《叢書集成續編》本），頁687。

材料雖博，「未知尊旨所在」〔註 35〕，即是批評考據學者食古不化，專事聚積材料，而實未知其義。方東樹的批評更爲激烈，云：

> 漢學家皆以高談性命爲便于空疏無補經術，爭爲實事求是之學，衍爲篤論，萬口一舌，牢不可破，……只向紙上與古人爭訓詁形聲、傳注，駁雜援據群籍，證佐數千百條，反之身己心行，推之民人家國，了無益處；徒使人狂惑失守，不得所用，然則雖實事求是，而乃虛之至也。〔註 36〕

曾國藩也曾道：

> 嘉道之際，學者承乾隆季年之流風，襲爲一種破碎之學，辨物析名，梳文櫛字，刺經典一二字，解說或至數千萬言，繁稱雜引，游衍而不得所歸。張己伐物，專抵古人之隙。〔註 37〕

故知乾嘉之際的學者因固閉於考據學的門牆內，以致有煩瑣堆聚、固陋不通的弊病，而爲當時學者所批判，所以在嘉道時期，便出現了一批漢學家，繼承皖派的治學方法，且更以一種創新的態度，爲考據學注入新的氣息，這便是揚州學派。

第二節　揚州學派概述

劉寶楠是江蘇寶應人，而其所處的時代，正逢清揚州學派諸人活躍的時期，且他治學的方法與思想傾向受揚州學派影響甚大，近年研究揚州學派的專書，如張舜徽撰的《清代揚州學記》、揚州師院古籍整理研究室編《揚州學派研究》、趙航所撰《揚州學派新論》都將他歸入揚州學派中，因此，在介紹劉寶楠之時，必先了解揚州學派。

一、揚州學派的興起

乾嘉學派雖在清中葉以後盛極一時，然因其專注於考據之學，成日於故紙堆中考究錙銖瑣碎的文字訓詁、典章名物，而無視於學問在實際生活上的效用，也不能解決利用厚生之事，且一味以古爲尊，忽略了歷史演變的規律，拘泥於古人古書之說而無法關切到現實的需求，因此，在當時即以章學誠爲首開始批評這種學風。而

〔註 35〕（清）章學誠，《文史通義》（臺北：鼎文書局，1977 年 3 月），外篇卷 3，〈與邵二雲書〉，頁 298。

〔註 36〕（清）方東樹，《漢學商兑》（臺北：廣文書局，1963 年 1 月），卷中，頁 17 右。

〔註 37〕（清）曾國藩，《曾文正公詩文集》（臺北：臺灣商務印書館，1970 年 7 月），卷 1，〈朱愼甫遺書序〉，頁 80。

在後起的漢學家中，也有人感於吳、皖二派的治學方法過於狹隘，皓首窮經而不解世務，欲加以試圖改善的，揚州學派便在這樣的情況下興起。張舜徽先生在《揚州學記》序言道：

> 余嘗考論清代學術，以爲吳學最專，徽學最精，揚州之學最通。無吳、皖之專精，則清學不能盛；無揚州之通學，則清學不能大。然吳學專宗漢師遺說，屏棄其他不足數，其失也固。徽學實事求是，視夫固泥者有間矣，而但致詳於名物度數，不及稱舉大義，其失也偏。揚州諸儒，承二派以起，始由專精匯爲通學，中正無弊，最爲近之。夫爲專精之學易，爲通學則難。非特博約異趣，亦以識有淺深弘纖不同故也。鄭康成之所以卓絕以此耳。清儒專門治經，自惠、戴開其先，天下景從而響和者，無慮皆能盡精微而不克自致於廣大。至於乾隆之季，其隘已甚，微揚諸儒起而恢廓之，則終清之世，士子疲勞盡氣以從事者，雜猥而已耳，破碎而已耳。末流之弊，不知所屆，庸詎止於不能昌明經訓而已乎？吾之所以欲表章揚州之學，意在斯也。〔註 38〕

這話對揚州學派推崇備至，認爲揚州學派能以「通學」補救吳派的固陋與皖派的褊狹，而清代學術得以宏大恢廓，揚州學派乃功不可沒。

揚州〔註 39〕因地處江淮最繁富之地，交通發達，商業繁榮，自古以來便是人文薈萃之所，江都薛壽〈讀畫航錄書後〉曾道：

> 吾鄉素稱沃壤。國朝以來，翠華六幸。江淮繁富，爲天下冠。士有負宏才碩學者，不遠千里百里，往來於其間。巨商大族，每以賓客爭至爲寵榮。兼有師儒之愛才，提倡風雅。以故人斗匯萃，甲於他郡。〔註 40〕

從一段話可以見揚州的繁榮富庶，帶動了文風的匯集，且有戴震等大儒提倡學風，因此其治學風氣特盛，且因居於交通發達之所，往來資訊豐富，在思想方面受到的衝擊較大，則較不易拘執成見，而發展出較進步，且較開放的思想，揚州學派的醞釀形成，在考據學風的籠罩下，能成就其特有的學術風格，可以說與其所處的地域有很大的關係。

揚州學術的發展，因其先天的地利之便造成特殊的學術氛圍，但能形成一學派，

〔註 38〕（清）張舜徽，《清代揚州學記》（上海：上海人民出版社，1962 年 10 月），卷首。

〔註 39〕張舜徽先生說：「清代揚州府治，領二州（高郵、泰州）、六縣（江都、甘泉、儀徵、興化、寶應、東台）」。（《清代揚州學記》）

〔註 40〕（清）薛壽，《學詁齋文集》（臺北：新文豐出版公司，1989 年，《叢書集成續編》本），卷下，〈讀畫航錄書後〉。

前輩大師的影響應是更重要的，皖派大師戴震曾客居揚州，許多知名學者都曾問業於他，揚州學派的學者也有出於他門下的，章太炎於〈清儒〉一文說：

> 震又教於京師，任大椿、盧文弨、孔廣森皆從問業。弟子最知名者：金壇段玉裁、高郵王念孫。〔註41〕

揚州學派的後起之秀焦循又是最推崇戴震的，曾作〈申震篇〉，可見其對戴震的景仰與肯定，因此可以知道戴震對揚州學派諸人影響甚大，且揚州學派的治學精神與思想義理的發揮，遵循戴震甚多，因此有人便直言揚州學派源於戴震，故知戴震對揚州學派諸學者的啓迪與影響是極深遠的。

戴震（字東原），安徽休寧人，他治學問，別於吳派的惠棟，注重實事求是，章太炎在論清儒時，特別推崇他：「詮次諸儒學術所原，不過惠戴二家。惠氏溫故，故其徒敦守舊貫，多不仕進；戴氏知新，而隱有所痛於時政，則孟子正義所爲作也。」〔註42〕，可見以戴震爲首的皖派，治學時較有新意，也隱有感痛時政之意。戴氏治學也主張以六書爲綱領，運用小學訓詁的方法，重新研究經注，把朱熹附會於經學的理學一一破除。且又提出「執義理而後能考核」，主張必須有一定的理論觀點的指導然後能從事考據，他的《原善》、《孟子字義疏證》即是在這種觀點下產生的。這兩書綜合了《易》、《孟子》、《中庸》、《詩》、《書》等之說，再加入自己的見解，說明理、天道、性、才等儒家的主要概念，這樣的作品是考證學者少有其例的著作。且書中亦以訓詁明義理，把被程朱曲解的儒家基本概念恢復其本義，或給予新義。他擯棄了形而上的虛理解釋，而著重於說明形而下的規律，並能利用經驗科學的知識，主張在事物的自然發展上應有人的必然性認識，此種見解，顯示了清朝儒學的新傾向，對於揚州學者的啓發甚大，後來焦循的《論語通釋》、《孟子正義》，阮元的「仁」、「性」、「命」諸論及程瑤田等人的字義研究，都受到戴震的啓發甚大，而劉寶楠的《論語正義》又是承著諸人的研究成果而作的總結。

揚州學派的主要人物以汪中、焦循、阮元、王念孫、王引之、任大椿、劉寶楠、劉文淇等爲杰出的代表，清末劉師培又繼承乾嘉諸儒的樸學傳統，並接受了西方的進化論思想，發展了揚州學派的學術成果，成爲揚州學派的殿軍。劉寶楠亦爲揚州學派學者之　，其與劉文淇相交甚篤，治學的精神與態度，皆受此時期學風影響。揚州學派的治學特色如下。

〔註41〕（清）章太炎：〈清儒〉。

〔註42〕吳承仕藏，《章炳麟論學集》（北京：北京師範大學出版社，1982年）。

二、揚州學派的治學特色

劉師培在〈南北考證學不同論〉一文云：

> 戴氏弟子，舍金壇段氏外，以揚州爲最盛。高郵王氏，傳其形聲訓故之學；興化任氏，傳其典章制度之學。王氏作《廣雅疏證》，其子引之申其義，作《經傳詞》、《經義述聞》，發明詞氣之學。於古書文義詰詘者，各從條例，明析辨章，無所凝滯，於漢魏故訓，多所竄更。任氏長於《三禮》，知全經浩博難罄，因依類稽求，博徵其材，約守其例，以釋名物之糾紛。所著《深衣釋例》、《釋繒》諸篇，皆博綜群書，衷以己意，咸與戴氏學派相符。儀徵阮氏，友於王氏、任氏，復從凌氏廷堪、程氏瑤田問故，得其師說。阮氏之學，主於表微。偶得一義，初若創獲。然持之有故，言之成理，貫纂群言，昭若發蒙，異於餖飣猥瑣之學。甘泉焦氏，與阮氏切磋，其論學之旨，謂不可以注爲經，不可以疏爲注。於近儒執一之弊，排斥尤嚴。所著《周易通釋》，掇剌卦爻之文，以字類相屬，通以六書、九數之義，復作《易圖略》、《易詁》，發明大義，條理深密。雖立說間鄰穿鑿，然時出新說、秩然可觀，亦戴學之嫡派也。〔註43〕

從這一段話，可以了解揚州學派諸人的專精與成就，同時可以看出他們作學問能博綜群言，不執於一曲，亦不盲從舊說，且自創新意，甚有可觀者。以下再將揚州學派諸人的共同特色歸納之。

（1）運用變化、發展的觀點分析事物

這種分析事物的思想方法，尤其在焦循的著述中表現最突出，他無論在闡明性理、教戒子弟、討論經學等方面，都強調「會通」、「日新」，反對「據守」，反對「定論」，他認爲事物是變動不居、前進不已的，故須有新的見解來因應時代的需要，因此，他也主張不輕信古人之說，反對褊狹、停滯不前的學術作風，也批駁當時學界所標榜的「考據」、「漢學」、「宋學」等名目，認爲這樣的標榜只會令學術墨守成規，而無法進步，焦循這種見解影響了他的朋友及許多後起的學者，也帶起了一股活躍的風氣。

（2）推廣了求知的領域，開創新的研究途徑

乾嘉的漢學家們，大部分都只是鑽研幾部重要的經傳，盡力於箋釋、校勘的工作，於治學的領域較爲褊狹，江藩在《漢學師承記》中對此一現象也曾深深慨嘆。到了揚州學者，卻能突破這種侷限。如汪中首先對儒家思想進行批判，又反對過去

〔註43〕（清）劉師培，《劉申叔先生遺書》，〈南北考證學不同論〉，頁666～667。

學者「排斥異端」的陳舊見解，而致力於周秦諸子的整理，於老子、墨子、荀子等，都能重新確認其在思想史上的價値，雖當時人譏之爲「名教罪人」，亦不以爲意。次如阮元留心金石，並以銅器上的銘文可與《九經》並重。江藩大規模治史，寫成《資治通鑒訓纂》一部大書。焦循於治經外，也有折中諸子之說的意思，另外對於詞曲、戲劇也有研究；劉毓崧於校書之外，還搜集古代謠諺。王懋竑的《讀書記疑》、王念孫的《讀書雜志》所包含的內容更是博及子史。由此可見，揚州學派諸人已能打破以經爲研究範圍的界域，更進一步開拓了學術的領域。

（3）突破傳注的重圍

自從宋代理學盛行，明清的八股取士，皆以宋元解說爲主，這樣的解說體系，後人稱爲宋學。到了清代，又有反宋學的漢學產生，以漢人傳注爲宗，二派形成一壁壘分明的對立狀態。揚州學者則能大膽地擺脫一切傳注，遠溯漢以前，去尋找較接近古書原意的解說。如焦循研究《周易》，便直接由六十四卦中找「參伍錯綜」的關係，寫成《雕菰樓易學三書》。阮元研究群經，也直接從周秦故書中找經典本義，寫成《詩書古訓》、《論語論仁論》、《孟子論仁論》諸書。他們盡量將各時代有關倫理、政治的字義，還原於各時代的本來面目，而不爲後說所雜，這樣的努力，對於經書本義的還原，是有貢獻的。

（4）兼采備錄，不囿陳說

如焦循三世治《易》，收入《焦氏叢書》的《易》學著作有五部四十五卷之多，除備引祖父之學外，另收時賢顧炎武、閻若璩至阮元、王引之等凡六十八家，其中有皖派經學大師江永、戴震，也有吳派的惠棟、錢大昕，既不盲從舊說，也不輕易詆毀，皆以實據爲要。又王念孫作《廣雅疏證》，費時十年，先校正其訛舛，繼而詮釋其義例。劉寶楠《論語正義》亦博綜兼採，歷父子兩代三十八年的時間，如此浩大工程，皆因博及萬卷而得以致之。

（5）因聲求義，探求本原

戴震《轉語》二十章，提出正轉、變轉的條例，爲研究語音和語義關係的先聲，並認爲研究經書必先溯及音聲之原，揚州學人莫不尊此說，如郝懿行作《爾雅義疏》，亦說：「于字借聲轉處詞繁不殺，殆欲明其所以然」，皆重因聲求義之法。

（6）注重目驗，徵其然否

郝懿行著《爾雅義疏》有言：「余田居多載，遇草木蟲魚有弗知者，必詢其名，詳察其形，考之古書，以徵其然否。今茲疏中其異於舊說者皆經目驗，非憑胸臆。」像這種親自去研究探索事物眞相的精神，在揚州學者中所在多是，其追求眞知的毅

力可見一般。〔註 44〕

以上所論皆爲揚州學派治學的態度與方法，餘則如他們對待學術採取「求同存異」的態度，能避免學術上的固步自封，與互相傾軋的惡習；對待不同的學術觀點，能審慎處理，不強人以從己，也不屈己以從人，各尊所長，不相排擠攻詰。又不從事聲氣標榜，肯承認自己的短處等，都表現出他們對學問的謙虛與尊敬之情，也因爲這種的胸襟氣度，使得他們在學問上能突破現有成就，形成其通博的特色。

三、揚州學派在學術上的成就

揚州學派對於學術貢獻甚多，以下即就各學科分類作概略敘述：

（1）在自然科學方面

揚州學者中精通天文算法的，康熙時便有陳厚燿，他的造詣，幾乎可奪梅文鼎之席。後學繼起，如李惇、焦循、阮元、黃承吉，都精於此道。尤以焦循功力最深，既有數學方面的著作，又能利用數學的原理研究《周易》，而使《易》學大明。此外阮元編《疇人傳》四十六卷，總結歷代科學成就，是我國第一次出現科學家列傳的系統著作。

（2）哲學思想方面

揚州學者吸取了戴震的哲學思想，並加以引申發揮，汪中、阮元、焦循在這方面都有成就，其中又以焦循最爲突出，所作《論語通釋》、《孟子正義》、《雕菰樓集》，發揮了他的理論、見解，並深刻地批判了宋明理學，劉寶楠《論語正義》則集結了諸人的思想特點，加以引申發揮。

（3）專經研究方面

揚州學者大體的治學方向是以通博爲尚，然在「博」之外，各人都有其「約」的專精部分，揚州學者也提倡專經的研究，如焦循對於群經都有補疏，然以《周易》用力最多，《周易》是他的專經代表。又劉文淇精通《左傳》，劉寶楠專精於《論語》，都有顯著成就。

（4）訓詁名物方面

高郵王念孫、王引之父子是訓詁學專家，另有阮元、黃承吉在這方面也都有成就。揚州學者在考證古代名物制度方面，也作了類釋和通釋的工作，如任大椿的《釋服》、《深衣釋例》，是屬於類釋的體例；汪中的《明堂通釋》，阮元的《明堂論》、《明

〔註 44〕參見張舜徽，《清代揚州學記》，頁 11～14。趙航，《揚州學派新論》，頁 12～14。

堂圖說》，是通釋的體例。

（5）辨偽、校勘、輯佚方面

王懋竑研究朱子學，首先考訂出《易本義》前面的九圖不是朱熹作的。王念孫、王引之父子校勘群經諸子；劉文淇、劉毓崧父子校勘諸子地志；任大椿輯錄古代小學佚書，都對整理古代文獻作出了貢獻。

（6）編書、刻書、藏書方面

揚州學者中，阮元的官位最高，有雄厚財力提倡獎勵學術研究工作，他每到一省，都組織人力，進行編書、刻書的工作，如在浙江編成《經籍纂詁》，在江西刻成《十三經注疏》附《校勘記》，在廣東刻成《皇清經解》，又購置了不少圖書，設立「書藏」，以便利學者閱讀。這些對當時學者的研究工作，給予有力地支持和鼓勵。〔註 45〕

由以上歸納，可知揚州學派在學術上的成就是極輝煌的，無論是古文獻的整理、義理的發揮，都有可觀的成績，值得後人重視。

〔註 45〕有關揚州學者治學的成就，參見張舜徽著，《清代揚州學記》，頁 14～16。

第三章　《論語正義》的作者及其成書

第一節　作者生平及其著作

一、作者

《論語正義》一書爲清代劉寶楠所著，其子劉恭冕續成。

劉寶楠生於乾隆五十六年，字楚楨，小字竇十，別號念樓，學者稱「念樓先生」。劉氏本出吳郡，明洪武初年，有二公者，始遷寶應，後遂定居於此。父親履恂，劉寶楠自輯《劉氏清芬集》云：

> 履恂，字迪九，號雲陔，琨石長子，乾隆五十一年舉人，國子監典薄。著《秋槎雜記》，《義迹山房詩鈔》。〔註1〕

又劉文淇所撰迪九先生〈墓表〉云：

> 先生事親孝謹，父早卒，母多疾，先生與諸弟更代侍，不假婢嫗；與諸弟友愛，治家內外有法度，善議論，有幹事才，解紛撥煩，拯人困急。〔註2〕

又云：

> 先生爲端臨先生從父昆弟，而人品學問相伯仲。(同上)

汪廷珍撰〈遺稿序〉云：

> 君詩溯源騷選，質雅清深，綽有神韻，蓋樸學家所難。〔註3〕

〔註1〕劉文興編，《清劉楚楨先生寶楠年譜》(臺北：臺灣商務印書館，1986年)，頁3。
〔註2〕同上，頁4。
〔註3〕同上，頁4。

由此可知劉寶楠之父履恂先生是個治家有方，善議論，有幹才，急公好義之人，且詩文卓雅有神韻，是樸學家中難得一見的。他的繼娶喬氏，生有三子即：寶樹、寶楙、寶楠。乾隆六十年，履恂先生歿，因而家道衰落，遂由喬氏含辛茹苦，教育數子成人。劉寶樹在〈先妣喬太孺人行述〉中云：

> 乙卯，府君歿京邸，時不孝寶楠才五歲，太孺人授讀如前。少長就傅，督晚課，膏油不繼，惟竈上置一燈，命讀書數十過，迨釜轑而油已竭矣。嘗語不孝等曰，吾日旰不得食，不以爲饑，歲暮不得衣，不以爲寒，汝曹勤讀書，我雖苦不怨。〔註4〕

在喬氏的辛勤撫育下，寶楠自幼即稟母訓，攻苦力學，戴望撰〈故三河縣劉君事狀〉云：

> （君）五歲而孤，母喬儒人，躬自授經。始君從父端臨先生，治漢儒經學，精深有條理，典簿君及君兄五河君繼之，君從學五河君，長則請業端臨先生。〔註5〕

寶楠先由母親喬氏親授經書，後師事其從叔端臨台拱先生，治漢儒經學，爲其後的經學成就，奠立基礎。〈行狀〉亦云：

> 益發憤，有志於學，傳注皆自句讀。時從叔（台拱）先生受學，辨別古今音韻。〔註6〕

《清史稿·儒林傳》云：

> 始寶楠從父台拱漢學精深，寶楠請業於台拱，以學行聞鄉里。〔註7〕

劉台拱字端臨，爲劉履恂之從弟，劉寶楠之從叔，《漢學師承記》云：

> 君六世祖永澄，問學於蕺山，以躬行實踐爲主，子孫世傳其學，至君又習聞王予中、朱止泉之緒論，深研程朱之行，以聖賢之道自繩，然與人遊處，未嘗一字及道學也。君學問淹通，尤邃於經，解經專主訓詁，一本漢學，不雜以宋儒之説，著有《論語駢枝》一卷、《荀子補註》一卷、《漢學拾遺》一卷、《經傳小記》三卷、《古文集》一卷。〔註8〕

劉台拱是當時有名的樸學家，家學淵源，學問深厚，解經專主訓詁之漢學，劉寶楠

〔註4〕劉文興，《清劉楚楨先生寶楠年譜》，頁6～7。

〔註5〕（清）錢儀徵輯、周駿富編，《續碑傳集》（臺北：明文出版社，1985年，《清代傳記叢刊》本），卷73，頁258～259。

〔註6〕劉文興，《清劉楚楨先生寶楠年譜》，頁10。

〔註7〕《清史稿》（臺北：鼎文書局，年不詳），卷482，〈儒林三〉，頁13290。

〔註8〕（清）江藩，《漢學師承記》（臺北：明文出版社，1985年，《清代傳記叢刊》本），卷7，頁186。

跟從他作學問，深受其影響，在學問品性方面都奠下良好基礎，爲鄉里人所贊揚。十六歲應試爲縣學生，得以結納當日的博學碩儒，並與儀徵劉文淇齊名，時有「揚州二劉」之稱。《清史稿・儒林傳》云：

> 爲諸生時，與儀徵劉文淇齊名，人稱揚州二劉。〔註9〕

〈行狀〉亦云：

> 府君所交友，多砥行綴學之士，若武進李兆洛，寶山毛嶽生，晉江陳慶鏞，江都梅植之，涇包愼言，江都汪喜孫，儀徵黃盛修、劉文淇，丹徒柳興恩，同里陸聯桂、朱士端、喬階、喬守敬，皆一時負人望。每賓朋燕集，莊言雅論，未嘗雜以詼諧，規過勸善，久敬不渝。府君與儀徵劉先生文淇，論學尤契，人稱揚州二劉。〔註10〕

劉寶楠於道光二十年中進士，自此即開始其仕宦生涯，凡在任所，特爲關心民瘼，整治地方，功在鄉里，觀其行蹟，所展現出來的正是一恭勉勤謹的儒者風範。《清史稿・儒林傳》云：

> 道光二十年成進士，授直隸文安縣知縣。文安地稱窪下，隄堰不修，遇伏，秋水盛漲，輒爲民害。寶楠周履隄防，詢知疾苦，爰檢舊冊，依例督旗屯及民同修，而旗屯恆怙勢相觀望，寶楠執法不阿，功遂濟。再補元氏，會歲旱，縣西北境蝗，袤延二十餘里。寶楠禱東郊蜡祠，蝗爭投阬井，或抱禾死，歲則大熟。元豐元年，調三河，值東省兵過境。故事，兵車皆出里下。寶楠謂兵多差重，非民所堪，雇車應差，給以民價，民得不擾。寶楠在官十六年，衣冠樸素如諸生時。勤於聽訟，官文安日，審結積案千四百餘事。雞初鳴，坐堂皇，兩造具備，當時研鞫。事無鉅細，均如其意結案，悖者照例治罪。凡涉親故族屬訟者，諭以睦姻，概令解釋。訟獄既簡，吏多去籍歸耕，遠近翕然，著循良稱。咸豐五年，卒，年六十五。〔註11〕

又《清代樸學大師列傳》云：

> 寶楠道光二十五年以優貢生中鄉試，二十年成進士，歷任直隸文安宮坻固安元氏三河知縣，文安境內各莊堤歲久失修，令甲凡堤工族丁及民均赴役，執法不阿，工賴以濟。在縣三載，無水災。官元氏時，值歲旱，蝗蝻大作，爲分設三廠，自捐錢收捕淨盡，得轉豐稔。比調三河，東省兵過

〔註 9〕《清史稿》卷 482，〈儒林三〉，頁 13290。
〔註10〕劉文興，《清楚楨先生寶楠年譜》，頁 10。
〔註11〕《清史稿》卷 482，〈儒林三〉，頁 13290～13291。

境，——故事，兵車皆出里下，——謂兵多差重，非民所堪遣往通州，以民價雇車應役，民以不擾。在官十六年，衣履素樸如諸生，勤於聽訟，遠近歙然，循良稱最。咸豐五年病卒，年六十五。歿前七日，自撰墓誌。鄉人私諡曰孝獻先生。〔註 12〕

可見寶楠爲官，乃襲其父熱誠助人之精神，凡在任上，皆宵旰辛勤，憂心民生疾苦，治隄防、驅蝗害、平訴訟，致力於利用厚生之事，而不辭辛苦，愛民如子，深受人民的愛戴。卒於咸豐五年，（1791～1855），年六十五。

《論語正義》的續作者爲劉寶楠的次子劉恭冕。

劉恭冕，字叔俛，號勉齋，道光三年生，據劉嶽雲所撰〈族兄叔俛事略〉云：

族兄叔俛，名恭冕，楚禎先生次子也。先生生子三，獨兄銳志問學，不遂其緒。坐恆挾書，有得，輒識上方。少時纂述已及尺，驚其長老，後以爲不足存，往往燬去。楚楨先生吏文安、三河，兄皆從；過庭時，陳質經義，不與聞政事，先生尤愛之。〔註 13〕

《清史稿·儒林傳》云：

恭冕，字叔俛。光緒五年舉人。守家學，通經訓，入安徽學政朱蘭幕，爲校李貽德《春秋賈服注輯述》，移補百數十事。後主講湖北經心書院，敦品飭行，崇尚樸學。幼習《毛詩》，晚年治《公羊春秋》，發明「新周」之義，闢何劭公之謬說，同時通儒皆韙之。〔註 14〕

劉恭冕自幼即銳志於學問，從其父治經學，聰慧穎悟，爲其父所喜，其父過世後，又從學於朱蘭先生，除《清史稿》所言，校《春秋賈服注輯述》，移補百數十事外，於當時所刻《李漁冰先生集》，亦更正其校讎之誤，爲朱先生所歎服。曾文正於金陵首闢書局，延請恭冕校勘諸史，爲世所重。後湖北經心書院落成，李小荃亦禮請之講課經訓，湖北人士爭相與之問學，經訓示的學生，多爲地方重望。當時所修方志如：《沔陽州志》、《黃州府志》、《漢陽府志》、《黃岡縣志》，咸出恭冕之手。恭冕除學問爲世所重外，德業品性更爲時人所嘉賞稱頌，〈族兄叔俛事略〉又云：

兄誘掖後進，惟恐不及，凡與游者，虛往實歸，莫不懽洽。與人交，一以誠，未嘗脂韋圜轉，雖爲宵人所責，處之泊然，繫古之經師，德與學

〔註 12〕（清）支偉成著、周駿富輯，《清代樸學大師列傳》（臺北：明文出版社，1985 年，《清代傳記叢刊》本），〈皖派經學家列傳〉第 6，頁 203。

〔註 13〕汪兆鏞纂錄、周駿富編輯，《碑傳集三編》（臺北：明文出版社，1985 年，《清代傳記叢刊》本），卷 33，頁 91。

〔註 14〕《清史稿》卷 482，〈儒林三〉，頁 13291。

稱者也。〔註15〕

恭冕以附監生，中己卯舉人，年六十歲，以風疾歿於家，時維光緒癸未六月。娶王氏，生子四，襄孫，早卒；春孫，騏孫，志孫；女二，一適華氏；孫女四人。葬於邑北鄉殷黃台祖塋之側。

二、著 作

劉寶楠窮其一生的精力，致力於著作，作品達三十餘種，且其作不僅限於經史、名物之作，詩詞文章亦爲其雅好，曾亮作〈劉楚楨詩序〉云：

> 若吾友楚楨之詩，其學而不爲所累者乎經傳、訓詁、金石、輿地、百詩，諸君子之所長，既兼而取之矣。而其爲詩跌宕清妙，怡人心神，或磊落質直，無所雕飾，凡其生平所譔述者，至詩而一空，其跡蓋非徒專樸學者不能爲之。〔註16〕

故知劉寶楠亦具揚州學派治學之特色，爲學已能不專主於經史考據，而遍及詩文之創作，其開拓治學領域的精神，已非乾嘉考據學者之陳套了。然在劉寶楠的著作中，《論語正義》一書，仍爲其最專力之作。到了晚年，因勞於案牘，許多著作都不克完成，由恭冕承其遺志，續修補葺，亦於《論語正義》用力最多。劉寶楠已刊行的作品計有：

（一）《論語正義》二十四卷

（二）《釋穀》四卷　此書乃寶楠讀程瑤田所著《九穀考》，書中於禾、黍、稷三種植物辨析最詳，然於豆、麥、麻之屬卻過於疏略，故而旁徵博求，作成是書，對於穀物訓釋精詳，可補程瑤田《九穀考》的疏陋，關於字義的訓解，也有《經傳釋詞》所不及的地方。

（三）《愈愚錄》六卷　此書是劉寶楠讀經史所作的箚錄，倣王應麟的《困學紀聞》，顧炎武《日知錄》之體，先編爲長編，後又折衷薈萃成六卷。

（四）《漢石例》六卷　是書乃採漢代的石刻，準以金石之例，將之綱舉目列，條理分析，並引證以洪适《隸釋》、《隸續》，旁採諸家，以發明經義，貫穿史籍。共有墓碑例五十，廟碑例二十九、德政碑例十三、墓闕碑例十一、雜例三十二、總例四十八。

（五）《勝朝殉揚錄》三卷　明臣史可法殉難揚州，當時的官吏、紳民、婦女從死

〔註15〕汪兆鏞纂錄、周駿富輯，《碑傳集三編》，卷33，頁93～94。
〔註16〕（清）劉寶楠，《念樓集》（臺北：文海出版社，1967年，手稿影印本），頁5～6。

者甚多，後來清廷將殉死諸臣，分別賜謚賜祀，各有差等。道光十八年，諸城李公，主持風化，慮其應祀之人應有遺漏，乃命劉寶楠考覈史乘，旁采群籍，俾使殉難諸義士，得以彰明後世，並有助於風化，俾益世教，故作是書。後部由劉恭冕續成。

（六）《寶應圖經》六卷《圖經》共六卷，共有圖十四幅，次爲表，著歷代沿革，起自漢唐，迄於明代。卷一爲城邑，卷二爲疆域，卷三爲河渠、水利，卷四爲封建，卷五、卷六爲人物。於城邑之沿革，湖河之變遷，漕運之通塞，與民生利病，所可考而知焉者，皆瞭如指掌。

（七）《寶應劉氏清芬集》十卷　此書乃楚楨於嘉慶癸酉甲戌間，授徒里中，乃校先世之遺文，蒐輯成編，曰《寶應文徵》，然因卷帙浩繁，故又錄出劉氏文詩，成爲《清芬集》十卷，凡錄詩六十五人，文二十一人，由子猷先生付梓。現有家刻本。

（八）《文安隄工錄》六卷　寶楠因修文安隄堰，將前後經過錄成此帙。

以上乃劉寶楠已刊行之著作，餘尚有未刊之作，如：「愈愚續錄」□卷，《寶應文徵》□卷、《寶應詩事》一卷、《清芬別錄》□卷、《念樓集》八卷、《念樓外集》二卷。

劉恭冕的著作有：《何休注訓論語述》、《廣經堂文鈔》、《論語正義補》。一生著述，亦以《論語正義》用力最多。〈事略〉云：

> 先是楚楨先生著《論語正義》，未成而卒；兄憬念先業，蚤夜釐定，爬羅諸家異説，一義未明，馳書四方，必求其是，凡十餘年，訖刊書成。〔註 17〕

可見其用功之勤。恭冕爲學，亦不以經傳自限，如其《廣經室文鈔》之作乃「始在嘉慶中，段玉裁爲沈濤撰《十經齋記》，謂學者誦習十三經外，宜再加入《大戴禮記》、《國語》、《史記》、《漢書》、《資治通鑒》、《說文解字》、《九經算術》、《周髀算經》等八種，其識議宏通，爲雅儒所不能論，恭冕服膺其說，名所居曰廣經室，爲之記以張之，雖所揭櫫之書，與段氏稍有出入，然其意固已遠矣。」〔註 18〕由此亦可見恭冕之治學亦以淹通爲尚。

第二節　《論語正義》的撰述動機

〔註 17〕汪兆鏞纂錄、周駿富輯，《碑傳集三編》，卷 33，頁 93。
〔註 18〕張舜徽，《清人文集別錄》（臺北：明文出版社，1982 年），頁 600。

《正義》一書是劉寶楠一生中最得力的作品，因而耗費的時間精力也最多，而此書是在麼情況下撰述的呢？關於此書的著作因緣，可追溯於劉寶楠的生平交遊。劉恭冕〈後敘〉云：

> 先君子少受學於從叔端臨公，研精群籍。繼而授館郡城，多識方聞綴學之士。時於毛氏《詩》、鄭氏《禮注》皆思有所述錄。及道光戊子（八年），先君子應省試，與儀徵劉先生文淇、江都梅先生植之、涇包先生愼言、丹徒柳先生興恩、句容陳丈立始爲約，各治一經，加以疏證。先君子發策得《論語》，自是屏棄他物，專精致思，依焦氏作《孟子正義》之法，先爲長編，得數十巨冊，次乃薈萃而折衷之。〔註19〕

又劉寶楠的好友劉文淇在〈題江淮泛宅圖序〉裡說道：

> 楚楨嘗與余約各治一經，楚楨占《論語》，余占《左傳》，以論語皇《疏》，多涉清玄，邢《疏》更鄙陋無足觀，而何氏《集解》，亦採擇未備。〔註20〕

爲群經作疏，乃當時所盛行，劉師培在〈南北考證學不同論〉裡亦提到：

> 繼起之儒，咸爲群經作疏，《爾雅》疏於邵晉涵，《國語》疏於董增祿，《毛詩》疏於陳奐，《左傳古注》輯於李貽德，大抵彙集古義，鮮下己見，義尚墨守，例不破注，遇有舛互，曲爲彌縫，惟取精用弘，咸出舊疏之上。〔註21〕

故知劉寶楠著作《論語正義》，既受當時爲群經作疏風氣所影響，亦因緣於眾好友的敦促勉勵，時有劉文淇、梅植之、包愼言、柳興恩、陳立等六人，約好各治一經，以爲疏證，爲當時儒林的一大盛事。除此一著述因緣外，劉寶楠既發策治《論語》，又觀歷來《論語》注疏甚多缺失，三家師說不可究明，漢人舊說亦湮沒不聞，故而傾力著書，而成此巨著。劉恭冕〈論語正義後敘〉言其動機云：

> 班生有言：「仲尼沒，而微言絕，七十子喪，而大義乖。」聖人之言，中正和易，而天下萬世，莫易其理，故曰「微言」，非祇謂性與天道也。大義，微言之義，七十子之所述也，今其箸者，咸見《論語》。竊以先聖存時，諸賢親承指授，當已屬稿，或經先聖筆削，故言特精善，迨後追錄言行，勒爲此篇，作之者非一人，成之者非一時，先儒謂孔子沒後，弟子

〔註19〕（清）劉寶楠著、高流水點校，《論語正義》（臺北：文史哲出版社，1990年），頁797～798。〔以下《論語正義》所引均採用此版本〕

〔註20〕劉文興，《清劉楚楨先生寶楠年譜》，頁21。

〔註21〕（清）劉師培，《劉申叔先生遺書》（臺北：華世出版社，1975年），頁665下－666上。

> 始共撰述，未盡然也。曾子、子思、孟子，荀子，皆有箸書，於先聖之道，多所發明，而注家多未能及，至〈八佾〉、〈鄉黨〉二篇，多言禮樂制度，漢人《注》者，惟康成最善言禮，又其就《魯論》，兼考《齊》、《古》，而為之注，知其所擇善矣。魏人《集解》，於鄭《注》多所刪佚，而偽孔，王肅之說，反藉以存，此其失也。梁皇侃依《集解》為疏，所載魏晉諸儒講義，多涉清玄，於宮室，衣服諸禮，闕而不言。宋邢昺又本皇氏，別為之疏，依文衍義，並無足取。我朝崇尚實學，經術昌明，諸家說《論語》者，彬彬可觀，而於疏之作，尚未遑也。〔註22〕

又句容陳立〈論語正義序〉也說道：

> 既從明經假讀竟，乃續而論之曰：漢世《論語》，有《齊論》、《魯論》，篇次小殊，說亦略異，孝武時，魯共王壞孔子宅，得古文《論語》，蓋與古《尚書》、《逸禮》，皆有文無說。張禹兼通《齊》、《魯》，為《張侯論》，而《齊》、《魯》師法淆；鄭康成就《魯論》篇第，考《齊》、《古》為之注，而三家師說，亦不可究矣。何平叔等作《集解》，名為集諸家之善，其不安者，頗為改易，而去取多乖，義蘊猶略。然師援淵源，雖汨沒無考，其漢時經師，單詞隻義，猶賴存焉；惜皇、邢二《疏》，未能發明，末學膚淺，於微言大義，既無窺竊，于典章、訓詁、名物、象數，復多蓋闕，厥用慨焉！〔註23〕

由以上所述，故知劉寶楠作《論語正義》的原因，可歸納以下數點。

（一）病皇《疏》「多涉清玄」

《論語》的傳本，在漢代有齊、魯、古三《論》，後《張侯論》及鄭玄注解將三家合而為一，漢代解說《論語》者尚有多家，今多不傳。魏何晏因見「前世傳受師說，雖有異同，不為之訓解，中間為之訓解，至于今多矣，所見不同，互有得失。今集諸家之善，記其姓名，有不安者，頗為改易，名曰《論語集解》」〔註24〕。《集解》出而諸家廢，故《論語集解》成為流傳至今最早的且最完整的《論語》注解本。

繼何晏《論語集解》後，南北朝皇侃的《論語義疏》為當時《論語》注疏的重要作品，其書以何晏所集孔安國以下各注家為主，以江熙所集魏瓘以下十三家之疏為羽翼，加上漢末以來有名通儒三十三家為輔助，並引當時無名學人之言以為參證，

〔註22〕《論語正義》，頁797。

〔註23〕收於《論語正義》，（臺北：藝文印書館，1966年，《無求備齋論語集成》本），頁1左葉～右葉。

〔註24〕（魏）何晏集解、（梁）皇侃義疏，《論語集解義疏疏・敘》，頁338下－339上。

無論在體例或思想方面都有承先啓後的重要意義。

南北朝的「義疏」之學，本是受佛教講經影響而產生的一種注疏體例，具有極濃厚的時代色彩，其在漢代陰陽讖緯的遺風、魏晉玄學風氣的瀰漫及佛教思想的傳布與流行下，雜糅匯聚各種思想，因而薈萃成一特殊的學術風貌，在這種風氣的薰染下，當時的經學皆深受影響，而屢雜用佛說、道家的觀點來注釋經書，皇侃的《論語義疏》亦不離此風，劉寶楠稱其「多涉清玄」即因於此。

皇《疏》中有以佛說解經者，如：〈學而篇〉「人不知而不慍」句，皇《疏》「又一通」云：「若人有鈍根，不能知解者，君子恕之，而不慍怒之也。」〔註 25〕「鈍根」的觀念，即是佛家說法；又有以道家之說解經者，如〈爲政篇〉「吾與回言終日，不違如愚」章，皇《疏》云：「自形器以上，名之爲無，聖人所體也；自形器以下，名之爲有，賢人所體也。今孔子終日所言，即入於形器，故顏子聞而即解，無所語問；故不起發我道，故言終日不違也。」〔註 26〕即用老子「有」、「無」的觀念解之，凡此之例甚多，不一一列舉。由此可見皇《疏》之涉「清玄」，故《正義》之注疏，凡引皇《疏》之部分皆不採其語涉道釋之說者。

（二）以邢《疏》「鄙陋無足觀」

邢昺《論語注疏》〔註 27〕爲宋眞宗咸平二年，邢昺奉詔之作，《四庫全書總目提要》云：「晏所采孔安國而下凡若干家，皆古訓，昺復因皇侃所採諸儒之說爲之疏，於章句訓詁名器事物之際詳矣。」〔註 28〕《四書全書總目提要》又云：

> 今觀其書，大抵翦皇氏之枝蔓，而稍傳以義理。漢學、宋學，茲其轉關。是《疏》出而皇《疏》微，迨伊、洛之說出而是《疏》又微。故《中興書目》曰：「其書於章句訓詁名物之際詳矣」，蓋微言其未造精微也。然先有是《疏》，而後講學諸儒得沿溯以窺其奧，祭先河而後海，亦何可以後來居上，遂盡廢其功乎！〔註 29〕

邢《疏》之作，也是就何晏、皇侃的成就，作更進一步的剪裁舖敘，且在章句、訓詁、名器、事物等方面的考證，也較前人著述詳盡些，然而邢《疏》對皇《疏》的剿襲處甚多，而論及名物制度的考證，雖有勝於前人之處，實則疏略甚大，尤其到

〔註 25〕（梁）皇侃，《論語集解義疏》（臺北：廣文書局，1991 年 9 月），頁 5。
〔註 26〕同上，頁 46。
〔註 27〕《論語注疏》一書，據《宋史・藝文志》、《中興書目》、《四書全書總目提要》著錄，皆題曰：「論語正義」，嘉慶二十年，江西南昌府學開雕之十三經本，不稱《論語正義》而稱《論語注疏》。
〔註 28〕《四庫全書總目提要》，卷 36，〈四書類一〉，頁 918～919。
〔註 29〕同上。

了清代，更累積了宋代以降，諸儒的著作成果，加以清世在考據學上的輝煌成就，相形之下，邢《疏》之缺陋便顯而可見，故劉寶楠稱其「鄙陋無足觀」，自有其道理在，程樹德對於《論語集釋》言：「劉氏所著《正義》引證精博，此書行而邢《疏》可廢。」〔註30〕此非虛說，劉疏能因於前人注疏的得失，累積更多的學識經驗，作更完善的考證補述，而能作到「前修未密，後出轉精」的成就，其功甚鉅。

（三）探三家師說之原貌

《論語》一書的傳承，到了漢代有《魯》、《齊》、《古》三家，《魯論語》有二十篇，爲魯人所傳，現今所行的篇次，即是根據《魯論》。傳人有夏侯勝、蕭望之、韋賢及其子韋玄成。《齊論語》是齊人所傳，較《魯論語》多出〈問王〉、〈知道〉二篇，共二十二篇，其中二十篇裡的章句也較《魯論》爲多。傳者有琅邪王卿、膠東庸生、昌邑中尉王吉。《古論語》爲魯恭王劉餘壞孔子宅壁所得，共二十一篇，分〈堯曰〉下章〈子張問〉爲一篇，故有兩〈子張篇〉，且篇次與《齊論》、《魯論》皆不同，孔安國傳之，後漢馬融亦注之。

時安昌侯張禹曾受《論語》於夏侯建，又從庸生、王吉受《齊論》，張禹於二家所言，擇其善者而從之，號曰《張侯論》，行於漢世，極盛一時，此時的《論語》已打破《齊》、《魯》二家的分界。後張禹授成帝，後漢的包咸、周氏又作有章句，列於學官。到了漢末，鄭玄以《魯論》爲本，並張禹、包咸、周氏之篇第，考之《齊》、《古》以爲之注，自此以後，《齊》、《魯》、《古》三家已雜糅爲一，其原貌已難窺見。

《論語》一書是儒家的重要經典，在清代學者以考據來探求經書原貌的風氣下，也有開始考查《論語》三家注的原貌之作，如江聲的《論語竢質》，以《說文》勘正《魯論》的形聲字義；錢坫的《論語後錄》中，也有考證《魯》、《齊》、《古》三家異本者；徐養原《論語魯讀考》，除取何晏《集解》及陸德明《釋文》所載魯讀二十三事，考其同異外，並考校《論語》與古文的異同；劉氏《論語正義》，也在諸人的研究成果上，作一整理與彙集，加上自己的創發，冀以三家之原貌以求經書的眞義。例：

哀公問社於宰我。（〈八佾〉）

《正義》曰：此有兩本，《魯論》作「問主」，《古論》作「問社」。莊氏述租輯本《白虎通》云：「祭所以有主者何？言神無所依據，孝子以主繼心焉。《論語》云：『魯哀公問主於宰我』云云。宗廟之主，所以用木爲之者，木有終始，又與人相似也。蓋題之以爲記，欲令後有知者。」《公羊》文二年《傳》：「主者曷用？虞主用桑，

〔註30〕程樹德著、程俊英、蔣見元點校，《論語集釋》（北京：中華書局，1990年8月），頁129。

> 練主用栗。用栗者，藏主也。」何休《注》:「爲僖公廟作主也。用桑者，取其名與其麤觕，所以副孝子之心。埋虞主於兩階之間，易用栗也。夏后氏以松」云云。《左》文二年《經》:「作僖公主。」杜《注》:「主者，殷人以柏，周人以栗。」孔《疏》引此文作「問主」，又引張、包、周等並爲「廟主」，凡皆《魯論》義也。（中略）鄭此《注》云:「主，田主，謂社主。」皇《疏》:「鄭《論》本云問主。」《釋文》:「社如字，鄭本作主。」《左》文二年《疏》「案:《古論語》及孔、鄭皆以爲社主。」《禮器》、《祭法》《疏》引《五經異義》云:「《論語》『哀公問社於宰我』云云，今《春秋公羊》說:『祭有主者，孝子之主繫心，夏后氏以松，殷人以柏，周人以栗。』《周禮》說:『虞主用桑，練主用栗。』無夏后氏以松爲主之事。」許君謹案:「從《周禮》說。《論語》所云謂社主也。」鄭氏無駁，從許義也。是《古論》作「問社」，鄭君據《魯論》作「問主」，而義則從《古論》爲「社主」，亦是依《周禮》說定之矣。〔註31〕

以上一段即據注家之義，分判《魯論》、《齊論》之別，凡此之例，《正義》甚多，皆意在保存三家說之眞，這也是《正義》著述的動機之一。

（四）存《論語》書中典章、訓詁、名物、象數之實。

劉氏《正義》既對於皇《疏》、邢《疏》有所不滿，故能廣爲利用前人的成就，作爲自己注疏的取材，加以在乾嘉考據學風的薰染下，劉氏注疏對於《論語》書中典章、訓詁、名物、象數的考訂，也花了極大的心力，其目的在於探究古代制度、器物、史實、文化的實相，並將這些資產保存下來，以裨益後世，這也是劉氏注疏的重要動機之一。

（五）著錄諸子學說中能發揮孔子義理者

先秦時代，自孔子弟子及後學纂錄《論語》一書以後，祖述孔子思想的徒眾甚多，所作學說也多能與孔義相發明，且自成其思想體係，《正義》一書，於諸家彰顯孔子義之善者，皆加以著錄之，所引者有:《孟子》、《荀子》、《管子》、《呂氏春秋》、《大學》、《中庸》、《鹽鐵論》、《淮南子》、《中論》、《論衡》、《說苑》、《潛夫論》等，諸書闡釋孔義者實多，《正義》屢徵引之，豐富其注釋之義，爲其一大特點。

（六）疏釋義理思想

劉恭冕〈後敘〉云:「我朝崇尚實學，經術昌明，諸家說《論語》者彬彬可觀，而於疏義之作，尚未遑也。」〔註32〕可見此《正義》之作，亦有鑒於考據學風之下，

〔註31〕《論語正義》，頁118。
〔註32〕《論語正義》，頁797。

治《論語》者多言名物考訂，忽於疏義之作，故作者欲兼重二者，以發明《論語》義蘊，此亦為著作動機之一。

第三節 《論語正義》的成書經過

關於《論語正義》的撰述動機，上文已有敘述，而據劉恭冕〈後敘〉及陳立〈論語正義序〉所言，劉寶楠與劉文淇、梅植之、包愼言、柳興恩、陳立等人約定各治一經的時間是在「道光戊子」（八年），劉文興《楚楨年譜》於道光八年條下亦云：是年「始作《論語正義》」，日本小澤文四郎《劉孟瞻年譜》，在道光八年條下也說：「至是始與楚楨等為約，各治一經，加以疏證。」以上所言皆認為，劉寶楠與眾人相約分疏的時間是在道光八年，然而關於此事，陳鴻森先生在〈劉氏論語正義成書考〉一文中有詳細考證〔註 33〕，因觀道光十二年劉文淇為楚楨所撰〈江淮泛宅圖序〉中有提到「蓋為是約十餘年，而未有成書」及「余自嘉慶庚辰一遊京師，……而亦無所成就」之語，由此推之，二劉之為約，當在嘉慶二十五年庚辰（1820）前後，但其時雖定此約，並未立即付諸實行，迨焦循《孟子正義》於道光五年付梓之後，二人深有所感，故於道光八年秋試不第，才重申前志，復堅定其意。之後，劉寶楠始發憤著述，《論語正義》的成書經過，劉恭冕〈後敘〉有詳細說明：

> 既而（先君子）作宰畿輔，薄書繁瑣，精力亦少就衰，後所闕卷，舉畀恭冕，使續成之。恭冕承命惶悚，謹事編纂，及咸豐乙卯（五年）秋，將卒業，而先君子病足瘇，遂以不起，蓋知此書之將成而不及見矣。丙辰（咸豐六年）後，邑中時有兵警，恭冕兢兢愼持，懼有遺失，暇日亟將此稿重復審校，手自繕錄，蓋又十年，及乙丑（同治四年）之秋而後寫定，述其義例，列於卷首。〔註 34〕

劉寶楠自道光二十年（1840）中進士以後，授直隸文安縣知縣，年五十歲，咸豐五年（1855）卒於三河縣任上，為官十五年當中，官事繁重，屢勞形於案牘，所修輯《正義》一書，未竟而身已殆，故由其子恭冕纘續其志，恭冕自咸豐六年（1856）續修《正義》，直至同治四年秋天始完成。

至於劉恭冕《正義》續修的部分為何？劉師培《左盦題跋》載恭冕〈與劉伯山書〉末云：

〔註 33〕見陳鴻森著，〈劉氏論語正義成書考〉（清代經學國際研討會論文，1992 年 12 月 22 日）。

〔註 34〕《論語正義》，頁 798。

家大人近治《論語》，已編至〈雍也〉。冕治《毛詩》，亦擬小有撰述。附呈〈龍山碑〉一紙，係家大人令元氏時所獲者，乞加考證。〔註35〕

此書約作於咸豐二年正月楚楨去元氏任，調署三河縣，時恭冕年廿九，距劉寶楠之卒約三年餘。

《正義》原刊本卷一至十七，即〈憲問篇〉以前各卷，卷題下署「寶應劉寶楠學」；卷十八至二十四，即〈衛靈公〉以下各篇，則署「恭冕述」。張舜徽《清代揚州學記》認爲：「《論語》共二十篇，劉寶楠作《正義》，只完成十篇，從〈衛靈公〉以下，是劉恭冕續成的。」劉文興《楚楨年譜》曰：「十七卷後，乃叔俛先生就先生原輯稿編次，間有所增，故署以『述』。」〔註36〕高流水先生亦言：前十七卷乃劉寶楠自撰，後七卷則恭冕在長編基礎上所續撰者〔註37〕，可見劉恭冕所續纂者當爲第十七卷以後各篇。然於十七卷以前的諸篇，恭冕是否也有增飾？關於這個問題，李慈銘在《越縵堂日記》光緒乙卯（五年）閏三月廿四日記道：

傍晚坐藤花下，讀《論語正義》，共二十四卷。自十八卷〈衛靈〉以下，爲其子叔俛（恭冕）所續，……然十七卷以前所引書，有俞蔭甫《群經平議》及戴子高《論語注》等書，非楚楨所及見，則亦有叔俛所增入者。十八卷以下，采取不及以前之博，則學識又不及其父也。〔註38〕

此言《論語正義》在前十七卷中引有俞樾的《群經平議》、《諸子平議》及戴望的《論語注》，考《群經平議》成於同治三年，六年梓行；《諸子平議》刊於同治九年；而戴望的《論語注》則付刊於同治十年，這都是劉寶楠卒後的事了，可見當是恭冕所增入，所以劉恭冕除續成十七卷以後諸篇，對於十七卷以前各篇亦有所補飾〔註39〕，對於此書的貢獻，其功亦鉅，故在論及劉寶楠《論語正義》的成就時，亦不可忽略劉恭冕的貢獻。

第四節　《論語正義》的刊刻及版本

〔註35〕（清）劉師培，《左盦題跋》（臺北：華世出版社，1975年），〈與劉伯山書〉，頁2250。

〔註36〕劉文興編，《清劉楚楨先生寶楠年譜》（臺北：臺灣商務印書館，1986年），頁67。

〔註37〕見高流水點校本，《論語正義》，頁3。

〔註38〕（清）李慈銘，《越縵堂日記》（臺北：文光出版社，1963年），光緒乙卯條。

〔註39〕陳鴻森先生〈劉氏論語正義成書考〉一文對於十七篇以前出於劉恭冕之手的部分考證甚多，並以爲前十七卷多出於恭冕之手，「非特爲之增訂補拾耳」，且恭冕之補述諸卷，與楚楨形貌不殊，難觀二人之軒輊，非如李慈銘所云：「十八卷以下，采取不及以前之傳，則學識又不及其父也。」

《論語正義》一書的刊刻，舊說皆以爲在清同治五年，如劉文興《楚楨年譜》云：

> 《論語正義》乃先生一生用力之書，於微言大義，多所發明。有清一代十三經新疏，居一席焉。……十七卷後，乃叔俛先生就先生原輯稿編次，間有所述，故署以「述」。同治丙寅（5 年）告成，適應曾文正聘，校書金陵，遂以付刊。〔註 40〕

《販書偶記》卷三著錄，亦稱「同治丙寅刊」，今中央圖書館所藏善本卷首亦標明「清同治五年刊」，關於此書刊刻，今人陳鴻森先生曾考錄之，認爲正確的刊刻時間當在光緒初年〔註 41〕，因《正義》中屢引俞樾的《群經平議》及戴望的《論語注》，而劉恭冕與戴望結識於同治八年前後，《群經平議》刊於同治六年，《諸子平議》刻於同治九年，故《正義》當不可能刻於同治五年。又李慈銘《越縵堂日記》同治壬申（11 年）11 月 26 日記云：

> 得陳六舟片。以新刻劉氏父子《論語正義》樣本一冊見示。卷七〈雍也〉一卷、卷十一至十三〈鄉黨〉三卷，皆題曰「劉寶楠學」；卷十九〈季氏〉一卷、卷二十二〈子張〉一卷，皆題曰「恭冕述」。……其書尚未刻成。體例與焦氏《孟子正義》相似，博取眾說，詳而有要，足以並傳。〔註 42〕

陳澧同治十二年有〈復劉叔俛書〉曰：

> 尊著《論語疏》，明歲刻竣，乞示讀。承索爲序，此過愛之盛意，所不敢辭。〔註 43〕

另外，光緒八年，劉恭冕撰〈劉君恭甫家傳〉末云：

> 訓導君（文淇）初與友朋爲著書之約。……而先君子得《論語》。先君子所作《疏》，已及大半，授冕續成之。光緒初梓成。〔註 44〕

綜以上所言，《正義》刊行時間當非同治五年，而應在光緒初年。

至於《正義》的刊本，除標示「清同治五年」刻於金陵的刊本外。後王先謙刻《皇清經解續編》，亦曾列入，故是書有二刻。此外另有黃岡范氏重刻本。1933 年上海書局聚珍仿宋本，日本東京文求堂影印清同治五年原刻本；《四部備要》本、《萬

〔註 40〕劉文興編，《清劉楚楨先生寶楠年譜》，頁 66。

〔註 41〕見陳鴻森著，〈劉氏論語正義成書考〉（清代經學國際研討會論文，1992 年 12 月 22 日）。

〔註 42〕（清）李慈銘，《越縵堂日記》，頁 17。

〔註 43〕（清）陳澧，《東塾讀書記》（臺北：中華書局，1965 年，《四部備要》本），卷 4，頁 20。

〔註 44〕《續碑傳集》，卷 75，頁 10。

有文庫》本、《諸子集成》本、《國學基本叢書》本，皆根據前本排字。

以上諸本對於原刻除改正個別明顯錯別字外，並沒有作校勘的工作，有些錯字也照刻照排。1990 年 3 月，北京中華書局出版了高流水先生點校的《論語正義》一書，1990 年 11 月，臺北文史哲出版社翻印之。此點校本對《論語正義》引文的錯誤，多所糾正，並作了校勘記。對引文文字出入不大的，則用引號，不作校記；對引文文字出入較大的或意引的，則不用引號；對重要字詞有出入或與原意出入較大的，都作了校記。例：

子貢曰：「夫子之文章，可得而聞也；夫子之言性與天道，不可得而聞也。」(〈公冶長〉) 高流水《論語正義》點校本注文：

> 顏師古《漢書・外戚傳》云：「〔一〕《論語》云云，謂孔子不言性命及天道，而學者誤讀，〔二〕謂孔子之言，自然與天道合，〔三〕非惟失於文句，實乃大乖意旨。」〔註 45〕

當中引號部分即原文有錯誤之處，作者於當頁後作有校記：

> 〔一〕「顏師古」原誤作「李賢」，「漢書」原誤作「後漢書」，並據《漢書外戚傳・注》改。〔二〕〔三〕「讀」字原脱，「言」下原衍「性」字，據《漢書・注》分別增刪。〔四〕「師古」原誤作「章懷」，承上文改。〔註 46〕

此書另外還改正了不少異體字和避諱字。又爲便於翻檢，在每章每節之首，加一阿伯數字以明章次或節次，於書前有〈本書檢目〉，頗方便於查檢。本論文所引用《論語正義》的原文，即以文史哲出版的本子爲據。

〔註 45〕《論語正義》，頁 186。
〔註 46〕同上。

第四章　《論語正義》的注疏體例

第一節　章節的編次

《論語正義》一書共有二十四卷，於每篇篇首記有各篇章數，據《論語正義・學而》第一云：「《釋文》舊有此題，其所據即《集解》本。今皇、邢《疏》無凡幾章之題者，當由所見之本已刪之也。《漢石經》則每卷後有此題，蓋昔章句家所記之數。統計《釋文》各篇四百九十二章，趙岐《孟子篇敘》曰『《論》四百八十六章』，較《釋文》少六章。然《釋文・先進篇》二十三章，依《集解》宜爲二十四章。〈衛靈篇〉四十九章，依《集解》實爲四十三章。又〈陽貨篇〉二十四章，《漢石經》作廿六章。凡皆所據本異，故多寡迥殊。今但依《釋文》以存《集解》之舊，其有離合錯誤，各記當篇之下。」〔註1〕故知因後世之移併，使《論語》各篇章數不一，《正義》一書，仍有章數之記載。

〈學而〉第一	凡十六章	爲卷一
〈爲政〉第二	凡二十四章	爲卷二
〈八佾〉第三	凡二十六章	「孔子謂季氏」至子曰：「射不主皮」一章　爲卷三
		「子貢欲去告朔之餼羊」一章至「子曰：居上不寬」一章　爲卷五
〈里仁〉第四	凡二十六章	爲卷五

〔註 1〕《論語正義》，頁 1～2。

〈公冶長〉第五	凡二十九章	爲卷六
〈雍也〉第六	凡三十章	爲卷七
〈述而〉第七	凡三十八章	《正義》曰：《釋文》云：「舊三十九章，今三十八章。」所云「舊」，當謂六朝舊本。所多一章，疑分「子路問三軍」爲一章也。《釋文》又云：「『子於是日』以下，舊別爲章，今宜合前章。『亡而爲有』以下，舊爲別章，今宜與前章合。」陸云「宜合」，但論其理，實未嘗合併也。若已合併，則爲三十六章。盧氏文弨《釋文考證》以舊三十九章爲《釋文》本，今三十八章爲朱子本，則誤解陸氏原文爲後人校語也。翟氏灝《考異》譏陸氏宜合者兩條，總題但減其一，以爲失於點對，則是舊爲四十章，不合言三十九也。〔註2〕 爲卷八
〈泰伯〉第八	凡二十一篇	爲卷九
〈子罕〉第九	凡三十一章	《正義》曰：《釋文》於下更云：「皇三十章。」謂合「不忮不求」與上「衣敝緼袍」爲一章也。說本孔氏廣森《經學卮言》。〔註3〕 爲卷十
〈鄉黨〉第十	凡一章	《正義》曰：此篇雖一章，而其閒事義，各以類從，皇、邢《疏》別爲科段，當有所受，今略本之，分爲二十五節。〔註4〕「孔子於鄉黨」一章至「執圭，鞠躬如也，如不勝。」一章 爲卷十一
		「君子不以紺緅飾」一章 爲卷十二
		「齊必變食」至「色斯舉矣」一章 爲卷十三
〈先進〉第十一	凡二十三章	《正義》曰：皇、邢本皆二十四章，《釋本》從鄭氏，以「德行」章合上「從我於陳蔡」爲一章。然《集解》本各自爲章，故不引鄭說，則此所云「二十三章」三字，當爲陸所改也。又《釋文》於「回也」章云「或別爲章，今所不用」，亦是依《集解》，故不用或說。朱子《集注》則「德行」章、「回也」章、「論篤」章皆別章，凡二十六章。〔註5〕 爲卷十四

〔註 2〕《論語正義》，頁 251。
〔註 3〕《論語正義》，頁 319。
〔註 4〕《論語正義》，頁 363。
〔註 5〕《論語正義》，頁 437。

〈顏淵〉第十二	凡二十四章	《正義》曰:《釋文》云:「子路無宿諾，或分此為別章。」〔註6〕　為卷十五
〈子路〉第十三	凡三十章	為卷十六
〈憲問〉第十四	凡四十四章	為卷十七
〈衛靈公〉第十五	凡四十九章	《正義》曰:《釋文》於「君子不可小知」章後，有「子曰『父在觀其志，父沒觀其行』十字。又鄭《注》曰:「古皆無此章」。今皇、邢本無此章，則《集解》本與鄭本異也。但皇、邢本祇四十二章，《釋文》亦止四十三章。今云「四十九章」，「九」字誤，當作「三」。〔註7〕　為卷十八
〈季氏〉第十六	凡十四章	為卷十九
〈陽貨〉第十七	凡二十四章	《正義》曰:《漢石經》:「凡二十六章。」洪氏頤煊《讀書叢錄》謂「《漢石經》分『子曰唯上知與下愚不移』、『子謂伯魚曰』各自為一章，故云廿六」。邢本「古者民有三疾」章下有「子曰:『巧言令色，鮮矣仁。』《注》王曰:『巧言無實，令色無質。』」《唐石經》亦有此章，係旁注。《御覽》三百八十八引《論語》「陽貨曰:『巧言令色，鮮矣仁。』」疑古傳本有二:有者非後人所增，無者亦非後人所刪也。皇本、《考文》引古本、足利本、高麗本皆無此章，則從《集解》所據本也。王《注》亦見〈學而篇〉皇《疏》。〔註8〕　為卷二十
〈微子〉第十八	凡十四章	《正義》曰:此篇實止十一章，疑「四」為「一」誤。〔註9〕　為卷二十一
〈子張〉第十九	凡二十五章	為卷二十二
〈堯曰〉第二十	凡三章	《正義》曰:翟氏灝《考異》:「《古論語》分此一篇為二，則〈堯曰〉凡一章，〈子張〉凡二章。《魯論》無「不知命」章，則〈堯曰〉凡二章。」〔註10〕　為卷二十三

〔註 6〕《論語正義》，頁 483
〔註 7〕《論語正義》，頁 609。
〔註 8〕《論語正義》，頁 673。
〔註 9〕《論語正義》，頁 711。
〔註 10〕《論語正義》，頁 755～756。

〈論語序〉	《正義》曰:《經典釋文》、《唐石經》標題如此，必是何晏等原式。皇《疏》本作「論語集解敘」，邢《疏》本則每篇首行題「論語註疏解經卷第幾」，此〈序〉首行題「論註疏解經序」，次行題「序解疏」三字。案：何晏等作〈序〉時，止有〈序〉，未有疏也。今竟稱「註《疏》序」，此自作疏時妄題，其後失檢，遂仍之。〔註 11〕爲卷二十四

第二節　注疏的體例

一、《正義》對歷代注疏的取用情況

關於此節，劉恭冕述《論語正義》「凡例」，敘述甚詳，「凡例」云：

（一）經文《注》文，從邢《疏》本，惟〈泰伯篇〉「予有亂臣十人」，以子臣母，有干名義，因據《唐石經》刪「臣」字。其他文字異同，如漢、唐、宋《石經》及皇侃《疏》、陸德明《釋文》所載各本，咸列於《疏》。至山井鼎《考文》所引古本，與皇本多同。高麗、足利本與古本亦相出入，語涉增加，殊爲非類，既詳見於《考文》及阮氏元《論語校勘記》、馮氏登府《論語異文疏證》，故此《疏》所引甚少。（古本、高麗、足利本有與皇本、《釋文》本、《唐石經》證合者，始備引之，否則不引。）至注文訛誤處，多從皇本及後人校改。其皇本所改注文，視邢本甚繁，非關典要，悉從略焉。

按：關於以上所述：

（1）經文注文，以邢《疏》本爲主。邢《疏》所引之注文，所根據的即是何晏所著之《論語集解》。

（2）其他文字異同，如漢、唐、宋《石經》及皇侃《疏》、陸德明《經典釋文》所載各本，咸列於疏。

東漢靈帝熹平四年（175），於太學門外刻經文於石碑，所刻七經，《論語》亦在其中，是《論語》第一次產生的標準本。《唐石經》刻於太和七年，成於開成二年（837），《唐會要》卷六十六記載，除了刻九經外，另有《孝經》、《論語》、《爾雅》共十二經，其中《論語》字數，據朱彝尊《唐國子學石經跋》（《暴書亭集》五十）本，《論語》所據本子，今拓本尚多稱其爲何晏《集

〔註 11〕《論語正義》，頁 771。

解》(《唐石經》校文)。《宋石經》的刊刻,兩宋都各有刊行,一爲北宋慶曆間,分爲眞、隸二體,又稱二字石經;一在南宋紹興間,都有《論語》的刊行,清代顧亭林、萬斯同、杭世駿對北宋石經皆有考異之作,然南宋石經現已不甚完整。而《經典釋文》是唐陸德明對《論語》等十四種典籍的注釋之文,其書詳徵博引,總結了漢到六朝有關的學術著作,保存了許多現已亡佚的作品,舉凡文獻、校勘、語音、語法、輯佚等,都可求之於《釋文》,極具學術價值。凡石經之刊刻,都可代表一時代的經書定本,且其文字除散佚毀損之外,不會有傳抄之訛,可爲後代文字校勘之重要資料,故《正義》引之。例如:「吾十有五而志于學」(〈爲政〉)《正義》曰:「志於學」,《漢石經》及高麗本「于」作「乎」。〔註 12〕

(3) 注文之訛誤,多從皇本及後人校改。例如:

子曰:「里仁爲本。擇不處仁,焉得知?」〔注〕鄭曰:「里者,仁之所居。居於仁者之里,是爲美。求居而不處仁者之里,不得爲有知。」(〈里仁〉)

《正義》曰:「仁之所居」,「仁」當依皇本作「民」。〔註 13〕

則依皇本改注文之誤。

(二) 注用《集解》者,所以存魏、晉人箸錄之舊,而鄭君遺《注》,悉載《疏》內。至引申經文,實事求事,不專主一家。故於《注》義之備者,則據《注》以釋經;略者,則依經以補《疏》;其有違失未可從者,則先疏經文,次及《注》義。若說義二三,於義得合,悉爲錄之,以正向來注疏家墨守之失。

按:關於以上所述:

(1) 注用《集解》的目的在於保存魏晉人的箸錄,尤其對於鄭《注》,更是詳細備載。魏正始年間,何晏集漢魏諸家之《論語》注而成《論語集解》,其所蒐羅凡八家,《經典釋文敘錄》云:「何晏,集孔安國、包咸、周氏、馬融、鄭玄、陳群、王肅、周生烈之說,並下己意,爲《集解》。」〔註 14〕其所蒐羅,精要而完備,故《集解》一出,他家之注《論語》者遂亡,《集解》成了保存魏晉人著錄的重要典籍,且鄭玄《注》亦在《集解》蒐集之列,後鄭《注》亡佚,《集解》亦成了保存鄭《注》最早之作,其重要性可知,《正義》欲探究鄭《注》原貌,則益不可捨《集解》所引。例如:

〔註 12〕《論語正義》,頁 43。
〔註 13〕《論語正義》,頁 139。
〔註 14〕(唐)陸德明著、吳承仕疏證,《經典釋文序錄疏證》,頁 108 左葉～109 右葉。

「泰伯，其可謂至德也已矣。」（〈泰伯〉）

《正義》曰：鄭《注》云：「泰伯，周太王之長子。次子仲雍，次子季歷。泰伯見季歷賢，又生文王，有聖人表，故欲立之，而未有命。太王疾，泰伯因適吳、越採藥。太王歿而不返，季歷爲喪主，一讓也；季歷赴之，不來奔喪，二讓也；免喪之後，遂斷髮文身，三讓也。三讓之美，皆隱蔽不著，故人無德而稱焉。」〔註15〕

即皆詳錄鄭注之說。

（2）注義已經詳備者，則據注以釋經；注義疏略者，則依經以補疏，如有違失未可從者，則先疏經文，次及經義。例：

子曰：「士而懷居，不足以爲士矣。」〔注〕士當志道，不求安，而懷其居，非士也。（〈憲問〉）

《注》「士當」至「士也」。

○**《正義》曰：**士志仁義，大人之事備，不得但懷居，惟耽樂之是從也。《左》僖二十三年《傳》：「懷與安，實敗名。」吳氏英《經句說》：「士初生時，設弧於門左，將有事於四方也。膂力方剛，經營四方，士之志也。若繫戀所居，乃偷安而無意人世者，故孔子警之。」〔註16〕

此注之意已詳備，故直接以注釋經。又：

子曰：「惟仁者能好人，能惡人。」〔注〕孔曰：「惟仁者能審人之所好惡。」（〈里仁〉）

《正義》釋《注》之一段作：

《正義》曰：焦氏循《補疏》：「仁者好人之所好，惡人之所惡，故爲能好能惡。必先審人之所好所惡，而後人之所好好之，人之所惡惡之，斯爲能好能惡之也。」案：《注》說頗曲，姑依焦說通之。〔註17〕

此注之意有所違失，其意已由疏補之。

（3）於各家之義，能合本旨，則皆錄之，以避免墨守之失。例：

「君子不重，則不威」句（〈學而〉）

《正義》曰：稱「君子」者，言凡已仕未仕有君師之責者也。「不重」者，《法言・修身篇》：「或問何如斯謂之人？曰：取四重，去四輕。曰：何謂四重？曰：重言，重行，重貌，重好。言重則有法，行重則有德，貌重則有威，好重則有觀。」是

〔註15〕《論語正義》，頁287。

〔註16〕《論語正義》，頁554。

〔註17〕《論語正義》，頁141。

言君子貴重也。《禮．玉藻》云：「足容重，手容恭，目容端，口容止，聲容靜，頭容直，氣容肅，立容德，色容莊。」並言人當重慎之事。則不威者，言無威儀也。《左傳》劉康公曰：「民受天地之中以生，所謂命也。是以有動作禮義威儀之則，以定命也。是故君子勤禮，勤禮莫如致敬。」衛北宮文子曰：「有威而可畏謂之威，有儀而可象謂之儀。君有君之威儀，其臣畏而愛之，則而象之，故能有其國家，令聞長世。臣有臣之威儀，其下畏而愛之，故能守其官職，保族宜家。順是以下皆如是，是以上下能相固也。」又云：「故君子在位可畏，施舍可愛，進退可度，周旋可則容，容止可觀，作事可法，德行可象，聲氣可樂；動作有文，言語有章，以臨其下，謂之有威儀也。」又下篇夫子語子張曰：「君子正其衣冠，尊其瞻視，儼然人望而畏之，斯不亦威而不猛乎？」並言君子有威儀之事。〔註 18〕

以上一段疏引了《法言．脩身篇》、《禮．玉藻》、《左傳》之文，皆能發揮關於君子有威儀之一事，有助於文義的闡發。

（三）鄭《注》久佚，近時惠氏棟、陳氏鱣，臧氏鏞、宋氏翔鳳咸有輯本，於《集解》外，徵引頗多，雖拾殘補缺，聯綴之跡，非其本眞，而捨是則無可依據。今悉詳載，而原引某書某卷及字句小異，均難備列，閱者諒諸。

按：東漢鄭玄注《論語》，打破了《齊》、《魯》、《古》三家之分，何晏〈集解序〉云：「漢末，大司農鄭玄，就《魯論》篇章，考之《齊》、《古》爲之註。」〔註 19〕皇侃《論語義疏．敘》云：「建安中，大司農北海鄭玄，字康成，又就《魯論》篇章，考《齊》驗《古》，爲之注解。」〔註 20〕《隋志》云：「漢末，鄭玄以《張侯論》爲本，參考《齊論》、《古論》，而爲之注。」〔註 21〕《釋文敘錄》云：「號曰《張侯論》，最後而行於漢世。禹以《論》授成帝，後漢包咸、周氏、並爲章句，列於學官。鄭玄就《魯論》張、包、周之篇章，考之《齊》、《古》爲之注焉。……鄭玄注十卷。」〔註 22〕早在鄭玄之前的《張侯論》，即已以《魯論》爲本，參合《齊論》，宋翔鳳《師法表》云：「《張論》，合《齊》、《魯》兩家之學，特其篇章，與《魯論》同，故多以《張論》爲《魯論》。」〔註 23〕又云：「周之本，即周氏之

〔註 18〕《論語正義》，頁 21～22。

〔註 19〕（魏）何晏撰、（梁）皇侃疏，《論語集解義疏．敘》，頁 338 下。

〔註 20〕同上，《論語集解義疏．序》，頁 336 下。

〔註 21〕《隋書》卷 32，〈經籍志〉第 27，頁 939。

〔註 22〕（唐）陸德明撰、吳承仕疏證《經典釋文序錄疏證》，頁 107 左葉～108 左葉。

〔註 23〕（清）宋翔鳳，《論語師法表》（臺北：藝文印書館，1966 年，《無求備齋論語集成》本），頁 2 左葉。

出於張侯者。」〔註 24〕故周氏亦《張論》之餘緒。而鄭玄之注《論語》，非但本之《魯論》，且就張、包、周之篇章，考之《齊》、《魯》、《古》，使三家《論語》集結成一家。魏何晏著《論語集解》，收有鄭玄注，然比例不大〔註 25〕，晉元帝時置博士官，鄭玄《論語注》亦在其中，此時鄭學猶盛行於官學。南北朝時，南朝學已漸衰微，《隋志》載：

> 梁、陳之時，唯鄭玄、何晏立於國學，而鄭氏甚微。周、齊，鄭學獨立。至隋，何、鄭並行，鄭氏盛於人間。〔註 26〕

即謂鄭學於梁、陳之時漸微，惟於隋朝盛於人間而已。如南朝皇侃作《論語義疏》，僅引用《集解》所引之鄭《注》，梁劉孝標注《世說新語》，亦僅引用《論語鄭注》幾條外，餘皆全據《集解》本。然北朝則仍鄭《注》，如《魏書》所引用《論語》本文，全以鄭義爲依歸。到了隋朝，杜臺卿有《玉燭寶典》一書，其所引用之《論語鄭氏注》，多清儒佚書中所未見者，自是受北學之影響。唐貞觀中，魏徵、虞世南、顏師古等人充任祕書，廣蒐天下寶典祕籍，《論語鄭氏注》亦在其中，《舊唐書·經籍志》、《新唐書·經籍志》均有著錄。唐人著述中，如陸德明《經典釋文》、《論語音義》、孔穎達《五經正義》、賈公彥《周禮疏》、《儀禮疏》、魏徵《群書治要》、唐太宗《帝範》、武則天《臣軌注》、歐陽詢《藝文類聚》、虞世南《北堂書鈔》、玄應《一切經音義》、章懷太子《後漢書注》，晚至開元年間之《大唐開元占經》、徐堅之《初學記》等，均可見《集解》未引之鄭氏《注》，故知鄭《注》在其時，仍廣爲人所引用。天寶末，安史之亂，圖書毀絕甚多，至韓愈著《論語筆解》，白居易《白氏六帖事類集》等書，也僅引用《集解》所引之鄭《注》，及經歷五代十國，凡二百年間，皆不見《論語鄭氏注》。到了宋太宗太平興國年間，以唐開元四部書目收集天下遺佚，匯集於李昉等人所編修的《太平御覽》，《論語鄭氏注》又復見於官方圖籍中，然鄭氏注重出不久又亡佚，致《宋史·藝文志》無著錄，高明先生云：

> 論語（鄭氏）注，《釋文敘錄》、《隋》、《唐志》並十卷。《宋志》未著錄，蓋亡於宋矣。〔註 27〕

鄭氏書之輯佚，自宋王應麟即已開始，清朝輯佚學大盛，輯鄭氏書者又更多，至《論語正義》之作時，已有惠棟、陳鱣、臧庸、宋翔鳳等人之輯本〔註 28〕，劉氏徵引甚

〔註 24〕同上。

〔註 25〕何晏《集解》所引鄭注僅有六條，與其所引其他注相較，其比例甚少。

〔註 26〕《隋書》卷 32，〈經籍志〉第 27，頁 939。

〔註 27〕高明，《禮學新探》（香港：集成圖書公司，1963 年 1 月），頁 160。

〔註 28〕有關《論語鄭氏注》之輯佚，詳見鄭靜若著：〈兩漢論語學與論語鄭氏注〉（《中華文化復興月刊》，第 14 卷，第 5 期），頁 25～39。

多，例：

「且予縱不得大葬，予死於道路乎？」（〈子罕〉）

《正義》曰：宋氏翔鳳《鄭注輯本》云：「按此爲孔子未反魯事，故有「『死於道路』之語。蓋孔子自知必反魯也。」〔註29〕

即引宋翔鳳所著之《鄭注輯本》，以求鄭注之原貌。

（四）古人引書，多有增減，蓋未檢及原文故也。翟氏灝《四書考異》、馮氏登府《論語異文疏證》，於諸史及漢、唐、宋人傳注，各經說、文集，凡引《論語》有不同者，悉爲列入，博稽同異，辨證得失。既有專書，此宜從略。

按：有關《論語》之考校，唐陸德明《論語釋文》，爲時代最早之參考專著，其後之《論語》注本，皆未有專門考校者，至清代方有以專業之精神，作逐字逐句之考校者，如翟灝的《四書考異》、阮元《論語校勘記》、馮登府《論語異文考證》等。翟灝之作，凡於文字正訛、訛衍、脫誤皆考明校正，而於文字之通寫、正讀、句讀亦考定改正；而馮登府之作，亦廣蒐遺說異文，薈萃歷代諸刻及諸家考訂之說，折衷求是，而集成是書，於本書流傳之作外，皆參之經史傳注、諸子百家、旁及唐宋文集、金石碑刻，力免專己守殘，並冀以通古訓。既有專書之作，《正義》則僅引此書之所考，以辨文字異同。例：

「君子博學於文」句（〈雍也〉）

《正義》曰：《釋文》云：「一本無『君子』字，兩得。」臧氏琳《經義雜記》：「君子乃成德之稱，不嫌其違畔於道。〈顏淵篇〉此章再見，無『君子』字。」知此亦無有者爲得也。馮氏登府《異文考證》引《後漢・范升傳》亦無「君子」字。〔註30〕

又：

「可與共學，未可與適道；可與適道，未可與立；可與立，未可與權。」句（〈子罕〉）

《正義》曰：馮氏登府《異文考證》：「《緜詩・正義》及《三國志・魏武帝紀注》、《說苑・權謀》、《北周書・宇文護傳論》並作『可與適道，未可與權』。《筆解》作『可與共學，未可與立；可與適道，未可與權』，謂今文錯簡。《唐文粹》馮用之《楮論》引與《筆解》同。此當由後人隨意引入，非今文有錯簡也。」〔註31〕

（五）漢、唐以來，引孔子說，多爲諸賢語、諸賢說。或爲孔子語者，皆由以意徵

〔註29〕《論語正義》，頁341～342。

〔註30〕《論語正義》，頁243。

〔註31〕《論語正義》，頁359。

引，未檢原文。翟氏《考異》既詳載之，故此疏不之及。

（六）漢人解義，存者無幾，必當詳載，至皇氏《疏》、陸氏《音義》所載魏、晉人以後各說，精駁互見，不敢備引。唐、宋後箸述益多，尤宜擇取。

按：《正義》所引用邢昺《論語注疏》、張栻《論語解》、毛奇齡《論語稽求篇》和《四書賸言》、劉台拱《論語騈枝》、焦循《論語補疏》、劉逢祿《論語述何》、戴望《論語注》、宋翔鳳《論語發微》、馮登府《論語異文考證》、莊存與《論語說》、吳嘉賓《論語說》、陳鱣《論語古訓》、包愼言《論語溫故錄》、凌曙《四書典故覈》、周炳中《四書典故辯正》、劉培翬《四書考異》、江永《鄉黨圖考》、黃式三《論語後案》等諸著作，都是唐、宋以後的作品。

（七）諸儒經說，有一義中是非錯見，但采其善而不箸其名，則嫌於掠美；若備引其說而並加駁難，又嫌於葛藤，故今所輯，舍短從長，同於節取，或只撮大要，爲某某說。

（八）引諸儒說，皆舉所箸書之名，若習聞其語，未知所出何書，則但記其姓名而已。又先祖考國子監典簿諱履恂箸《秋槎雜記》，先叔祖丹徒縣學訓導諱台拱著《論語騈枝》、《經傳小記》，先伯父五河縣學訓導諱寶樹著《經義說略》，疏中皆稱爵。例：

按：書中凡引劉履恂、劉台拱、劉寶樹之作者，因避視者諱，故以爵稱。

二、《正義》中注疏的體例

《正義》一書，因採眾家說法，且考據之文甚多，故而篇章繁複，頗爲冗雜，然此書於注疏之方法，有其一定體例，可沿其脈絡而尋繹其理路，則將更易於掌握此書之精要。《正義》一書的體例大致如下：

（1）經文之下加注：《正義》所加注文乃沿用邢昺的《注》，邢昺之《注》又取自於何晏的《論語集解》。此於上文已說明。例：

子曰：「君子上達，小人下學。」〔注〕本爲上，末爲下。（〈憲問〉）

（2）注之後爲疏，即標爲「《正義》曰」者。疏文先依序解釋經文字義、句義、及通篇文義；解釋時引各書說法之相近或相左者，若對於引文有意見者，則加案語以明之。例：

《正義》曰：達，通也。《論語比考讖》：「君子上達，與天合符。」言君子德能與天

合也。〔註 32〕

（3）「正義」之後，加○爲注文的注釋。先以○引出所注注文的段落；再加一○，解釋注文。例：○《注》：「本爲上，末爲下」。○《正義》曰：皇《疏》：「上達者，達於仁義也。下達謂達於財利，所以與君子反也。」案：《禮・大學》云：「德者，本也；財者，末也。」〔註 33〕

第三節　注疏的方式

胡適在《戴東原的哲學》中，提到清朝的經學有四個特點：一、歷史的眼光。二、工具的發明。三、歸納的研究。四、證據的注重。因爲這四種特長，所以其成績最大，價値最高。〔註 34〕《正義》在考據上具有偉大成就，對於此四種特色，亦能加以融會運用，其於注疏所使用的方法，可分述如下：

一、對何晏《注》及皇、邢《疏》審於去取

《正義》的經文注文承襲邢《疏》本，以《集解》本爲宗，然而他對於何晏《注》並不是一味地遵從，且能在去取之間，對於注文之善者加以詳釋，繆誤者有所糾正，或義與何晏《注》不同者，則將兩者並列之等，《正義》對何晏《注》的取用狀況，歸納如下：

（一）對何晏《注》的去取

（1）以《注》為宗，並詳釋之

子曰：「魯、衛之政，兄弟也。」〔注〕包曰：「魯，周公之封；衛，康叔之封。周公、康叔既爲兄弟，康叔睦於周公，其國之政，亦如兄弟。」（〈子路〉）

《正義》曰：《史記・世家》：「周公旦者，周武王弟也。衛康叔名封，周武王同母少弟也。」《左》定六年《傳》：「公叔文子曰：『大姒之子，惟周公、康叔爲相睦也。』」是周公、康叔爲兄弟最睦也。方氏觀旭《偶記》：「包《注》不就衰亂言。案：《左氏》定四年《傳》：『皆啓以商政。』《注》：『皆，魯、衛也。』又夫子嘗言『魯一變至於道』，而五至衛國，則有『三年有成』之語。又論子賤而以魯爲多君子，與季札稱『衛多君子』，辭轍。齊大陸子方曰：『何以見魯、衛之士？』並見二國之

〔註 32〕《論語正義》，頁 585～586。
〔註 33〕同上。
〔註 34〕胡適，《戴東原的哲學》（臺北：臺灣商務印書館，1975 年 10 月），頁 18。

政俗，末世猶賢於他國。更證之《漢書・馮奉世傳》人歌立與野王曰：『大馮君，小馮君，兄弟繼踵相因循，聰明賢知惠吏民，政如魯、衛德化均。周公、康叔猶二君。』『政如魯、衛』二句，正用《魯論語》。漢世之解如此。」今案：方說深得經《注》之意。朱子《集注》就衰世言，則語涉詼謔，非其理矣。〔註 35〕

按：此解「魯、衛之政，兄弟也」，引《注》言周公、康叔兄弟二人相睦，故其所治之國，亦如兄弟。《正義》引《史記》、《左傳》證周公、康叔二人相睦之實，並引方觀旭《偶記》之說，申說《注》義。

「邦無道，危行言孫」句。〔注〕孫，順也。厲行不隨俗，順言以遠害。（〈憲問〉）

《正義》曰：「順言」者，無所違犯也。《荀子・臣道篇》：「迫脅於亂時，窮居於暴國，而無所避之，則崇其美，揚其善，違其惡，隱其敗，言其所長，不稱其所短，以爲成俗。」《繁露・楚莊王篇》：「義不訕上，智不危身，故遠者以義諱，近者以智畏。畏與義兼，則世逾近而言逾謹矣。此定、哀之所以微其辭，以故用則天下平，不用則安其身，《春秋》之道也。」二文與此《注》義相發。漢、明之末，學者知崇氣節，而持之過激，釀爲黨禍，毋亦昧於遠害之旨哉。〔註 36〕

按：此亦引《荀子》、《春秋繁露》之語，解釋《注》之意。

（2）將《注》義加以疏通者

子曰：「惟仁者能好人，能惡人。」〔注〕孔曰：「惟仁者能審人之所好惡。」（〈里仁〉）

《正義》曰：焦氏循《補疏》：「仁者好人之所好，惡人之所惡，故爲能好能惡。必先審人之所好所惡，而後人之所好好之，人之所惡惡之，斯爲能好能惡也。」案：《注》說頗曲，姑依焦說通之。〔註 37〕

「天下有道，丘不與易也」句〔注〕言凡天下有道者，丘皆不與易也，己大而人小故也。（〈微子〉）

《正義》曰：皇本作「孔注」。其申《注》云：「言凡我道雖不行於天下，天下有道者，而我道皆不至與彼易之，是我道大、彼道小故也。」案：《注》意謂天下即有道，某亦不以治民之大道易彼避之小道也。於義殊曲，故不從之。〔註 38〕

〔註 35〕《論語正義》，頁 527～528。

〔註 36〕《論語正義》，頁 554。

〔註 37〕《論語正義》，頁 141。

〔註 38〕《論語正義》，頁 723。

按：以上二例皆因《注》義迂曲，《正義》另舉他說以疏通其意者。

（3）以《注》義涉迂曲，不滿其意者

「舉直錯諸枉，則民服；舉枉錯諸直，則民不服。」〔注〕包曰：「哀公，魯君謚。錯，置也。舉正直之人用之，廢置邪枉之人，則民服其上。」（〈爲政〉）

《**正義**》**曰**：包以邪枉之人不當復用，故以錯爲廢置，與上句言舉言用之相反見義。此亦用人之一術，自非人君剛明有才，不克爲此。《荀子．王制篇》：「賢能不待次而舉，罷不能不待須而廢。」即包義也。與夫子尊賢容眾之德，似不甚合。且哀公與三桓釁隙已深，夫子必不爲此激論也。〔註 39〕

按：此釋「錯」爲廢置之意，然舉用正直之人，廢置邪枉之人，與夫子尊賢容眾之德不合，《正義》取鄭《注》云：「措，猶投也。諸，之也。言投於下位也。」故「舉枉錯諸直」意應爲直者居於上位，枉者置之下位，使賢者能盡其才，而不肖者有所受治。

子在陳，曰：「歸與！歸與！吾黨之小子狂簡，斐然成章，不知所以裁之。〔注〕孔曰：「簡，大也。孔子在陳思歸欲去，故曰：吾黨之小子狂簡者，進取於大道，妄作穿鑿以成文章，不知所以裁制，我當歸以裁之耳，遂歸。」（〈公冶長篇〉）

《**正義**》**曰**：「簡、大」，《爾雅．釋詁》文。趙注《孟子》云：「簡，大也。狂者，進取大道而不得其正者也。」沈氏濤《辨僞》云：「斐字從文，古訓無不以爲文貌者。今云『妄作穿鑿』，謬矣。」案下篇：「子曰：『不得中行而與之，必也狂狷乎！』」是狂簡亦有爲之人，但務爲高遠，所言或不副其所行，非有所穿鑿也。包咸〈子罕篇注〉曰：「時人有穿鑿妄作篇籍者，此則不知而作，豈諸弟子所爲乎！」焦氏循《論語補疏》：「妄作穿鑿，申解斐然。蓋讀斐爲匪，匪猶非也。」此或得孔義，然亦謬矣。「妄作穿鑿以成文章，不知所以裁制」，是以「不知」爲弟子不知也，於義亦隔。云「遂歸」者，終言之。〔註 40〕

按：此以《注》引孔氏言孔子弟子狂簡，妄作穿鑿以成文章，不知裁制，孔子欲歸之以裁之。然《正義》以爲孔子嘗言「不得中行而與之，必也狂狷乎！」言狂狷之人亦爲有爲之人，非有穿鑿也，此解應釋爲：「『不知所以裁之』，謂弟子學已成章，嫌己淺薄，不知所以裁之也。此正謙幸之辭，其弟子之當裁制，自不言可知」，以「不知所以裁之」爲弟子自謙之語，而非孔子責怪之意。

〔註 39〕《論語正義》，頁 63～64。
〔註 40〕《論語正義》，頁 199～200。

（4）明言《注》為誤者

子曰：「溫故而知新，可以爲師矣。」〔注〕溫，尋也。尋繹故者，又知新者，可以爲人師矣。（〈爲政〉）

《正義》曰：《說文》：「㝷，繹理也。」謂紬繹理治之也。此「尋」讀本字，故《注》以「尋繹」連文，然溫無繹理之訓。「溫」爲「尋」者，「尋」與「燖」同，即與「錟」同，不謂繹理也。此《注》蓋誤。〔註41〕

子曰：「人之過也，各於其黨。觀過，斯知仁矣。」〔注〕孔曰：「黨，黨類。小人不能爲君子之行，非小人之過，當恕而勿責之。觀過，使賢愚各當其所，則爲仁矣。」（〈里仁〉）

《正義》曰：《禮記·仲尼燕居注》：「黨，類也。」亦常訓。焦氏循《補疏》申此《注》云：「各於其黨，即是觀過之法，此爲蒞民者示也。」皇侃云：「猶如耕夫不能耕，乃是其失。若不能書，則非耕夫之失也。」此說「黨」字義最明。案：《注》說甚曲，焦氏不免曲徇。且知仁因觀而知，則仁即過者之仁，而孔以爲觀者知仁術，亦誤。〔註42〕

按：以上所舉，皆直接指明《注》之誤。

（5）義與《注》不同，仍並列二義者

子曰：「事父母幾諫，見志不從，又敬不違，勞而不怨。」〔注〕包曰：「……見志，見父母志有不從己諫之色，則又當恭敬，不敢違父母意而遂己之諫。」（〈里仁〉）

《正義》曰：《白虎通·諫諍》云：「子諫父，父不從，不得去者，父子一體而分無相離之法，猶火去木而滅也。《論語》『事父母幾諫，又敬不違。』」《白虎通》引此文，以「不違」爲不去，即〈內則〉所云「不說」則「孰諫」，必待親從諫而後已，已不得違而去之也。此與包《注》義別，亦通。〔註43〕

按：「不違」《注》意爲不敢違父母之意；《白虎通》釋爲不去，義雖不同，但亦可通，故保留之。

「人潔己以進，與其潔也，不保其往也」句，〔注〕鄭曰：「往猶去也。人虛己自潔而來，當與之進，亦何能保其去後之行？」（〈述而〉）

《正義》曰：言從今以往也。皇《疏》引顧歡曰：「往謂前日之行。夫人之爲行，或

〔註41〕《論語正義》，頁55。
〔註42〕《論語正義》，頁145～146。
〔註43〕《論語正義》，頁156。

有始無終，或先迷後得，故教誨之道，潔則與之，往日之行，非我所保也。」此與鄭異，亦通。〔註44〕

按：《注》「不保其往也」言不保其去後之行。《正義》引皇《疏》釋為往日之行，非我所保也，義與鄭《注》不同，但亦可通。

（二）對於皇、邢《疏》的去取

皇侃《論語義疏》、邢昺《論語注疏》是清代以前《論語》的重要注解，故《正義》對於二《疏》參酌甚多，尤其引皇《疏》之義為解者更多，然也有指出二《疏》之誤，或糾正二《疏》者，例：

子貢問曰：「賜也何如？」子曰：「女，器也。」曰：「何器也？」曰：「瑚璉也。」（〈公冶長〉）

《正義》曰：皇《疏》謂「子貢聞孔子評諸弟子而不及己，故有此問」，非也。〔註45〕

子曰：「有德者必有言，有言者不必有德。仁者必有勇，勇者不必有仁。」（〈憲問〉）

《正義》曰：邢《疏》云：「德不可以無言億中，故必有言也。」案：《注》意甚晦，邢《疏》解之，亦不憭。〔註46〕

以上二例是以皇、邢二《疏》不當，直言其誤。此外，亦有直接修正二《疏》之誤者，例：

「節用而愛人，使民以時」句（〈學而〉）

《正義》曰：邢《疏》云：「『作使民必以其時』者，謂築都邑城郭也。《春秋》莊二十《左氏傳》曰：『凡土功，龍見而畢務，戒事也。』《注》云：『謂今九月，周十一月。龍星角、亢，晨見東方，三務始畢，戒民以土功事。』『火見而致用』，《注》云：『大火，心星，次角、亢見者，致築物之物。』『水昏正而栽』，《注》云：『謂今十月，定星昏而中，於是樹板幹而興作。』『日至而畢』，《注》云：『日南至，微陽始動，故土功息。』若其門戶道橋城郭牆塹，有所損壞，則特隨壞時修之。故僖二十年《左傳》曰『凡啓塞，從時』，是也。」案：邢《疏》謂「損壞隨時修之」，是動小工，不必須農隙也。《左》隱五年《傳》言治兵振旅，蒐苗獮狩，皆於農隙以講事，謂講武事。此使民之大者，春秋時，兵爭之禍亟，日事徵調，多

〔註44〕《論語正義》，頁278。
〔註45〕《論語正義》，頁167。
〔註46〕《論語正義》，頁555。

違農時，尤治國所宜戒也。〔註 47〕

子曰：「君子無所爭。必也射乎！揖讓而升，下而飲。其爭也君子。」（〈八佾〉）

《正義》曰：皇《疏》引李充、欒肇說，謂於射尤必君子之無爭，非經旨。〔註 48〕

子曰：「篤信好學，守死善道。危邦不入，亂邦不居。天下有道則見，無道則隱」（〈泰伯〉）

《正義》曰：「言行當常然」者，謂不以世有道、無道異也。「危邦不入，始欲往」者，入謂入居其地，皇《疏》以為入仕，殆非也。〔註 49〕

以上為《正義》修正皇《疏》之誤者。《正義》一書，兼容博取，對前人的注疏，取其精要，去其蕪陋，並修正疏解不當者。又觀其去取，於皇《疏》取用最多，辨正也最多，可見皇《疏》雖涉清玄者多，然疏釋精當者亦多。

二、間取朱熹注

漢宋之爭，是清代學術史上的重要課題，清代官學尊奉朱子學，然而學術上卻以乾嘉考據學為主流，而考據學又以恢復漢學為依歸，因此形成所謂的漢宋之爭，曾國藩〈聖哲畫像記〉云：

自朱子表彰周子、二程子、張子，以為上接孔孟之傳，後世君相師儒，篤守其說，莫之或易。乾隆中，弘儒輩起，訓詁博辨，度越昔賢，別立徽志，號曰漢學，擯有宋五子之術，以謂不得獨尊，而篤信五子者，亦屏棄漢學，以為破碎害道，齗齗焉而未有已。〔註 50〕

在漢宋之爭的氛圍下，當時有關《論語》的著作，有宗漢者，對立攻訐，互不相容，為消弭這種局勢，後又有調合漢宋之作的產生，此一學術趨勢，在第一章介紹清代《論語》學時已論及。

在當時調合漢宋的諸作中，劉氏的《論語正義》一書，亦是標榜不分漢宋的，劉恭冕〈論語正義後序〉云：

不為專己之學，亦不欲分漢、宋門户之見。凡以發揮聖道，證明典禮，

〔註 47〕《論語正義》，頁 46。
〔註 48〕《論語正義》，頁 87～89
〔註 49〕《論語正義》，頁 303～304。
〔註 50〕曾國藩，《曾文正公文集》（臺北：臺灣商務印書館，1970 年），頁 139～140。

期於實事求是而已。〔註51〕

《續修四庫全書提要》亦稱：

是編考據義理並重，故亦間采宋儒之說。〔註52〕

《寶應儒林傳》云：

遠承職方之訓，近受端臨之學，故所學樸實正大，不矜名、不立異，不與人標榜爭辨，雖嘗從事漢學，然推崇朱子，絕不蹈非毀朱儒之習。

關於《正義》一書是否集漢宋之長，後之論者多半持否定態度，盧元駿云：

到了清朝，一般學者，因爲偏於漢學，便又奉何晏的《集解》爲正宗，這時批評朱熹《集注》的，莫甚於毛奇齡，但他只是偏於消極的指責，到劉寶楠的《論語正義》出來，才又以何晏的《集解》爲本而匯漢學之大觀。〔註53〕

封恆認爲：

劉氏反對專注義理（宋學），也不屑於考據（漢學）之過狹隘；他反對朱熹，但卻從不非毀朱熹。〔註54〕

張清泉著《清代論語學》，將之置於漢學派著述的傳注類，並不將之列於漢宋兼採派，其意可知〔註55〕，考之《正義》一書，確是偏於考據者多，然而書中亦有援引朱熹《集注》以爲訓詁者，《正義》書中註明引用《朱子章句》或《朱子語類》者，有二十四條，其中亦有引朱子之注而未言明的〔註56〕，餘者另有糾正朱注者，從這樣的

〔註51〕《論語正義》，頁798。

〔註52〕《續修四庫全書提要》（臺北：臺灣商務印書館，1972年），頁1217。

〔註53〕盧元駿，《四書五經要旨》（臺北：三民書局，1972年9月），頁112。

〔註54〕見封恆著：〈劉寶楠論語正義之特性〉（《藝術學報》，40期，1986年10月），頁13。

〔註55〕見張清泉著，《清代論語學》（臺中：私立逢甲大學中國文學研究所碩士論文，1992年）。

〔註56〕《正義》引用朱注而未言明者，如：

「片言可以折獄者」（〈顏淵〉），《集注》、《正義》皆釋「片言」爲半言。

君子和而不同，小人同而不合。（〈子路〉）

《集注》：和者，無乖戾之心。同者，有阿比之意。尹氏曰：「君子尚義，故有不同；小人尚利，安得而和。」（《四書章句集注》，臺北：長安出版社，1990年2月，頁147）。

《正義》：和因義起，同由利生。義者宜也，各適其宜，未有方體，故不同。然不同因乎義，而非執己之見，無傷於和。利者，人之所同欲也，民務於是，則有爭心，故同而不和，此君子、小人之異也。（《論語正義》，頁545）

是《正義》宗《集注》之說。

「鄉原，德之賊也」（〈陽貨〉），《集注》、《正義》皆解「鄉原」爲鄉里謹厚之人，貌似君子而實僞善者。

「喪致乎哀而止」（〈子張〉），《集注》、《正義》皆釋爲哀盡其哀，不重文飾。

比例來看，《正義》對朱《注》的重視程度並不高，且援用朱《注》也僅於訓詁之用，而不采用其義理之說，事實上，《正義》在義理思想上乃承襲清人對宋儒的批判，此點於後文將有論及。

《清代樸學大師列傳》言「蓋先生治身，取程朱爲法，著述則悉本乎漢儒」〔註57〕，可知劉寶楠在治身修養方面，亦取法程朱，然其於著述則以漢儒爲宗，且其以樸實正大的精神治學，「不爭名，不立異，不與人標榜爭辨」〔註58〕，不與當時漢宋之爭同流，而以實事求是的態度對待學術。其將朱注與歷代注《論語》的諸多典籍等同視之，作爲其搜羅比校的對象之一，且以訓詁的方法考辨之，對於《集注》之謬誤，亦加以辨正。《正義》一書向以材料豐贍、訓詁精詳見長，且以當時考據學者多以漢學爲重的風氣下，其能「不欲分漢宋之門戶」，已見其欲以實爲尊，兼容異己之意了，至於在義理層次方面，《正義》所反映的是清代的理論傾向，亦有其歷史因緣，未必須強調其對宋儒的對峙非毀，否則便失卻劉氏「不與人標榜爭辨」的立意了。且中國數千年來，向以儒學爲尊，然而儒家思想並非一成不變地固守原貌，反而可以在不同的契機下，與不同的思想體系相融合，如漢代以陰陽五行、讖緯學說解經，魏晉引玄說入儒，到了宋明理學的形成，更是長久以來儒釋道相互激盪的結果，清代的漢宋之爭，終必相互容納吸收，而凡一學術的成就，皆可見其本身所呈現的學術發展軌跡，《正義》雖未能眞正調合漢宋，然在學術發展、時代氛圍的要求下，亦不容其退回封閉的壁壘，而勢必要敞開學術胸懷，方能成其大。

三、兼採衆說

揚州學派本具有兼採備錄，不囿陳說的治學態度，其對於舊說，既不盲從，亦不輕易詆毀，凡於眾說難以取捨者，則皆尊而錄之，可見其兼容並蓄之精神，《論語正義》亦具有此一特色。

《正義》一書集前人之作而大成，除對於前人之注疏審於去取、糾正其繆外，於諸異解可合經義者，皆並存論列，不輕易去之，以提供後學比較參考之用，如：

子夏曰：「賢賢易色」（〈學而〉）

《正義》注「易」有三義：

（1）「賢賢易色」爲明夫婦之倫，未詳言「易」之義

宋氏翔鳳《樸學齋札記》：「三代之學，皆明人倫。賢賢易色，明夫婦之倫也。

〔註57〕《清代樸學家列傳》，〈皖派經學家列傳〉，第6，頁203。

〔註58〕同上。

《毛詩序》云：『〈周南〉、〈召南〉，正始之道，王化之基，是以〈關雎〉樂得淑女以配君子，憂在進賢，不淫其色，哀窈窕，思賢才，而無傷善之心焉。是〈關雎〉之義也。』此賢賢易色，指夫婦之切證。」陳氏祖范《經咫》、管氏同《四書紀聞》略同。

（2）釋「易」爲輕略於色，不貴之也

《漢書·李尋傳》引此文，顏師古《注》：「易色，輕略於色，不貴之也。」《公羊》文十二年《傳》：「俾君子易怠。」何休《注》：「易怠，猶輕惰也。」是易有輕略之義。

（3）釋「易」爲如，猶言好德如好色。

《廣雅·釋言》：「易，如也。」王氏念孫《疏證》引之云：「《論語》『賢賢易色』、『易』者，如也。猶言好德如好色也。」此訓亦通。〔註 59〕

又：

子曰：「攻乎異端，斯害也已。」（〈爲政〉）

《正義》注「攻」字：

（1）取何晏《注》：攻，治也。

《考工記》：「凡攻木之工七，攻金之工六，攻皮之工五。」《注》：「攻，猶治也。」

（2）釋「攻」爲攻人惡之攻

孫奕《示兒編》：「攻，如攻人惡之攻。已，止也。謂攻其異端，使吾道明，則異端之害人者自止。孟子距楊、墨，則欲楊、墨之害止；韓子闢佛、老，則欲佛、老之害止。」

（3）釋「攻」爲序

焦氏循《補疏》：「《韓詩外傳》云：『別殊類，使不相害；序異端，使不相悖。』蓋異端者，各爲一端，彼此互異，惟執持不能通則悖，悖則害矣。有以攻治之，即所謂序異端也。〔註 60〕

凡此，皆羅列異說。

四、詳舉古書意義相合者，與孔意相發明

揚州學派諸人在治學的領域上，已能突破狹隘的經傳範圍，而擴大到先秦諸子、

〔註 59〕《論語正義》，頁 20。
〔註 60〕《論語正義》，頁 58～60。

史書的整理，且折衷諸子之說，以爲經注之法，《論語正義》亦深具此一學風之特色。

《正義》援引歷代諸多著述以作爲注解引證之用，其引用書目計有一百五十種以上，可見其書包羅之廣，且《正義》所引，除了用以校定文字，考證名物制度之外，更遍取歷代經史書論述之義可與《論語》書相應合者，以與孔書相發明，先秦及漢代之書如《孟子》、《曾子》、《荀子》、《列子》、《管子》、《呂氏春秋》、《淮南子》、《中論》、《說苑》、《潛夫論》、《鹽鐵論》、《論衡》等皆在引用之列，此書結合了相關學說，並使《論語》之義益加彰明，甚有助於經解。如：

主忠信。無友不如己者。過則勿憚改。(〈學而〉)

《正義》曰：《曾子・制言中》：「吾不仁其人，雖獨也，吾弗親也。」故周公曰：「不如我者，吾不與處，損我者也。與吾等者，吾不與處，無益我者也。吾所與處者，必賢于我。」由曾子及周公言觀之，則不如己者即不仁之人，夫子不欲深斥，故祇言不如己而已。《呂氏春秋・驕恣篇》引仲虺曰：「能自爲取師者王，能自取友者存，其所擇而莫如己者亡。」《群書治要》引《中論》曰：「君子不友不如己者，非羞彼而大我也。不如己者，須己慎者也。然則扶人不暇，將誰相我哉？吾之價也，亦無日矣。」又《韓詩外傳》南假子曰：「夫高比，所以廣德也；下比，所以狹行也。比於善者，自進之階；比於惡者，自退之原也。」諸文並足發明此言之旨。〔註 61〕

以上即舉《曾子》、《呂氏春秋》、《群書治要》、《韓詩外傳》之文，與《論語》之文相發明。

又：

君子不可小知，而可大受也；小人不可大受，而可小知也。(〈衛靈公〉)

《正義》曰：《淮南子・主術訓》：「是故有大略者，不可責以捷巧；有小智者，不可任以大功。人有其才，物有其形，有任一而太重，或任百而尚輕。是故審豪釐之計者，必遺天下之大數，不失小物之選者，惑於大數之舉，譬猶狸之不可使搏牛，虎之不可使搏鼠也。〔註 62〕

舉《淮南子》之說，更曲折地道盡此章之意。

五、探《齊》、《魯》、《古》三家之貌

漢代傳《論語》者有《齊》、《魯》、《古》三家，三家的章數之別與其傳承，

〔註 61〕《論語正義》，頁 22～23。
〔註 62〕《論語正義》，頁 639。

前文已論及，三家《論語》自《張侯論》出便已式微，鄭玄又據《魯論》，兼通《齊》、《古》爲注，三家之貌益不可見，然鄭玄所引之《魯論》，實爲《張侯論》，宋翔鳳《論語師法表》云：

> 《張論》合《齊》、《魯》兩家之學，特其篇章與《魯論》同，故多以《張論》爲《魯論》。後漢熹平石經即用《張論》。〔註63〕

《張侯論》既已取代《魯論》，然《張侯論》已不全爲《魯論》原貌，後包、周所注，列於學官，皆是此本。鄭玄即就包、周之本，以《齊論》、《古論》校正之，凡五十事，則鄭本《論語》亦非包、周之舊。《釋文・學而》「傳不」下云：「鄭校周之本，以齊古讀正，凡五十事。」〔註64〕宋翔鳳《論語師法表》亦云：

> 周之本即周氏之出於張侯者。蓋《張論》出而三家遂微，鄭學興而《齊》、《古》差見，是康成雖就《魯論》，實兼通《齊》、《古》，而於《古論》尤多徵信。故注中從古讀正《魯論》者不一而足，其從齊讀已不可考，然尋兩家之學，可得其一二。〔註65〕

《釋文》謂鄭玄以《齊》、《古》校正包、周之本，凡五十事，然五十條亡佚者多，至《論語正義》僅輯得二十四條。《正義》曰：

> 案：《音義》謂「鄭以《齊》、《古》校正周本，凡五十事」，今以鄭氏佚注校之，祇得二十四事，皆明著魯讀之文。〔註66〕

後何晏作《論語集解》，集孔安國、包咸、周生烈、馬融、鄭玄、陳群、王肅七家之注〔註67〕，其中孔安國之注，世以爲《古論語》之訓解，如《論語集解・序》云：「《古論語》惟博士孔安國爲之說解，而世不傳，至順帝之時，南郡太守馬融亦爲之訓說。」〔註68〕《經典釋文敘錄》曰：「《古論語》者，出自孔子壁中，……孔安國爲傳，後漢馬融亦之注。」〔註69〕然而《集解》所引孔《注》已被後世證明爲僞作，劉氏《論語正義》曰：

> 《漢藝文志》列《論語》十二家，於《齊》、《魯論》《傳》、《說》，皆備載之。而於《古論》不言有孔氏《說》，劉向博雅，爲世通儒，倘及見

〔註63〕（清）宋翔鳳，《論語師法表》，頁2左葉。
〔註64〕《論語正義》，頁63。
〔註65〕（清）宋翔鳳，《論語師法表》，頁2左葉。
〔註66〕見《論語正義》附錄：〈何晏論語序〉注文（臺北：文史哲出版社，1990年11月），頁784。
〔註67〕《釋文》所列，多周氏，爲八家，蓋周氏與周生烈二家之注，久爲後人混併，莫可識別。邢《疏》本但有周氏無周生烈，皇《疏》則有周生烈無周氏。
〔註68〕（魏）何晏注、（梁）皇侃義疏，《論語集解義疏》，頁338下。
〔註69〕（唐）陸德明、吳承仕疏證，《經典釋文序錄疏證》，頁107右葉。

典雅正實之安國古文訓，豈有廢置之不使名家乎？安國以今文讀古文，而司馬遷從正安國問故，其〈孔子世家〉、〈弟子列傳〉所載《論語》文，必是安國之學。今校之孔《注》，如在陳絕糧，敘孔子去衛如曹，又之宋之陳，佛肸爲趙簡子邑宰，顯與《史記》不合。其他差謬，遠失經旨者甚多，是此《注》必非安國所作。〔註70〕〔註71〕

鄭玄雖集三家爲一家，然其校從《古論》者，有注以識別，使後人可考，何晏之《集解》則以意爲之，有不安者則頗爲改易，採孔、馬之注，則改包、周之本，用包、周之說，則易孔、馬之經，今、古之跡，難以考辨。故後世考三家之貌者，僅能據何氏以前書以分別之，如《漢石經》殘碑，爲《張侯魯論》，因《漢石經》刻於靈帝四年，時正值《魯論》盛行時，《經典釋文敘錄》云：「後漢包咸、周氏，並爲章句，立於學官。」〔註72〕此章句乃爲《張侯魯論》所作之章句，其既立於學官，則石經所據本亦當爲此本。又史稱孔壁古書，爲孔安國所得，而司馬遷又從孔安國問故，且許慎《說文解字．敘》自謂《論語》、《孝經》皆古文也，故《史記》、《說文》所引者當爲《古論》。

以下先就《正義》所輯鄭玄以《齊》、《古》校正包、周之本之二十四條以見三家之別：

哀公問社於宰我。（〈八佾〉）

《正義》曰：《古論》作「問社」，鄭君據《魯論》作「問主」。而義則從《古論》爲「社主」。〔註73〕

按：今本「問社」，《古論》作「問社」，《魯論》作「問主」。

崔子弒其君（〈公冶長〉）

《正義》曰：《論語釋文》：「崔子，鄭《注》云：『魯讀崔爲高。』今從古。」《論衡．別通篇》：「仕宦爲吏，亦得高官。將相長吏，猶我大夫高子也，安能別之？」亦據《魯論》。包氏愼言《溫故錄》：「高氏爲齊命卿，與文子同朝者，高止也。崔杼弒君，而《魯論》書『高子』者，責其不討賊也。與趙盾同義。文子去齊而之他邦，其閒或欲請師討賊，而見其執國命者，皆與惡人爲黨，故曰『吾猶大夫高子也』。」陳氏立《句溪雜著》：「以《左傳》崔杼事證之，則《魯論》信爲誤字。然

〔註70〕《論語正義》，頁782。

〔註71〕關於《論語》孔注爲僞作，清儒陳鱣《論語古訓》、沈濤《論語孔注辨僞》、丁晏《論語孔注證僞》皆已考辨之。

〔註72〕（唐）陸德明撰、吳承仕疏證，《經典釋文序錄疏證》，頁107左葉。

〔註73〕《論語正義》，頁118。

文子所至各國，亦何至皆如崔子，而文子亦何至輒擬人以弒君之賊？則下兩言『猶吾大夫崔子』，似以《魯論》作高子爲長。蓋弒君之逆，法所必討，高子爲齊當國世臣，未聞聲罪致討，以《春秋》貶趙盾律之，宜與崔子同惡矣。其首句自當作崔子，《魯論》作高子，則涉下高子而誤。」案：包、陳二說微異，皆可得《魯論》之義。鄭以《古論》定《魯論》，亦以莊公時高子不當權，要與趙盾異，《春秋》無所致譏，故宜從《古論》作『崔子』也。〔註 74〕

按：今本「崔子」，《古論》作「崔子」，《魯論》作「高子」，此鄭子以《古論》定《魯論》。

自行束修以上，吾未嘗無誨焉（〈述而〉）

《正義》曰：鄭《注》云：「誨，魯讀爲悔字，今從古。」包氏愼言《溫故錄》：「案《魯論》，則束修不謂脯脡。《易》曰：『悔吝』者，言乎其小疵也。又曰：『震，旡咎』者，存乎悔。聖人戒愼恐懼，省察維嚴，故時覺其有悔。自行束修以上，謂自知謹飭砥礪，而學日以漸進也。恐人以束修即可無悔，故言『未嘗無悔』以曉之。」案：《魯論》義不箸，包說但以意測。《易・繫辭傳》「慢藏誨盜」，《釋文》引「虞」作「悔」，二字同音假借，疑《魯論》義與《古》同，假「悔」字爲之。鄭以《古論》義明，故定從「誨」也。〔註 75〕

按：今本「無誨」，《魯論》作「無悔」，《古論》作「無誨」，鄭以《古》校《魯》，作「誨」。

加我數年以學《易》，可以無大過矣。（〈述而〉）

《正義》曰：《釋文》云：「學《易》如字，魯讀易爲亦，今從古。」此出鄭《注》。惠氏棟《九經古義》：「〈外黃令高彪碑〉：『恬虛守約，五十以斆。』此從《魯論》，『亦』字連下讀也。」案：魯讀不謂學《易》，與《世家》不合，故鄭從《古論》。〔註 76〕

按：今本「學《易》」，《古論》作「學《易》」，《魯論》作「學亦」，鄭從《古》。

正唯弟子不能學也。（〈述而〉）

《正義》曰：鄭《注》云：「魯讀『正』爲『誠』，今從古。」〔註 77〕

按：今本「正」，《古論》作「正」，《魯論》作「誠」，鄭從《古》。

〔註 74〕《論語正義》，頁 195。
〔註 75〕《論語正義》，頁 258～259。
〔註 76〕《論語正義》，頁 268。
〔註 77〕《論語正義》，頁 282。

君子坦蕩蕩。(〈述而〉)

《正義》曰：《釋文》引《注》更云：「魯讀坦蕩爲坦湯，今從《古》。」案：《詩・宛丘》：「子之湯兮！」毛《傳》：「湯，蕩也。」王逸《楚辭章句》引作「蕩」，二字音義本同，故鄭仍從《古》。〔註 78〕

按：今本「坦蕩」，《古論》作「坦蕩」，《魯論》作「坦湯」，鄭從《古》。

三以讓天下，民得而稱焉。(〈泰伯〉)

《正義》曰：《釋文》：「得，本亦作德。」鄭此《注》即作「德」，見《後漢・丁鴻傳・注》。〔註 79〕

按：今本「得」，《古論》作「得」，《魯論》作「德」，鄭據《魯》爲說。

子見齊衰者、冕衣裳者與瞽者。(〈子罕〉)

《正義》曰：《釋文》：「冕音免。鄭本作弁，云『魯讀弁爲絻，今從古』。」陳氏鱣《古訓》：「《說文》：『㒵，冕也。從皃，象形。弁或㒵字。冕，大夫以上服也。從目，免聲。絻，或從糸。』蓋《古論》作㒵，《魯論》作冕，字本相似也。」案：《周官・司服》：「卿大夫之服，自玄冕而下如孤之服。士之服，自皮弁而下如大夫之服。」此上下通制，故侯國同之。冕、弁各異，《說文》以「冕」作「㒵」者，散文或通稱也。鄭依《古論》訓「弁」者，「冕」、「弁」義雖兩通，但言「弁」可以該「冕」，言「冕」不可以該「弁」，猶之「齊衰」，言「齊」可以該斬，若言斬則不可以該齊也。〔註 80〕

按：今本「冕」，《古論》作「㒵」，《魯論》作「冕」，鄭依《古論》作弁，《正義》以爲「冕」、「弁」義雖可通，然言「弁」可以該「冕」，言「冕」不可以該「弁」。

夫子循循然善誘人。(〈子罕〉)

《正義》曰：其〈趙壹傳注〉先引《論語》，復云「恂恂，恭順貌」，與鄭注〈鄉黨〉「恂恂，恭順貌」同。故翟氏灝《考異》、馮氏登府《異文考證》、臧氏庸《鄭注輯本》並以「恭順」之訓亦本鄭氏，則謂鄭本作「恂恂」矣。〔註 81〕

按：今本「恂恂」，《古論》作「循循」，《魯論》作「恂恂」，鄭從《魯論》說。

上如揖，下如授。(〈鄉黨〉)

《正義》曰：鄭《注》輯本「不敢忘禮」句下，更云：「魯讀下爲趨，今從古。」案：

〔註 78〕《論語正義》，頁 284。

〔註 79〕《論語正義》，頁 289。

〔註 80〕《論語正義》，頁 336。

〔註 81〕《論語正義》，頁 338～339。

「下」字古音如戶，與「趨」音近，故《魯論》作「趨」。鄭以趨而授玉不煩言「如」，故從古作「下」。〔註82〕

按：今本「下如授」，《古論》作「下如授」，《魯論》作「趨如授」，鄭從《古》。

雖疏食菜羹，瓜祭，必齊如也。（〈鄉黨〉）

《正義》曰：「瓜」，《魯論》作「必」。鄭《注》云：「魯讀『瓜』爲『必』，今從古。」〔註83〕

按：今本「瓜」，《古論》作「瓜」，《魯論》作「必」，鄭從《古》。

君賜生。（〈鄉黨〉）

《正義》曰：鄭此《注》云：「魯讀生爲牲，今從古。」考《說文》：「牲，牛完全也」，引申爲凡獸畜之稱。《周官・庖人注》：「始養之曰畜，將用之曰牲。」鄭以言「牲」爲行禮時所稱。此「賜生」，泛說平時，不必言「牲」，故從《古論》作「生」也。〔註84〕

按：今本「生」，《古論》作「生」，《魯論》作「牲」，鄭從《古》。

見冕者與瞽者。（〈鄉黨〉）

《正義》曰：〈子罕篇〉《釋文》云：「冕，鄭本作『弁』，云『魯讀弁爲絻，今從古』。〈鄉黨篇〉亦然。」〔註85〕

按：今本「冕」，《古論》作「冕」，《魯論》作「絻」，鄭從《古》。

車中，不內顧，不疾言，不親指。（〈鄉黨〉）

《正義》曰：鄭《注》云：「《魯》讀『車中內顧』，今從《古》。」案：鄭從古作「不內顧」，與下二句一例。《漢成帝紀・贊》引此文，亦用《古論》。《白虎通・車旂篇》：「車中不內顧者何？仰即觀天，俯即察地，前聞和鸞之聲，旁見四方之運，此車教之道。」亦《古論》說。〔註86〕

按：今本「不內顧」，《古論》作「不內顧」，《魯論》作「內顧」，鄭從《古》。

仍舊貫，如之何，何必改作？（〈先進〉）

《正義》曰：鄭《注》又云：「魯讀仍爲仁，今從古。」惠氏棟《九經古義》：「楊雄〈將作大匠箴〉云『或作長府，而閔子不仁』，用《魯論》也。」臧氏庸《鄭注輯

〔註82〕《論語正義》，頁382。

〔註83〕《論語正義》，頁416。

〔註84〕《論語正義》，頁423。

〔註85〕《論語正義》，頁430。

〔註86〕《論語正義》，頁432～433。

本》釋云：「魯讀仁字爲句，言仁在舊貫，改作是不仁也。義雖通而稍迂。古作仍字，義益明，故鄭從之。仍仁音相近也。」〔註 87〕

按：今本「仍」，《古論》作「仍」，《魯論》作「仁」，鄭從《古》。

詠而歸。(〈先進〉)

《正義》曰：鄭《注》云：「……饋，饋酒食也。魯讀『饋』爲『歸』，今從古。」……《史記・弟子列傳》：「詠而歸」，徐廣曰：「一作『饋』。」史公采《古文論語》，當本作「饋」，徐廣所見一本是也。〔註 88〕

按：今本「歸」，《古論》作「饋」，《魯論》作「歸」，鄭從《古》。

片言可以折獄者，其由也與。(〈顏淵〉)

《正義》曰：《釋文》引鄭《注》云：「片，半也。魯論折爲制，今從古。」〔註 89〕

按：今本「折獄」，《古論》作「折獄」，《魯論》作「制獄」，鄭從《古》。

陽貨欲見孔子，孔子不見，歸孔子豚。(〈陽貨〉)

《正義》曰：《釋文》載「鄭本作饋」，云：「魯讀饋爲歸，今從古。」則作「饋」者《古論》，作「歸」者《魯論》者也。〔註 90〕

按：今本「歸」，《古論》作「饋」，《魯論》作「歸」，鄭從《古》。

古之矜也廉。(〈陽貨〉)

《正義》曰：鄭《注》云：「魯讀廉爲貶，今從古。」陳氏鱣《古訓》曰：「貶，自損貶也。《釋文》云：『廉，自檢斂也。』貶、廉義同。」案：陳說固是，然「廉」字義勝，故鄭從古。〔註 91〕

按：今本「廉」，《古論》作「廉」，《魯論》作「貶」，鄭從《古》。

天何言哉？四時行焉，百物生焉，天何言哉？(〈陽貨〉)

《正義》曰：鄭《注》云：「魯讀天爲夫，今從古。」鄭以四時行，百物生，皆說天，不當作「夫」，故定從古。〔註 92〕

按：今本「天何言哉」，《古論》作「天何言哉」，《魯論》作「夫何言哉」，鄭從《古》。

惡果敢而窒者。(〈陽貨〉)

〔註 87〕《論語正義》，頁 450～452。
〔註 88〕《論語正義》，頁 475～476。
〔註 89〕《論語正義》，頁 501。
〔註 90〕《論語正義》，頁 674。
〔註 91〕《論語正義》，頁 696。
〔註 92〕《論語正義》，頁 698。

《正義》曰：鄭《注》云：「魯讀窒爲室，今從古。」馮氏登府《異文考證》：「《說文》：『室，實也。』《集韻》：『窒，實也。』義本通，古二字亦相假。〈周卯敦銘〉：『孚乎家室。』〈韓勑碑〉：『廥城庫窒。』《漢書・功臣表》有『清簡侯窒中同』，《史記》作『室』，皆其證也。馬氏應潮曰：『室有窒義。』《太玄經》曰：『冷竹爲管，室灰爲候。』虞翻《注》：『室，窒也。』」案：室、窒音義俱近，故《魯論》作「室」。鄭以「窒」義較顯，故從古。〔註 93〕

按：今本「窒」，《古論》作「窒」，《魯論》作「室」，鄭從《古》。

惡徼以爲知者。（〈陽貨〉）

《正義》曰：馮氏登府《異文考證》：「《禮記・隱義》云：『齊以相絞訐爲掉磬，《論語》言「絞以爲知」，又云「訐以爲直」。』絞、訐連文，正齊、魯之方言。鄭氏北海人，其注《三禮》多齊言，故於《齊》、《古》、《魯》參校之時，不從《古》而從《魯》也。」案：鄭作「絞」，不知何論？必如《隱義》之說，亦是《齊論》，而馮君以爲從《魯》，殊屬臆測。〔註 94〕

按：今本「徼」，《古論》作「徼」，《魯論》作「絞」，鄭從魯。〔註 95〕

已而已而，今之從政者殆而。（〈微子〉）

《正義》曰：鄭《注》云：「《魯》讀『期斯已矣，今之從政者殆』。今從《古》。」陳氏鱣《古訓》曰：「期，時也。言出處之道，惟其時而已矣。今之從政者殆，是可已之時也。」此或得魯義。鄭所以必從古者，正據《世家》作「已而已而」，又《莊子》亦云「已乎已乎」，知古本爲近也。〔註 96〕

按：今本「已而已而」，《古論》作「已而已而」，《魯論》作「期斯已矣」，鄭從《古》。

孔子曰：「不知命，無以爲君子也；不知禮，無以立也；不知言，無以知人也。」（〈堯曰〉）

《正義》曰：《釋文》云：「《魯論》無此章，今從《古》。」此亦出鄭《注》。〔註 97〕

按：《古論》有此章，《魯論》無此章，鄭從《古》。

〔註 93〕《論語正義》，頁 707～708。

〔註 94〕《論語正義》，頁 708。

〔註 95〕鄭毅庵著，〈論語古文今文疏證〉，謂「馮氏謂鄭氏從《魯》，乃指張侯之《魯論》，已采取《齊論》之義，非最初之《魯論》矣。劉氏駁之非是。至謂鄭氏作絞，不知何論，則誠是也。臧氏亦以爲《魯論》，所見蓋與馮同。」（《孔孟學報》第 3 期，頁 258）。

〔註 96〕《論語正義》，頁 719。

〔註 97〕《論語正義》，頁 769。

以上為《正義》所考鄭玄據《齊》、《古》以校正周本之例，由以上亦可見鄭玄以《古論》校正之例較多。

六、以歷史眼光釋經

清考據學者在治學上，亦以具歷史眼光見長，即能將經義的解釋，回歸於歷史背景中考察，而不妄下己意，《正義》在解釋《論語》時，也多能依其時代背景、風氣，考究事件發生的原因，並以此訓解文義，俾使其義合乎情理，合乎眞實之情況，此亦其欲使《論語》一書回復孔門眞義所用之法。例：

曾子曰：「愼終，追遠，民德歸厚矣。」（〈學而〉）

《正義》曰： 當春秋時，禮教衰微，民多薄於其親，故曾子諷在位者，但能愼終追遠，民自知感厲，亦歸於厚矣。〔註 98〕

按： 此以春秋時禮教衰微，故曾子教以「愼終、追遠」。

又：

佛肸召，子欲往。（〈陽貨〉）

《正義》曰： 蓋聖人視斯人之徒，莫非吾與，而思有以治之，故於公山、佛肸，皆有欲往之意。且其時天下失政久矣，諸侯畔天子，大夫畔諸侯，少加長，下淩上，相沿成習，恬不為怪。若必欲棄之而不與易，則滔滔皆是，天下安得復治？故曰：「天下有道，丘不與易也。」明以無道之故而始欲仕也。且以仲弓、子路、冉有皆仕季氏，夫季氏非所謂竊國者乎？而何以異於畔乎？子路身仕季氏，而不欲夫子赴公山、佛肸之召，其謹守師訓，則固以「親於其身為不善，君子不入」二語而已，而豈知夫子用世之心與行道之業固均未為失哉？〔註 99〕

按： 此以春秋世亂，上下相淩，明孔子欲受佛肸之召，乃聖人用世之心與行道之業之急切，意求聖人之心耳。

〔註 98〕《論語正義》，頁 97。
〔註 99〕《論語正義》，頁 685。

第五章　《論語正義》的思想內涵

在清乾嘉考據學風的籠罩下，一般都認爲清代實無義理之學可言，梁啓超在《清代學術概論》裡說：「吾常言，清代學派之運動，乃『研究法的運動』，非『主義的運動』也。」〔註 1〕這個論點影響了一般人，造成「清代無哲學」，或「清初大儒之後無哲學」的普遍印象。王茂等人所著《清代哲學》緒論裡說：

> 「主義」，就是某種宗旨及其理論體系。如果說，宋代的「主義」是理學，明代的「主義」是心學，以此例之，清代似乎沒有「主義」，有的只是考據學。所以人的印象是只有研究法，而沒有「主義」。然而任何一個時代，都有它的理論思維，都有它的「風氣」。清代的理論取向和「風氣」，即它的「主義」，就是反思辨（包括理學的、心學的思辨以及佛釋老莊），重實學，而以《六經》孔孟爲依歸。梁啓超說：「這個時代的學術主潮是：厭倦主觀的冥想，而傾向於客觀的考察。」（《中國近三百年學術史》第一章）這個論斷大抵是對的（它比之前《清代學術概論》大講文藝復興要切實得多）。所謂求實、客觀，就是撇開宋儒傳注，返之於孔孟經典中去探求孔孟本義，這就興起了考據學。因此，一切反思辨的學者，就從各個方面，匯集到考據學的旗幟下來。在清代初期，王、顧、黃、顏諸大儒，就都有重整經學的呼聲，并程度不整地要求恢復原始儒學，乾嘉諸儒則以考據法作了經學的實踐。因此我們說，「回到原始儒學」，就是清代的主義。〔註 2〕

這裡以「主義」代表一理論取向和風氣，無疑地，清學確有其「主義」存在，且誠如《清代哲學》一書所言，清學的思想傾向是以反思辨、重實學、回復原始儒學爲

〔註 1〕梁啓超，《清代學術概論》，頁 44。

〔註 2〕王茂、蔣國保、余秉頤、陶清等著，《清代哲學》（合肥：安徽人民出版社，1992 年 1 月），頁 3～4。

依歸。清學在思想義理方面的闡述，除了清初大儒顧炎武、王夫之、黃宗羲的著作外，到了乾嘉時代，當以戴震爲首的皖派學者及承襲戴震的揚州學派創獲爲多，尤其是戴震及揚州學派諸人，因處於清代前中期，其理論學說更能代表考據學者們的思想，胡適在《戴東原的哲學》書中，將戴震到阮元的時期，歸爲清朝思想史上的一個新時期，並稱之爲「新理學時期」〔註 3〕，這是考據學家意圖在經學上建立起他們的哲學思想，其成就與歷史意義，都是不容忽略的。

《論語正義》，雖以考據居多，然其中對於孔子許多重要觀念，如性、天、道、仁、聖等觀念的疏釋，即表現出了此一時期義理學的特色，因此，在了解《論語正義》的思想內涵時，須同時了解當時的思想大勢。

第一節　導　論

乾嘉考據學者的義理之學，以戴震的思想爲代表〔註 4〕，他在當時以恢復漢人故訓的考據學風下，建構一套與宋儒對峙的義理思想，且影響了後學焦循、阮元、凌廷堪等人，《論語正義》一書則彙集了以上諸人的重要觀念，反映了清代中期的理論型態。

戴震有關義理的作品主要爲《孟子字義疏證》（以下簡稱《疏證》）、《原善》諸書，書中對於儒家思想中的天道、性命問題，多有探討，其主要思想可歸納如下：

（1）天道乃自然的氣化流行

戴震認爲自然界的實體是由金、木、水、火、土五行及陰陽二氣所構成，而道即「行」之意，言道乃此陰陽五行的運動，而「氣化流行，生生不息」，則爲道的作用〔註5〕，又「理」爲氣化流行，生生不息所呈現出的條理，《原善》曰：

> 生生之呈其條理，顯諸仁也；惟條理，是以生生，藏諸用也。〔註6〕

〔註 3〕見胡適著，《戴東原的哲學》（臺北：臺灣商務印書館，1975 年 10 月臺四版），頁 173。

〔註 4〕章學誠曾稱戴震學說曰：「凡戴君所學，深通訓詁，先於名物制度而得其所以然，將以明道也。時人方貴博雅考訂，見其訓詁名物有合時好，以爲戴之絕詣在此。及戴著《論性》、《原善》諸篇，於天人理氣，實有發先人所未發，時人則謂空說義理，可以無作。是固不知戴學者矣。」（《章氏遺書・朱陸篇書後》）

〔註 5〕《孟子字義疏證》云：「道，猶行也。氣化流行，生生不息，是故謂之道。《易》曰：『一陰一陽謂之道。』《洪範》：『五行，一曰水，二曰火，三曰木，四曰金，五曰土。』行亦道之通稱。舉陰陽則賅五行，陰陽各具五行也；舉五行即賅陰陽，五行各有陰陽也。」（卷中，頁 21）

〔註 6〕（清）戴震，《原善》（臺北：世界書局，1959 年），頁 11。

且道又分爲人道與天道〔註 7〕，天之道，只是氣化陰陽五行，人之道，則爲生生所有事。這裡是針對宋儒在理氣、理事關係上以理爲本原和主宰的反動，他提出天地只是氣，而人生只是事，理則爲氣之理、事之理，一切歸之於自然人事的本原，而不帶任何玄虛的味道〔註 8〕。

天道、人物的生生都是本陰陽五行而來的，然而其所本的陰陽五行之氣，有厚薄、精粗、清濁等別，因此，人與物各有形象、稟氣的不同，由於情各殊異，於是化爲萬象紛紜的大千世界〔註 9〕。

（2）命是人由自然氣化中所得的自然屬性

戴震論「命」，不同於朱熹，也不同於孔子「吾生有命在天」、孟子仁義禮智之命，以及流俗所謂禍福前定之命。他把命理解爲人由自然氣化中所得的物質結構、自然成分和天然屬性。凡物之生，皆是得之於自然的稟賦，又生物得之於自然的稟賦皆不相同，因而構成不同的本質屬性，這種與生俱來的自然限制，便是戴震所言的「命」。從這種命定觀看來，戴震和朱熹一樣，都是決定論者，即都不承認有所謂的自由意志，然而不同的是，朱熹認爲天賦予人的，除了氣質外，還有「理」；而戴震認爲天賦予人的，只有血氣心知，此血氣心知產生的個別差異及限制，即爲「命」。

（3）性即血氣心知，道德是認知發展的結果

道的實體既是陰陽五行，性的實體是血氣心知，血氣心知又是從陰陽五行分出來的〔註 10〕，這與程朱理氣二元的性論又不同，程朱說性分氣質之性與義理之性，

〔註 7〕戴震《緒言》云：大致在天地則氣化流行，生生不息，是謂道；在人物則人倫日用，凡生生有所事，亦如氣化之不可已，是謂道。故《易》曰：「一陰一陽之謂道」，此言天道也。《中庸》「率性之謂道」，此言人道也。（北京：中華書局，1985 年，卷上，頁 1。）

〔註 8〕宋儒依《易・繫辭》「形而上者謂之道，形而下者謂之器」的話，分理氣爲二元，朱熹曾說：「陰陽，氣也，形而下者也。所以一陰一陽者，理也，形而上者也。道即理之謂也。」戴震則駁之曰：「氣化之於品物，則形而上下之分也。形乃品物之謂，非氣化之謂。……形謂已成形質。形而上猶曰「形以前」。形而下猶曰「形以後」。陰陽之未成形質，是謂形而上者也，非形而下，明矣。器言乎一成而不變，道言乎體物而不可遺。不徒陰陽非形而下，如五行水火木金土，有質可見，固形而下也，器也。其五行之氣，人物咸稟受于此，則形而上者也。」（《孟子字義疏證》），可見戴震實以形而上形而下皆是氣，並無二元之分。

〔註 9〕《原善》云：由天道以有人物，五行陰陽，生殺異用，情變殊致。是以人物生生，本陰陽五行，徵爲形色。其得之也，偏全厚薄，勝負雜糅，能否精粗，清濁昏明，紛紛紜紜，氣衍類滋，廣博襲瞬，閎鉅瑣微。形以是形，色以是色，咸分於道。（卷中，頁 12）

〔註 10〕戴震曰：「性者，分於陰陽五行，以爲血氣心知，品物區以別焉。舉凡既生之後所有之事，所具之能，所全之得，咸以是爲其本。……氣化生人生物以後，各以類滋生

並以義理之性爲善的、爲人的眞正之性，然戴震所承認之血氣心知，實則爲程朱所謂的氣質之性，故戴震之性論，誠爲大膽之見。

戴震所謂「夫民有血氣心知之性」，謂凡人之性，即爲血氣心知。血氣，是指人的肉體；心知，指人的認識思維能力。血氣心知之性，是說人有肉體，有頭腦，能運動又能思維，此爲人的特性。人既生之後，一切活動、能力、道德，皆以「性」爲基礎。品物之性是以類爲區別的，故人與物的類別是不同的。又人的血氣心知之性各不相同，因此有偏全、厚薄、清濁、昏明之不齊，即是其所承之「命」也不同。

此外，戴震又強調「心知」的重要，他認爲人的知覺遠大於其他生物〔註 11〕，知覺是指人的理性部分，人與物最大的差別於人有「知」，且能擴大其知，人具此認知理性，且能發展其道德性，仁義禮智都是心知之明達到極致所產生的。故知戴震所說的道德，不是天賦的，而是認知發展的結果。可見戴震所說的血氣心知之性，既是一種有形有質，可感可知的物質實體，而不同於朱熹所謂「理墮在形氣之中，是爲人之性」的玄虛性格。又說道德是人認知發展的結果，亦迥異於程朱所言「理得於天」論，也有別於孟子的「我固有之」論，善不再是人性內在的本然，而是道德實踐的終極目標。順著道德認知的發展，人倫也是心知的產物〔註 12〕，人因能認知，故知有父子、昆弟、夫婦之別，進而知有君臣、有朋友，知有五倫，才能敬長扶幼，孝悌親愛。戴震也主張性是善的〔註 13〕，因人之才質得之於天，故爲善。

（4）達情遂欲，可以備人道

戴震肯定人的欲、情、知三者出於本性，出於自然，若能善於調節，則聲色臭味之欲可以助以養生；喜怒哀樂之情，可感而接於物；美醜是非之知，可通天地鬼神，

久矣，然類之區別，千古如是也，循其故而已矣。」（《孟子字義疏證》中，頁 25）

〔註 11〕戴震曰：「人能擴充其知，至於神明，仁義禮智無不全也。仁義禮智非他，心之明之所止也，知之極其量也。知覺運動者，人物之生，知覺運動之所以異者，人物之殊性。」（《孟子字義疏證》，卷中，頁 28）

〔註 12〕戴震曰：「人之血氣心知，原於天地之化者也。有血氣，則所以資養其血氣者，聲色臭味是也。有心知，則知有父子、有昆弟、有夫婦。而於一家之親也，於是又知有君臣、有朋友。五者之倫，相親相治，則隨感而應，爲喜怒哀樂。合聲色臭味之欲，喜怒哀樂之情，而人道備。……所謂仁義禮智，即以名其血氣心知所謂原於天地之化者能協於天地之德也。」（《孟子字義疏證》，卷中，頁 37）

〔註 13〕戴震曰：「耳能辨天下之聲，目能辨天下之色，鼻能辨天下之臭，口能辨天下之味，心能通天下之理義，人之材質得於天，若是其全也！孟子曰：『非天之降才爾殊』；曰『乃若其情，則可以爲善矣。乃所謂善也。若夫爲不善，非才之罪也』。唯據才質爲言，始確然可斷人之性善。」（《原善》，頁 12）

也唯有達情遂欲，才是人之常情〔註14〕，此說又是對主靜、主無欲的宋明道學家之反擊，在戴震看來，「使人之欲無不遂，人之情無不達」，方是理想的道德呈現〔註15〕。

（5）聖人之道，存於人倫日用之間

戴震所說的「天道」是指天地氣化；「人道」是指人倫日用，都是指實體實事。而人倫日用，又本於血氣心知，乃所謂「人道本於性」也。由於血氣必資以養，於是有聲色臭之欲，能善養其欲，遂有生生以後之所有事。人由認知知有人倫，人倫雖爲日用之事，然而戴震卻認爲，聖人之道即存於人倫日用之道間〔註16〕。故戴震認爲，聖人所言之道，並非存於所謂「形而上」的芒漠無狀，不可捉摸、不可探測的虛無之理，反之，此道乃存在於「形而下」的「萬物紛羅」之中，凡於居處、飲食、言動，發之於人的視聽言動，皆可見道的存在。而能於人倫用中無所違失，那麼仁、義、禮、智之名也因之而生，因此人若在日常生活中能無踰越之舉，且順其

〔註14〕戴震曰：「欲者，血氣之自然；其好是懿德也，心知之自然。」（《孟子字義疏證》中，頁18）又：「人生而有欲、有情、有知。三者，血氣心知之自然也。給於欲者，聲色臭味也，而因有愛畏；發乎情者，喜怒哀樂也，而因有慘舒；辨於知者，美醜是非也。而因有好惡。聲色臭味之欲，資以養其生；喜怒哀樂之情，感於接於物；美醜是非之知，極而通天地鬼神。……有是身，故有聲色臭味之欲；有是身，而君臣、父子、夫婦、昆弟、朋友之倫具，故有喜怒哀樂之情。唯有欲有情而又有知，然後欲得遂也，情得達也。」（《孟子字義疏證》，卷下，頁40～41）

〔註15〕宋儒的理欲之辨也是戴震所批評的，胡適將戴震的批評分爲三點：（一）責備者太苛刻了，使天下無好人，使君子無完行。他說：「以無欲然後君子，而小人之爲小人也，依然行其貪邪，猶執此以爲君子者，謂不出於理則出於欲，不出於欲則出於理。於是讒說誣辭反得刻議君子而罪之。此理欲之辨使君子無完行者，爲禍如是也。」（二）養成剛愎自用，殘忍慘酷的風氣。所謂「不寤意見多偏之不可以理名，而持之必堅，意見所非，則謂其人『自絕於理』。此理欲之辨適成忍而殘殺之具，爲禍又如是也。」（三）重理而斥欲，輕重失當，使人不得不變成詐僞。曰：「今既截分理欲爲二，治己以不出於欲爲理。治人亦以不出於欲爲理。舉凡人之饑寒愁怨，飲食男女，常情隱曲之感，咸視爲人欲之甚輕者矣。輕甚所輕，乃吾重。『天理』也，『公義』也，言雖美，而用之治人則禍其人。……古之言理也，就人之情欲求之，使之無疵之爲理。今之言理也，離人之情欲求之，使之忍而不顧之爲理。此理欲之辨適以窮天下之人盡轉移爲欺僞之人，爲禍何可勝言之也哉。」（見胡適著，《戴東原的哲學》，臺北：臺灣商務印書館，1975年10月臺四版，頁75～77）

〔註16〕戴震曰：「出於身者，無非道也。……道者，居處、飲食、言動、自身而周於身之所親，無不該焉也。……古賢聖之所謂道，人倫日用而已矣。於是而求其無失，則仁義、禮之名，因之而生。非仁義禮有加於道也，於人倫日用行之無失，如是之謂仁，如是之謂義，如是之謂禮而已矣。宋儒合仁義禮，而統謂之「理」，視之如有物焉，「得於天而具於心」，因以此爲「形而上」，爲「沖漠無朕」，以人倫日用爲「形而下」，爲「萬象紛羅」。蓋由老莊釋氏之舍人倫日用而有所貴道，遂轉之以言夫理。（《孟子字義疏證》，卷下，頁45）

本分行事，則仁義禮智自在其中，而不必另外規定一仁義禮智之名。這樣的說法即否認了宋儒以「理」統仁、義、禮、智，並認爲四者「得於天而具於心」之說。

由以上所論，可知戴震所說的自然氣化的天道觀，血氣心知之性，都是物質屬性之意，已推翻了宋儒的理得於天之說；而由人的認知之心，推於道德倫常的認識，亦不是宋儒仁義禮智本於天的說法了；重視情欲的調適與持平，擺脫了宋儒「存天理，滅人欲」的窒遏人欲；由人欲之情推己及人的恕道，使仁義禮智之於人，無親疏之分，也無等級之差。由這些觀點，明顯可見戴震思想中對程朱理學的批判，且其思想所呈現出來的，與清初強調經世致用的健實學風亦有其一致性，且同時也表現了當時因經濟、社會、文化的變動，而產生的某一程度的人性解放，如對於人身的聲色臭味之欲的肯定與重視，固然是對於長期處在理學桎梏下的一種反動，但同時也是精神文明面對新的生產方式的出現，及社會面臨變動前夕，對於人的問題的重新安置與調適，然而長久以來中國知識分子，在面臨改革與反動時，大都無法擺脫對儒家傳統的依附，以致任何的變革，有都有其保守性與封閉性，更何況清代的學術又是打著復古的旗幟，其意識型態仍不脫傳統思維的餘習，因此無論戴震，或清代的任何思想家，其思想也都不免帶有其保守性，這是歷史條件的限制，需再作全面的客觀了解，片面的非難批駁，並不足以解決學術問題，乃至於「人」的問題亦是。〔註 17〕

戴震對於情欲的滿足及對於知的要求，在清代反理學的走向中，具有其重要意義，且由於戴震思想所反映的對於理學的批判，也代表著對當時君主專制特權的挑戰，並蔑視其對人性的壓迫，而更關心於切身的人倫庶物之事，所以戴震理學的要旨是在否定宋儒得之於天而具於心之理，而強調在事物中的條理，這種新價値觀的提出，影響當時學者甚鉅。

戴震之後，繼踵的揚州學派諸人，除了承襲戴震的思想之外，也都自有創獲，如焦循的「時中」、「變通」的觀念，阮元論「仁」，凌廷堪「以禮代理」，都具有其變新的意味，也爲《論語正義》所採用。

〔註 17〕張壽安先生認爲戴震的義理最具建樹的指向有二：重視人情人欲的滿足，理要有客觀公認性，同時理不可以逆忤情欲。戴震以情欲知言性，性中不但有生養之欲需得遂順，也具心知之能，可以判辨是非；又本事物言條理，說理具存於事物本身；因此人與理的關係，不是「如有物焉，得於天具於理」，而是須運用人的心智去審察剖析，然後才可以得知，並且透過這些學習，擴充增益人心知中分析、綜合、判斷的能力。很明顯地，他所指人與理的關係是：人「如何」認知、判斷理？因此「學」在戴震義理中的重要性，就不止是認取知識，更是培育人智。（見〈戴震義理思想的基礎及其推展〉，《漢學研究》第 10 卷，第 1 期，1992 年 6 月，頁 82）。

焦循生平最佩服戴震的《孟子字義疏證》〔註 18〕，他在《孟子正義》、《性善解》中，攝取了戴震的性善說，以人稟氣而有血氣心知，因能知故知有禮義等觀念，而提出了「能知故善」的性善論〔註 19〕。焦循以人「能知故善」，鳥獸之不能知，故無性之善可言，而人與禽獸的最大區別，也在於能知與不能知。焦循並認爲人類有智，故能認識利益之所在，故以利爲義，爲宜，此承荀子人性知利之說。焦循同時也強調飲食男女的合理性與重要性〔註 20〕，飲食男女，即人之性耳，聖人教之，使得其宜，則人性爲善。

焦循在思想的創獲上，以「變通」和「時行」的觀念最值得注意，他在解釋孔子的「攻乎異端」和「一以貫之」時，即用了這兩個觀念，而作了全新的解釋。

阮元的仁論，依漢人的經注，以「相人偶」來解釋「仁」〔註 21〕，建立了他特有的仁論〔註 22〕，「相人偶」之解，即重視人與人之間的關係，且以「人」爲主體，如此即涵蓋了人類社會的一切關係，如君臣、父子、夫婦、兄弟等關係，且「人偶，同位之辭」，即人與人之間的關係是平等的，而非有等級的，如此地主張仁論，以一平等的觀點來看待人的關係，是更具有人道胸懷與民本思想的見解。

〔註 18〕焦循〈寄朱休承學士書〉曾言：「循讀東原戴氏之書，最心服其《孟子字義疏證》。說者分別漢學宋學，以義理歸之宋，宋之義理誠詳於漢，然故訓故明乃能識義文周孔之義理。宋之義理仍當以孔之義理衡之。未容以宋之義理即定爲孔子之義理也。」（《雕菰集》，北京：中華書局，1985 年，《叢書集成初編》本，1985 年，頁 203）可見其對戴震之推崇。

〔註 19〕焦循言「能知故善」曰：「性何以爲善？能知故善。……故孔子論性，以不移者屬之上知下愚。愚則仍有知，鳥獸直無知，非徒愚而已矣。世有伏羲，不能使鳥獸知有夫婦之別；雖有神農燧人，不能使鳥獸知耕稼火化之利，……，徒恃高妙之說，則不可定，第於男女飲食驗之，性善乃無疑耳。（《雕菰集》，卷 9，〈性善解〉三，頁 128）

〔註 20〕焦循曰：「飲食男女，人之大欲存焉，欲在是，性即在是。人之性如是，物之性亦如是。唯物但知飲食男女，而不能得其宜。……人知飲食男人，聖人教之，則知有耕鑿之宜，嫁娶之宜。此人之性無不善也。（《孟子正義》，卷 22，〈告子曰食色性也章〉，頁 7 左）

〔註 21〕「相人偶」的提出，早在阮元之前的前輩惠棟、臧庸、錢大昕已通過文字的考證、校勘而發現這條古訓，錢大昕《十駕齋養新錄》卷四〈說文校僞字〉條：「人部。偶，桐人也。「桐」字當作「相」。《中庸》「仁者，人也」，鄭康成讀如「相人偶」之「人」。《儀禮注》屢言「相人偶」（惠氏《九經古義》、臧氏《經義雜記》援引詳矣），此其證也。」錢氏並列舉《玉篇》、《戰國策》鮑彪注，證明舊《說文》猶作「相」而非「桐」。

〔註 22〕阮元在〈論語論仁論〉中言：孟子曰：「仁者也，仁也。」謂二之意即人之也。元案，《論語》問管仲，曰：「人也」。《詩・匪風》疏引鄭氏注曰：人偶，同位之辭。此乃直以「人也」爲「仁也」，意更顯矣。（《揅經室集》，頁 11383 上）

此外，阮元承襲了清儒平實之風，將「仁」置於切實處說之〔註 23〕，他以「實者、近者、庸者論之」，正是以一切於人事的方式言仁，而去除其思辨化色彩，及別於宋明儒者將之與天地之心、宇宙精神、造化本體並論的主張。又將聖、仁分爲二等，聖爲第一等，仁爲第二等。言仁「必於身所行者驗之而始見」，即必須見諸行事方可謂之仁，並謂徒然的空想靜坐，即使「德理在心」，亦不可謂之仁。

凌廷堪在哲學方面的主要著作爲：〈復禮〉上中下三篇、〈好惡說〉上下篇、及〈愼獨格物說〉等。其哲學的中心思想是：凡「理」皆虛，唯「禮」最實，以禮代理。〔註 24〕他認爲仁、義、德等概念都是渺茫懸虛的，必須以禮爲內容和實踐要求，禮爲實存的教化綱紀，唯有以此爲表現形式，道德才有實踐的可能，其復禮的主張，影響了當時大批學者趨於治禮，同時期的學者焦循、阮元都贊成以禮代理，浙江黃式三、黃以周父子也繼起鼓吹，可見其影響性。〔註 25〕

清代哲學，從清初諸大家提倡經世致用之學開始，學風已然走上務實之途，此學風至乾嘉時轉以考據爲宗，學者埋首於文字訓詁的考訂校勘，考據學者中以戴震在思想方面建樹較大，戴震的學說已明顯地對程朱理學趨於玄虛空談的學風提出批評，他在《疏證》的結尾說道：

> 宋以來儒者，皆力破老釋，不自知雜襲其言，而一一傅合於經，遂曰《六經》孔孟之言。其惑人也易，而破之也難，數百年於茲矣。人心所知，皆彼之言，不復知其異於《六經》孔孟之言矣。〔註 26〕

〔註 23〕阮元曰：「自博愛謂仁之說以來，歧中歧矣。吾固曰：孔子之道，當於實者、近者、庸者論之，則春秋時學問之道顯然大明於世，而不入二氏之途（同上，頁 11382 下）。

〔註 24〕凌廷堪在〈復錢曉徵書〉裡談到：「竊謂五常實以禮爲之綱紀。何則？記曰：仁者，人也，親親爲大。義者，宜也，尊賢爲大。親親之殺，尊賢之等，禮所生也，是有仁而後有義，因仁義而後生禮。故仁義者，禮之質幹；禮者，仁義之節文也。夫仁義非物也，必以禮焉爲物；仁義無形也，必以禮之器數儀節也。若泛指天下之物，有終身不能盡識者矣。智者，知也，所以知此禮也，即記之致知也；信者，誠也，所以行此禮也，即《記》之誠意也。蓋先習其器數儀節，然後知禮之原於性，知其原於性，然後行之出於誠。皆學禮有得者，所謂德也。故曰，德者，得也。……然則聖人正心修身，捨禮末由也。故捨禮而言道，則杳渺不可憑；捨禮而言德，則虛懸而無所薄。民彝物則，非有禮以定其中，而但以心與理衡量之，則賢智或過乎中，愚不肖或不及乎中，而道終於不明不行矣！（《校禮堂文集》，卷 2）

〔註 25〕阮元作〈次仲凌君傳〉（《揅經室二集》卷 4），全載〈復禮〉三篇數千言，借自己權位爲凌氏宣傳。黃氏三著〈約禮說〉、〈復禮說〉、〈崇禮說〉。黃以周則說：「欲挽漢宋學之流弊，其唯禮學乎！」其推重可見。當時治禮者尚有金榜作《禮箋》、胡匡衷作《儀禮釋官》、胡培翬作《儀禮正義》，程瑤田亦深於《三禮》之學，可見禮學之興盛。

〔註 26〕（清）戴震，《孟子字義疏證》，卷下，〈後序〉，頁 58。

因宋明以來儒者，其學染襲老釋之言，而異於《六經》孔孟之義，學者惑於其間而不知眞義，戴震此說，亦儼然有力排眾惑，重現儒學眞義之意，而欲以所謂的務實之學，排拒程朱的虛玄之理，如戴震也言理，然朱熹之「理」是一統攝一切，且在氣之先，氣之上之理；而戴震所言之理爲事物之必然，其著眼於現象界、經驗界的實體實事，已是崇實風尚的顯現，與宋明理學家欲在超越的現象界建立一形上本體不同，洪榜作戴氏〈行狀〉云：

> 要之，戴氏之學，其功於六經孔、孟之言甚大，使後之學者無馳心於高妙，而明察於人倫庶物之間，必自戴氏始也。

「明察於人倫庶物之間」，正是此一務實學風的特色，然而在此思想前提之下，這種學風又不免陷入一窠臼內，這也是清代被詆爲無哲學之因，因其過於注重可經驗、可印證及事功的表現，不重思辨性及形而上問題的探討，較無法歸納爲具邏輯思辨的完整體系。然而正如本章前言所言，以「主義」代表一理論取向和風氣而言，清學代表的是一種反思辨、重實學的學風，這種學風的產生，有其時代的與學術的意義，其呈現的種種理論型態，雖有其受限於傳統政治體制下的保守性，然亦有若干進步的思想，對於道光以降，在政局的鉅變下，學術文化的衝擊與變化，深具正面的啓發意義。

戴震之後，承襲其學的如焦循的「時行」、「變通」說，打破了定於一尊的學術格局，肯定各種學問皆具有不同的理論價值與社會效用，已具有自由開放的思想特質。又阮元以「相人偶」言仁，突出了人與人之間平等的關係，表現了「人」的意識的覺醒；凌廷堪以禮代理的說法，徹底擺脫了程朱理學的羈絆，具有歷史的積極意義，且他們都肯定且正視情欲的存在，反對程朱理學壓制正當情欲，以更合乎自然與人性的角度看待人的存有，這些都代表此一時代思想的進步與其兼容並蓄的氣度，爲日後的大變局埋下革新的伏筆。

然而此一學風發展至凌廷堪，走到了實學的極致，也不免走入狹隘之途，錢穆曾評凌廷堪之學曰：

> 東原之排宋儒，猶辨理欲，辨仁智，範圍尚大。今次仲唯欲以禮節好惡四字，上接孔荀傳統，盡排餘說。所見已狹，實未能超東原而上之也。〔註27〕

一種學風既已走入狹隘的窠臼，其轉變之幾也同時醞釀著，甚至已在進行之中，然而在面對另一種學術新氣象之時，回顧與前瞻是同時需要的。

〔註27〕錢穆，《中國近三百年學術史》（臺北：臺灣商務印書館，1990年10月），頁499。

第二節　《論語正義》闡發孔門要義——成己成物之道

孔子學說以仁爲中心，並以之作爲修身處世之原則，而達到道德人格境界的完滿，其最終目標即是成己成物之道的完成，《正義》首章即開章明義地論述此一要旨，本節亦以此一主旨爲綱領，先明大義，後論細節。《正義》首章：子曰：「學而時習之，不亦說乎」章（〈學而〉），《正義》曰：

> 《禮・中庸》云：「誠者，非自誠己而已也，所以成物也。」此文「時習」是「成己」，「朋來」是「成物」。但「成物」亦由「成己」，既以驗己之功修，又得以教學相長之益，人才造就之多，所以樂也。孟子以「得天下英才而教育之」爲樂，亦此意。〔註28〕

又：

> 《禮・中庸》記：「子曰：『正己而不求於人，則無怨。上不怨天，下不尤人。』」又《論語》下篇：「子曰：『莫我知也夫！不怨天，不尤人，下學而上達。知我者其天乎！』」正謂己之爲學，上達於天，爲天所知，則非人所能知，故無所怨尤也。夫子一生進德脩業之大，咸括於此章。是故學而不厭，時習也，知也；誨人不倦，朋來也，仁也。遯世不見，知而不悔，不知不慍也，惟聖者能之也。夫子生衰周之世，知天未欲平治天下，故惟守先王之道，以待後之學者。記者因以其言，列諸篇首。〔註29〕

《正義》在《論語》首章的注解中，取證於《中庸》之義，將孔子思想作一提挈，以「學而時習之，不亦說乎」的「學」爲孔門的成己之道，「有朋自遠方來，不亦樂乎」的「朋友」則是成物之道，言人由己身不斷地學習修養，以肯定自我價值，而達於悅樂之境，進而能教育學生，造就人才，提攜後進，這種由己推及於人於物的過程，正是個體生命網絡的開展，在此，個體突破了自我中心的封閉與侷限，與外在世界產生互動交流，經由這種生命的拓展延伸，以成就生命的更高意義，儒家思想在現世生活中所欲達至的理想目標，正是這種經由不斷地成己成物的實踐過程的體現。「人不知而不慍，不亦君子乎」，正是一儒者在進德脩業，成己成物的歷程當中，所產生對自我意義的肯定，雖面對衰亂世局，猶能以舍我其誰的胸懷擔當一切苦厄，雖無法得到世人的了解，卻能無所慍怒，這種堅毅的心志，不怨不悔的堅忍，正是聖者的氣象。《正義》在此章中，已囊括了孔子思想的大要。《正義》書中，關於此種「成己成物」思想的闡述尚有：子曰：「君子懷德，小人懷土」章（〈里仁〉），

〔註28〕《論語正義》，頁4。
〔註29〕《論語正義》，頁5。

《正義》曰：

> 君子己立立人，己達達人，思成己將以成物，所思念在德也。《管子・心術篇》：「化育萬物謂之德。」又《正篇》云：「愛之生之，養之成之，利民不德，天下親之曰德。」此德爲君子所懷也。〔註 30〕

「己立立人，己達達人」，正是成己成物之義，本章又指出「德」一義，以愛養人民，化育萬物，爲君子之德，此「德」即是成己之擴充，故知一有德君子，所念茲在茲的不是一己的私利，而是參贊天地萬物的化育，並藉此以成就人生的最高理想。

又：子曰：「參乎！吾道一以貫之。」（〈里仁〉），《正義》曰：

> 「一以貫之」者，焦氏循《雕菰樓集》曰：「孔子曰『吾道一以貫之』，曾子曰『忠恕而已矣』，然則一貫者，忠恕也。忠恕者何？成己以成物也。」〔註 31〕

在這一段中，《正義》又提出了「忠恕」一概念，將「成己成物」之道，與孔子的一貫之道－「忠恕」結合，孔子思想要旨的架構便由此而建立，誠如此章所言「吾道一以貫之」，孔子一生所努力不懈的目標，便貫串於「成己成物」的追求與踐履上。關於「忠恕」的內涵，下一章又有具體論述：曾子曰：「夫子之道，忠恕而已矣。」（〈里仁〉），《正義》曰：

> 《禮・中庸》曰：「子曰：『忠恕違道不遠。施諸己而不願，亦勿施於人。君子之道四，丘未能一焉。所求乎子以事父，未能也；所求乎臣以事君，未能也；所求乎弟以事兄，未能也；所求乎朋友先施之，未能也。庸德之行，庸言之謹，有所不足，不敢不勉；有餘，不敢盡。言顧行，行顧言。君子胡不慥慥爾！』」二文言忠恕之義最顯。蓋忠恕理本相通；忠之爲言中也。中之所存，皆是誠實。《大學》：「所謂誠意，毋自欺也。」即是忠也。《中庸》云：「誠者非自成己而已也，所以成物也。」《中庸》之「誠」即《大學》之「誠意」。誠者，實也；忠者，亦實也。君子忠恕，故能盡己之性；盡己之性，故能盡人之性。非忠則無由恕，非恕亦奚稱爲忠也？〔註 32〕

在這一段當中，《正義》引《中庸》之說，說明行忠恕之道必須「施諸己而不願，亦勿施於人」，即是「己所不欲，勿施於人」的意思，既是己之所不欲爲，所不欲受，本不當施於他人身上，這也是對自己的一種要求，屬於修己的功夫；又於子之事父，

〔註 30〕《論語正義》，頁 148。
〔註 31〕《論語正義》，頁 151。
〔註 32〕《論語正義》，頁 153。

臣之事君，弟之事兄，以及求乎朋友先以施之之事，對於這些日常的庸言庸行，都當時時地反躬自省，並自勉力行，不能有所懈怠，也不能有所驕矜。這些都是「忠恕」的具體意義。又，此章並把《大學》、《中庸》中「誠」的觀念，與「忠」的意義合而爲一，認爲《中庸》所言的「誠」，意即《大學》的「誠意」，而「誠」之義是實，「忠」之義亦是實，故「誠」與「忠」實是一義。關於「誠」的意義，下文又有論述：子曰：「人之生也直，罔之生也幸而免。」（〈雍也篇〉），《正義》曰：

> 蓋直者，誠也。誠者，內不自以欺，外不以欺人。《中庸》云：「天地之道，可一言而盡也。其爲物不貳，則其生物不測。」不貳者，誠也，即直也。天地以至誠生物，故〈繫辭傳〉言乾之大生，靜專動直。專直，皆誠也，不誠則無物，故誠爲生物之本。人能存誠，則行主忠信，而天且助順，人且助信，故能生也。若夫罔者，專務自欺以欺人，所謂「自作孽，不可活」者，非有上罰，必有天殃，其能免此者，幸爾。〔註33〕

在這一段中，《正義》又把「直」的意思解釋爲誠，言「誠者，內不自以欺，外不以欺人」，並以《中庸》「爲物不貳」之意爲誠，《中庸》有言：「誠者，天之道也；誠之者，人之道也」〔註34〕，故知誠乃自性的體現，至誠者盡其本性，進而推之於物，故曰：「惟天下至誠，爲能盡其性；能盡其性，則能盡人之性；能盡人之性，則能盡物之性；能盡物之性；則可以贊天地之化育；可以贊天地之化育，則可以與天地參矣。」〔註35〕至誠者，由盡己性，而盡人之性，進而盡物之性，推其極而贊萬物之化育，並與天地參，此正成己成物境界之極致，人生之至道亦不離於此。

由以上所論，《正義》以孔子一生進德修業之要乃在於成己成物之踐履，並以己之爲學，上達於天，爲天所知，而無怨尤，且綰合忠恕之道，以忠恕之道即成己成物之意，又以《中庸》、《大學》的誠，即忠之意的闡現。

《正義》書中曾多次引用《中庸》、《大學》的言論，來闡釋孔子思想，而《正義》對這兩本書的重視，並非首開其風，事實上《大學》、《中庸》之受重視，由來以久，且深具歷史意義，而《正義》之引，也正代表此書於思想脈絡上是具傳承意義的，且《正義》雖偏考據者多，然亦注重思想義理的貫穿與闡發，以下即就《大學》、《中庸》一書的發展的狀況，作一大要探討，進而勾勒出《正義》一書思想傳承之所自。

《大學》、《中庸》二書，原都是《小戴禮記》中的篇章，爲西漢初年的作品，

〔註33〕《論語正義》，頁234。
〔註34〕（宋）朱熹，《四書章句集注》（臺北：長安出版社，1991年2月），頁31。
〔註35〕同上，頁32。

漢代以後，對《中庸》作獨立研究者，有《漢書・藝文志》六藝略禮類所載《中庸說》二篇，應是最早對《中庸》的研究之作，然不知作者是誰；《隋書・經籍志》載南朝宋之戴顒有《禮記中庸傳》二卷，梁武帝有《中庸講疏》，唐李翶有《中庸說》一卷，然以上各書皆已亡佚。李翶所作《復性書》中，亦本《中庸》論說之，是第一個深入研究《中庸》的人，並開宋代研究之先。《中庸》在南北朝開始受重視，乃與當時佛教的盛行有關〔註36〕。

眞正開始引用《大學》、《中庸》的理論來反佛教思想的是唐代韓愈、李翶，韓愈在《原道》中根據《大學》的一段話直接推演出其反佛教的理論〔註37〕，把《大學》的正心誠意和佛教的治心相比附，認爲儒家也有一套身心修養的學問；李翶作《復性書》，援佛入儒，以儒解佛，把佛教的宗教修養和儒家的宗法思想結合成一個新的理論形態，對宋明理學也具有先導的功用。

《大學》的思想可以宋儒所講的「三綱領」、「八條目」來概括，是一套透過以修身爲本，來實現其道德理想的哲學理論，與之並重的《中庸》則另具一套天人、心性系統，更受唐以後的儒者所重視〔註38〕。

〔註36〕佛教在漢代傳入中國以後，因著魏晉時代的動亂，及老莊玄學風氣的盛行等諸種因素的配合，便開始廣爲流傳，不但成爲民間的普遍信仰，且其佛學理論、解經方式、思維方法等各方面，也深入地影響了中國原有的學術文化，如南北朝義疏之學的興起，正是受到佛學影響下的一種解經方式，且佛學理論所具有的哲理性、思辨性及其特有的身心性命之學，正是孔孟儒家著重的道德實踐性格所缺乏的，加以儒學經過漢代經學煩瑣的注經，致使經義支離瑣碎；東漢後，經師解經又滲以陰陽五行、讖緯思想，更添怪誕不經之義，儒學面貌，愈加晦暗不明，因此在佛學思想的衝擊下，儒家學說的命運實面臨極大的挑戰，在這種情勢下，爲了要挽救儒學，遂有一批思想家，欲從儒家原有的學術中，找出足以與佛學對抗的思想理論，而《大學》、《中庸》之學便在這樣的時機下，被推上學術的舞台，扮演著重要角色。

〔註37〕韓愈在《原道》中說：「然則古之所謂正心而誠意者，將以有爲也。今也欲治其心而外天下國家，滅其天常，子焉而不父其父，臣焉而不君其君，民焉而不事其事。」（頁198）韓愈認爲《大學》的誠意正心，和佛教所講的治心一樣，都是注重身心的修養，然《大學》所強調的是齊家治國平天下的實踐，維護君臣父子的宗法等級制度，與佛家的反倫常、追求清淨寂滅之道不同，並藉此來批判佛教，以鞏固儒家的陣地。

〔註38〕《中庸》一書的思想除了具有儒家一貫的倫常意義外，其學說中的天命思想，架構了一套天人關係的哲學理論，及以誠爲中心的本體論，是《中庸》學說較爲特出之處，也是唐宋儒者藉以對抗佛學的主要理論之一。《中庸》說：「天命之謂性，率性之謂道，修道之謂教。」（頁17）說明了人性本於天命，能率性而行即是道，不能率性而行，則須透過教化來使之修道。「天命之謂性」，即指出了道德超越性的根據，並點出了天道與性的相貫通。「率性之謂道」是修養的工夫；「修道之謂教」則是主觀道德的實踐後，推己及人的客觀表現。在此《中庸》所言之天，非自然義之天，而是具有義理性格的天，人性的修養將通過誠的工夫來與天結合，達到天地萬物一體的境地。《中庸》又說明以「誠」爲主體的存在根據：「誠者，天之道」（頁31），「誠」

到了宋明，《中庸》益被重視〔註39〕。二程、朱熹以「理」來解釋《中庸》，《中庸》之意已與原意背離。〔註40〕後朱熹將《論語》、《孟子》、《大學》、《中庸》正式

在此代表的是創生的原則，一切存在的根據，且與天道相契合的。又：「惟天下至誠，惟能盡其性；能盡其性，則能盡人之性；能盡人之性，則能盡物之性；能盡物之性，則可以贊天地之化育；可以贊天地之化育，則可以與天地參矣。」（頁32）此時的「誠」又是一種實踐的工夫，透過「誠」的工夫的實踐，故能參贊天地之化育。又如「至誠無息，不息則久，久則徵，徵則悠遠，悠遠則博厚，博厚則高明。博厚，所載物也；高明，所以覆物也；悠久，所以成物也。博厚配地，高明配天，悠久無疆。」（頁34）也是通過至誠不息的作爲，然後可以貫通天人，可以配天。《中庸》又謂：「誠者，非成己而已也，所以成物也。成己，仁也；成物，知也。性之德也，合内外之道也，故時措之宜也。」（頁34）可知聖人的至誠盡性，乃是以整個天地宇宙爲其内容，並透過日常生活而具體完成。此外《中庸》中的「中」同「誠」一樣，也具有本體論的意義，《中庸》云：「中也者，天下之大本也」（頁18）即把「中」的觀念提升到本體核心的高度，又與心性結合，從喜怒哀樂未發之「中」，到已發中節之「和」，「中和」的地位昇華至「位天地，育萬物」的地位。

〔註39〕如張橫渠初次謁見范希文，希文授以《中庸》，可見《中庸》在理學盛行之前已受重視；到了二程，又經常以《大學》、《中庸》來教授學生，朱熹跋《臨漳刊四子書》云：「河南程夫子之教人，必先使之用力於《大學》、《論語》、《中庸》、《孟子》之書，然後及乎《六經》，蓋其難易遠近大小之序，固此而不可斷也。」足見二書被重視的情況。

〔註40〕宋明理學的最高範疇是理，又稱天理。程顥說：「吾學雖有所受，天理二字都是自家體貼出來」（《二程全書外書》12）。「理」或「天理」是什麼呢？朱熹云：「合天地萬物而言，只是一個理。」（《朱子語類大全》，卷1）。「有此理，便有此天地。若無此理，便亦無天地，無人無物。都無該載了」（同上）。故知此一「理」是宇宙的根源、根本，也是宇宙之所以爲宇宙的總原則。二程、朱熹所建構的理學，又是根據《中庸》進行發揮的：朱熹《中庸章句》引程子語：「其書始言一理，中散爲萬事，末復合爲一理。放之則彌六合，卷之則退藏於密。其味無窮，皆實學也。善讀者玩索而有得焉，則終身用之，有不能盡者矣。」（《四書章句集注》，頁17）據上文所言，《中庸》的最高範疇是天、天命、天道，但不曾言理，二程、朱熹把《四書》解釋爲一部講「理一分殊」的書，已經扭曲了《中庸》的原意。事實上，二程、朱熹對《中庸》的解釋，乃是採用義理之法，引申闡發其意，然實與本意不類矣。又如，《中庸章句》第一章，解釋「天命之謂性，率性之謂道，修道之謂教」三句話涵意時說：「命，猶令也。性，即理也。天以陰陽五行化生萬物，氣以成形，而理亦賦焉，猶命令也。於是人物之生，各因其所賦之理，以爲健順五常之德，所謂性也。」（《四書章句集注》，頁17）又：「率，循也。道，猶路也。人物各循其性之自然，則其日用事物之間，莫不各有當行之路，是則所謂道也。」（同上）又：「脩，品節之也。性道雖同，而氣稟或異，故不能無過不及之差，聖人因人物之所當行者而品節之，以爲法於天下，則謂之教，若禮、樂、刑、政之屬是也。」（同上）這段注文的要點有：一、天以陰陽二氣及金、木、水、火、土五行來化生天地萬物，陰陽二氣及五行構成萬物的形體，而天理亦同時賦予在這形體中。二、人類、萬物因各受到天所賦予的天理，形成剛健、柔順及仁、義、禮、智、信等五常之德，即所謂的「性」。三、人只要依循著本性的自然，那麼在「日用事物之間」，就會產生「當行之路」。四、人之稟氣

集結爲《四書》，《大學》、《中庸》也因之被定位，對於宋之後的學術思想界，產生深遠影響。

二程、朱熹對《大學》的發揮，主要是圍繞「格物致知」這個命題展開的，同樣地，他們在解釋《大學》時，也大大地偏離了《大學》的原有意義而作解釋。程朱把「格物」解釋成「即物而窮其理」，認爲「格物」的目的在於明「吾心之全體大用」。雖然天下萬物莫不有理，又理具於一心中，然理有未窮，知有不盡，故需通過「格物致知」的修養工夫，把理體現出來，做到「吾心之全體大用無不明」。所以說，「格物致知」也是一套明心見性的修養過程。與程朱對峙的陸、王，對於此二書也是以己意解之〔註41〕。

各有不同，不能使其太過與不及，因此由聖人因著人的「當行之路」，加以剪裁、修飾，制定禮、樂、刑、政，這便是「教」。這樣的一套思想體係，既言天理爲上天所賦予，人只要依著自然本性，自可達道，又認爲聖人的「教」是因著人的「當行之路」而制定，亦是因著天理而來，天理既不可去，那麼人世的階級性便也成爲一種自然不能違反的規則，這樣的學說，自然爲統治者所接受採用。然而這與《中庸》的原意已經有所不同了。

〔註41〕朱熹在《大學章句》中，別出心裁地補寫了一章《格物致知傳》。他說：「右傳之五章，蓋釋格物、致知之義，而今亡矣。閒嘗取程子之意以補之，曰：所謂致知在格物者，言欲致吾之知，在即物而窮其理。蓋人心之靈莫不有知，而天下之物莫不有理，惟於理有未窮，故其知有不盡也。是以大學始教，必使學者即凡天下之物，莫不因其已知之理而益窮之，以求至乎其極。至於用力之久，而一旦豁然貫通焉，則眾物之表裡精粗無不到，而吾心之全體大用無不明矣。此謂物格，此謂知之至也。」（《四書章注集注》，頁6～7）後人便以道問學的體系來批評朱熹，如陸九淵在談到他與朱熹的分歧時說：「朱元晦曾作書與學者云：『陸子靜專以尊德性誨人。故遊其門者多踐履之士，然於道問學處欠了，某教人豈不是道問學處多了些子？故遊某之門者踐履多不及之。』觀此，則是元晦欲去兩短，合兩長。然吾以爲不可，既不知尊德性，焉有所謂道問學。」（《象山語錄》卷1，頁544）「尊德性」、「道問學」原出於《中庸》，本來沒有對立的意思，陸九淵卻賦予它新的意義，將二者的意義對立起來，概括了朱、陸二派的分歧。所謂「尊德性」，即是把理擺在心內，「先立乎其大者」、「收拾精神，自作主宰」；而「道問學」是把理擺在心之外，泛觀博覽，即物窮理，涵養體認。陸九淵認爲前者「易簡」，後者「支離」（《象山語錄》卷2，頁567）。又反對朱熹的天理、人欲之辨和對十六字心傳的解釋。他說：「天理人欲之言，亦自不是至論。若天是理，人是欲，則是天人不同矣。」（《象山語錄》卷1，頁541）他解釋《中庸》的「天命之謂性」說：「天之所以命我者，不殊乎天，須是放教規模廣大。若尋常思量得，臨事時省力，不到得被陷溺也。」（《象山語錄》卷3，頁576）依陸九淵的說法，通向天人合一的境界是易簡可得的，只要一念之間便可達到，而不須通過繁瑣的格物過程，方可見理，也無須區分天理、人欲及人心、道心。因此他對「格物」的解釋，也和朱熹不同，他認爲：「格物者，格此者也。人欲；人心、道心。伏羲仰象俯法，亦先於此盡力焉耳。不然，所謂格物，末而已矣。」（《象山語錄》卷4，頁604）即說明「格物」只要發明本心，無需外求。到了明代王陽明，根據陸九淵的理路又進一步發展，並更有系統地將《大學》、《中庸》以「心即理」的命題重作解

經歷了宋、元、明，無論在程、朱的理學，或是陸、王的心學體系下，《大學》、《中庸》都難見其本來面目。到了清代的反理學風氣及考據學風的求經典眞義，《大學》、《中庸》的原貌方才又呈現出來。所以《論語正義》雖引用《大學》、《中庸》來解釋《論語》，這樣的解釋方法，除了承襲宋明以來將《四書》的理論援引互證，以建構孔門思想義理的完整系統外，實際上，《正義》對《中庸》、《大學》、《中庸》的解釋，已掃除了理學的影子，而不再予以曲解，如此章一開始所引，《正義》將《中庸》的「誠」、《大學》的「誠意」與《論語》的「忠」結合，說明「成己成物」之道。如：子曰：「中庸之爲德也，其至矣乎！」民鮮久矣。(〈雍也〉)，《正義》曰：

> 所謂「中行」，行即庸也。所謂「時」，即時中也。時中則能和，和乃爲人所可常行。故有子言「禮之用，和爲貴」。而子思作《中庸》，益發明其說曰：「喜怒哀樂之未發謂之中，發而皆中節謂之和。中也者，天下之大本也；和也者，天下之達道也。致中和，天地位焉，萬物育焉。」明中庸之爲德，皆人所可常用，而極其功能至於位育。蓋盡己之性，以盡人之性；盡人之性，以盡物之性；盡物之性，則可以贊天地之化育，所謂「成己以成物」者如此。故夫子贊爲至德。〔註 42〕

這一段中除再次申說前文所言中庸之德具有盡己之性，盡人之性，盡物之性，及贊天地化育的作用外，並舉出了《中庸》裡的「中和」觀念，而「中和」的作用也正是「成己成物」。又，有子曰：「禮之用，和爲貴。先王之道，斯爲美；小大由之。有所不行，知和而和，不以禮節之，亦不可行也。」(〈學而〉)，《正義》曰：

> 〈有子〉此章之旨，所以發明夫子中庸之義也。……鄭君《中庸目錄》云：「名曰《中庸》者，以其記中和之爲用也。」……《周官・大司樂》言六德：「中、和、祇、庸、孝、友。」言「中和」又言「庸」，夫子本之，故言中庸之德。子思本之，乃作《中庸》。而有子於此章已明言之。〔註 43〕

釋。王陽明主張恢復《大學》古本來反對朱熹的《大學章句》，在《大學問》中言「格物致知」之理，他說：「致知云者，非若後儒所謂充廣其知識之謂也，致吾心之良知焉耳。」(《王陽明文集》卷 6，頁 92)「然欲致其良知，亦豈影響恍惚而懸空無實之謂乎？是必實有其事矣。故致知必在於格物。物者，事也。凡意之所發，必有其事，意所在之事謂之物。格者，正也，正其不正以歸於正之謂也。正其不正者，去惡之謂也。歸於正者，爲善之謂也。夫是之謂格。」(同上) 王陽明這套格物致知的說法，也是說明良知的顯現是當下即是，是不需要外求的。可見他對《大學》、《中庸》的解釋乃是依其自己的學說體系去作詮釋的。

〔註 42〕《論語正義》，頁 248。

〔註 43〕《論語正義》，頁 30。

這一段中引用《中庸目錄》之語，以爲「名爲《中庸》者，以其記中和之爲用也。」認爲《中庸》之名，乃在於記「中和」的作用，而「中和」又爲《中庸》之本，這也就是就其本有內涵來說。又，子曰：「君子不器。」（〈爲政〉），《正義》曰：

> 案：此則學爲修德之本。君子德成而上，藝成而下，行成而先，事成而後。故知所本，則由明明德以及親民，由誠意、正心、脩身以及治國、平天下，措則正，施則行，復奚役於一才一藝爲哉？〔註44〕

在這一段中，《正義》以《大學》的明明德而親民，誠意、正心、修身、治國、平天下爲修德的功夫與進程，而論君子不當役於一才一藝。觀以上《正義》之引用《大學》、《中庸》之義，皆不見程朱、陸王的解釋系統，可見《正義》在這方面已能擺脫宋明理學的影響。然而，由此亦可見《正義》在對於《論語》的解釋上，也結合了先秦以後的儒家學說，而非僅是就《論語》本身作獨立的訓解，從這一方面來看，《正義》是清代《論語》的集大成之作，不僅指的是它在訓詁上的成就，就其思想義理來說，也有融通諸家的，匯整儒家學說，進一步發展《論語》義理的功勞。

第三節　《論語正義》疏釋孔子之性與天道思想

《論語》中子貢曰：「夫子之文章可得而聞也；夫子之言性與天道，不可得而聞也。」（〈公冶長〉）據子貢所說，孔子對於性與天道不但很少論及，也是難以探究的，然而後人在研究《論語》時，都試圖著去發掘《論語》中關於這兩個論題的微言大義，《論語正義》也不例外。《正義》中引用了《中庸》的天命觀及《易傳》裡的性與天道觀來闡述孔子的性、天命、天道思想，這樣的解釋方法，結合了後出儒家的思想觀點，對孔子思想既有繼承，亦有發揮，是此本注疏的進步之處。

（一）孔子言性、天、命、天道

《論語》中孔子論性，只提及「性相近，習相遠。」（〈陽貨〉），以人的本性是相近的，因爲不斷學習而差別愈來愈大，在這裡孔子並沒有說明性是善是惡，到了孟子才發展出一套完整的心性說，並以性善論爲學說中心。

至於孔子對天的觀念，因在春秋的時代，人文精神已經逐漸抬頭，當時的人提出以德配天，以具有道德意識的天代替殷商時的鬼神觀念，如《左傳》即有「天道遠，人道邇」（昭公十八年）的提出，而孔子也是推動人文精神的重要人物，例如孔子對於鬼神，採取既不肯定，也不否定的態度，而把重點放在人事：

〔註44〕《論語正義》，頁56。

季路問事鬼神，子曰：「未能事人，焉能鬼？」敢問死。曰：「未知生，焉知死。」(〈先進〉)

樊遲問知，子曰：「務民之義，敬鬼神而遠之，可謂知矣。」(〈雍也〉)

可見孔子對於鬼神的問題是「存而不論」，既不否定祭祀，但也沒有宗教的狂熱，而把所有的心思放在人事上，只說「務民之義」，把對人民的關心擺在第一位。又曰：

祭如在，祭神如神在。(〈八佾〉)

愼終追遠，民德歸厚矣。(〈學而〉)

認爲祭祀，只要依傳統行事，就好像神靈已到人間；又透過對先人的紀念及對神靈的祭祀，來教育人民，使民風歸於淳厚，一切祭祀最終還是爲了人事著想。這是孔子對於鬼神的態度，但是孔子在談及天、命、天命時，其態度又與前者大不一樣。關於孔子對天的看法如：

顏淵死。子曰：「噫！天喪予！天喪予！」(〈先進〉)

吾誰欺，欺天乎。(〈子罕〉)

子夏曰：「死生有命，富貴在天。」(〈子路〉)

天將以夫子爲木鐸。(〈八佾〉)

子曰：「天生德於予，桓魋其如予何。」(〈述而〉)

子畏於匡。曰：「文王既沒，文不在茲乎！天之將喪斯文也，後死者，不得與于斯文也。天之未喪斯文也，匡人其如予何？」(〈子罕〉)

子曰：「不怨天，不由人；下學而上達，知我者其天乎。」(〈憲問〉)

子貢曰：「夫子之文章可得而聞也，夫子之性與天道不可得而聞也。(〈公冶長〉)

諸如以上所引，對於天的觀念，或有早期人格神意味的天，或以天具有超經驗的性格，爲道德意志的天。至於孔子談命，多爲運命之義：

司馬牛憂曰：「人皆有兄弟，我獨無。」子夏曰：「商聞之矣，死生有命，富貴在天。君子敬而無失，與人恭而有禮，四海之內皆兄弟也。君子何患乎無兄弟。(〈子路〉)

這裡的「死生有命」，「命」是命運，指一個人的生死都由命決定。「富貴在天」的「天」也是指天命，也就是說，一個人的富貴也是由天所決定。

伯牛有疾。子問之，自牖執其手，曰：亡之，命矣夫。斯人也，而有斯疾也；斯人也，而有斯疾也。」(〈雍也〉)

孔子因伯牛的疾病而發出對天命的悲嘆與無奈，這裡的「命」也是命定之意。

公伯寮愬子路於季孫，子服景伯以告，曰：「夫子固有惑志於公伯寮，

吾力猶能肆市朝。」子曰:「道之將行也與,命也;道之將廢也與,命也;公伯寮其如命何?」(〈憲問〉)

這是孔子在遇到別人的毀謗時,只好用命運來解釋自己所作的一切是不容別人阻擋的。

孔子所談的「命」,並不是殷商時代天帝的命令義,而是一種無可奈何的命運、命定之義,這種命,實際上是客觀環境及條件對人的活動的限制,而一切環境、條件是按著固有的規律在形成發展,是不可轉移,不可抗拒的。孔子在這裡已經體悟到,人生在世有種種無法掌握控制的客觀限制,同時也認識到個體的有限性,而將這種限制,以「命」來稱說。在命定的基礎上,孔子說「不知命,無以爲君子」(〈堯曰〉)、「小人不知天命」(〈季氏〉),這是要人清楚地了解人世的命定與限制,凡屬於命定的不可求,即無須勉強,且進而在「知」命的限制中,因著對於客觀限制的了解,而知道如何去安排及進一步地去超越提昇。在這種不斷地超越與提昇的過程中,人發揮著自己主觀的能動性,爭取最好的結果,而人生的價值與意義也在這當中呈現。

(二)《論語正義》對孔子性與天命的詮釋

《正義》在解釋性與天道時,引用了這一段話:子貢曰:「夫子之文章,可得而聞也;夫子之言性與天道,不可得而聞也。」(〈公冶長〉),《正義》曰:

然言「性與天道」,則莫詳於《易》,今即《易》義略徵之。〈繫辭上傳〉:「一陰一陽之謂道。繼之者善,成之者性也。」又曰:「成性存存,道義之門。」〈文言傳〉:「乾道變化,各正性命。」又曰:「利貞者,性情也。」〈說卦傳〉:「窮理盡性以至於命。」又曰:「昔者聖人之作《易》也,將以順性命之理。」此言性也。〈臨・彖傳〉:「大亨以正天之道也。」〈謙・彖傳〉:「天道下濟而光明,地道卑而上行。」又云:「天道虧盈而益謙,地道變盈而流謙。」〈恒・彖傳〉:「天地之道,恒久而不已也。」〈繫辭傳〉言天道尤多。凡陰陽、剛柔、法象、變化、健順、易簡,皆天道之說。又〈无妄・彖傳〉:「大亨以正,天之命也。」與〈臨・彖〉同。則天命即是天道也。又〈乾・彖傳〉、〈蠱・彖傳〉、〈剝・彖傳〉、〈復・彖傳〉所言天行,亦即天道,是並言天道也。鄭注此云:「性謂人受血氣以生,有賢愚。」案:受血氣則有形質,此「性」字最初之誼。包氏汝翼《中庸說》:「天道陰陽,地道柔剛,陰陽合而剛柔濟,則曰中。中者,天地之交也。天地交而人生焉,故曰人者,天地之心也。天以動闢,地以靜翕,一闢一翕,氤氤相成，交氣流行，於是有寒暑、風雨、晦明。人兼其氣以生，而喜、怒、哀、樂具焉。赤子無知，而有笑有啼，有舞蹈奮張。人之生也，莫此爲先，所謂性也。性也者，天地之交氣也。天氣下降，地氣上升，交在於中，故〈傳〉曰『人受天地之中以生』。性之於字，從心從生，人生肖天地，而心其最中者也。」案：包說即鄭《注》「人受血氣以生」之旨。血氣受之父母，父母亦天地之象也。孟子云：「形色，天性也。」形色即形質。人物各受血氣以生，各有形質，而物性不能皆善，惟人性則無不善。《說文》云：「性，人之陽气。性善者也。」許言「性」爲陽气者，對「情」爲陰气言之。〈繫辭〉以善爲繼之，性爲成之，則性善之義，自孔子發之。而又言「性相近」者，言人性不同，皆近於善也。〔註45〕

這一段話引用了《易傳》的觀點來解釋孔子的性與天道，觀《正義》所闡發的義蘊有：

（1）天地宇宙的創生原則—— 一陰一陽之道

天地宇宙的創生之理乃爲「一陰一陽之道」，宇宙間一切事物都是「正」和「反」兩面觀念的「合」，產生對立統一的法則，如天地、日月、寒暑、剛柔、翕辟、男女、貴賤等事物都在變化中有所發展，而顯示「生生之道」。如乾坤的交互作用：

夫乾，其靜也專，其動也直，是以大生焉。夫坤，其靜也翕，其動也辟，是以廣生焉。廣大配天地，變通配四時，陰陽之義配日月，易簡之善配至德。(《易‧繫辭》)

知乾的性質爲「大生」，坤的性質爲「廣生」，二者必須相輔相成，才能成「生生」的作用，其生成萬物的作用是廣大足以配天地、變通足以配四時、陰陽之義足以配日月、易簡之善足以配至德。又：

是故剛柔相摩，八卦相蕩。鼓之以雷霆，潤之以風雨。日月運行，一寒一暑。(同上)

言剛柔推移交接，使得八卦相推蕩，其變化如雷電鼓動萬物，風雨之潤澤大地，又如日月運行，一往一來的相推移，一寒一暑的相推蕩。既日月運行，寒往暑來，則萬物生生，品物咸列。《正義》所引《中庸說》：

天道陰陽，地道柔剛，陰陽合而剛柔濟，則曰中。中者，天地之交也。天地交而人生焉，故曰人者，天地之心也。天以動闢，地以靜翕，一闢一

〔註45〕《論語正義》，頁185。

翕，氤氳相成，交氣流行，於是有寒暑、風雨、晦明。〔註46〕

亦是此陰陽相濟、正反相成之意。

（2）天道的運行是剛健不已的

《正義》曰：

> 「天道，元亨日新之道」者，元，始也。亨，通也。《易．彖傳》：「大哉乾元，萬物資始。」此「元」爲始也。通則運行不窮，故日月往來以成晝夜，寒暑往來以成四時也。乾有四德，元亨利貞。此不言「利貞」者，略也。天道不已，故有日新之象。〔註47〕

「大哉乾元，萬物資始。」「乾元」代表的是一股創生的力量，又「乾知大始」、「夫乾，其靜也專，其動也直，是以大生焉。」都說明了乾道的力量是凝聚的、具有開創的特性，是以「大生」萬物，且這股力量是健生不已的，故能生育萬物，乾元的精神與天地的精神是一致的。故《正義》說明天道剛健不已的精神，曰：

> 《禮記．哀公問篇》云：「敢問君子何貴乎天道也？孔子對曰：『貴其不已，如日月東西相從而不已也，是天道也。不閉其久，是天道也。』」《中庸》言天道爲「至誠無息」，引「《詩》『維天之命，於穆不已』，蓋曰天之所以爲天也。」此《詩》所言「天命」，據鄭《箋》即天道也。聖人法天，故《易》言「君子終日乾乾，夕惕若」。夫人贊《易》曰：「天行健，君子以自強不息。」又曰：「剛健篤實輝光，日新其德。」皆不已之學也，皆法乎天也。〔註48〕

言天道之可貴在於其「不已」的精神，如同日月的運行，從無止息；《中庸》亦言天道「至誠無息」，故有道君子當法天道精神，孔子說：「天行健，君子以自強不息。」「剛健篤實輝光，日新其德。」都是勉人效法天道自強不息的精神，方能精進不已，日有進益。

（3）性稟於道——天命之謂性

「一陰一陽之道」既是萬物生生變化的準則，由陰陽相互間的變動，來說明天道生育萬物的情形，然而《易傳》的目的，並不只在說明宇宙生化的情形，更要在宇宙生化的大法則中，發現人生價值的根源。《易傳》說：「生生謂之易」；又說：「顯諸仁，藏諸用」，天的生生不已的精神，實是天的仁德的顯露。人的生命根源是由此

〔註46〕《論語正義》，頁185。
〔註47〕《論語正義》，頁187。
〔註48〕《論語正義》，頁187。

仁德而來，則人亦秉此仁德以成性，因此人之性，即與天連結在一起〔註49〕。《易．繫辭》在「一陰一陽之人謂道」後，又緊接著說：「繼之者善也，成之者性」，也是在說明人之性承天而來。

「繼之者善，成之者性也」句，朱子在周濂溪《通書註》中對這句話的解釋是：

> 繼之者善，是天道之流行賦與，所謂命也。成之者性，是人物之稟受成質，所謂性也。

萬物的化生既是陰陽的作用，故天道所賦予萬物生生之理，也是由陰陽兩個動力而來，此解爲命；而人稟受天命以成質，即是性。朱維煥在《周易經傳象義闡》更清楚的闡述道：

> 「繼之」，乃謂道之呈現其大用，爲陽之生，陰之化；化而復生。繼續此生生化化，化化生生，以至無窮無盡者，即是「善」。是以「善」者，乃言乎「道」之呈現其大用爲生化之流，所涵具之絕對性價值。「成之」，乃謂「道」之呈現其大用，流注於個體生命而有所終成，則謂之「性」，故「性」者，乃稟之於道，爲道所賦。《大戴禮記．本命篇》曰：「分於道謂之命，形於一謂之性。」「性」爲道之呈現其大用所終成，於人則爲內在之主體。」〔註50〕

在此強調「繼」字，即能夠繼續陰陽和合，生生變易不已的，即是「善」，「善」是表達「生生變易」的境況。如：

> 天地絪縕，萬物化醇；男女構精，萬物化生。（《繫辭下》六）
> 天地變化，草木蕃。（《坤卦．文言》）
> 大哉乾元，萬物資始。（《乾坤．彖》）
> 至哉坤元，萬物資生。（《坤卦．彖》）
> 夫乾，其靜也專，其動也直，是以大生焉；夫坤，其靜也翕，其動也闢，是以廣生焉。（《繫辭上》六）

以上所言的：「大生」、「廣生」、「化醇」、「化生」、「資生」等，即具有生生變易的連續性，也就是善的表現。而「成己者性也」，乃是生生變易的連續性之生化萬物而顯其「善」，再使萬物終能成此「善」，而顯其「性」，如朱維煥所言：「『成之』，乃謂『道』之呈現其大用，流注於個體生命而有所終成，則謂之『性』，故『性』者乃稟之道，爲道所賦。」也是《中庸》所說的：「天命之謂性」、「乾坤變化，各正性命」，

〔註49〕參見李鏡池著，〈易傳思想的歷史發展〉，收於黃沛榮編，《易學論著選集》（臺北：長安出版社，1985年），頁88。

〔註50〕朱維煥，《周易經傳象義闡釋》（臺北：臺灣學生書局，1986年5月），頁466。

這也是說明性由天道而來。因此，性乃內在於萬物之中，並需要不斷地醞蓄存養，故曰：「成性存存，道義之門」；且若能窮理盡性，體現人的本性，即能與天地合其德，即是「窮理盡性以至於命」。

從「一陰一陽之謂道」的生生變易的創生，展開了天地萬物的大化流行，且在不斷地、剛健不已地化育過程中，成就了道的無窮無盡的大化，亦是天地之「善」的表現，而此道流注於萬物個體，即成萬物之「性」，因此可見《正義》所闡述的，是一宇宙、自然與人類的存在所構成的一和諧整體，即天地人合爲一體的和諧，且統合了乾坤、陰陽、剛柔、動靜等正反力量的相反相成，以一「和合」的狀態呈現，產生創生的、和諧的變化力量，即在天、地、人的變化中形成一種規律法則，然後天地萬物能各正其所受之「性命」，能保合太和，以溫順爲德，而能「利貞」。此乃古聖人觀天地的變化之象，體察天地變化之道與順天應人之理，故說：「古者聖人之作《易》也，將以順性命之理。」

由以上的推衍，《正義》言「性」之生，乃因道是一陰一陽的變化，順著這種變化是善，稟受這種變化的是性。可見道、善、性都是受陰陽的限定，朱熹《中庸章句》在解釋「天命之謂性」時說：

> 命，猶令也。性，即理也。天以陰陽五行化生萬物，氣以成形，而理賦焉，猶命令也。〔註51〕

朱熹也以陰陽五行釋性，荀子也曾言性：

> 生之所以然者，謂之性；性之和所生，精合感應，不事而自然謂之性。〔註52〕

《易傳》言性是陰陽所生，《正義》雖以天道繼之爲善，人稟之亦善，曰：

> 《繫辭》以善爲繼之，性爲成之，則性善之義，自孔子發之。而又言「性相近」者，言人性不同，皆近於善也。〔註53〕

用《易傳》的說法來解釋孔子的「性相近」之說，然而既說性之善是天之所予，人稟天命之性，但《正義》在解釋「性」時，又特重人的血氣心知之氣質之性來說：

> 鄭此注云：「性謂人受血氣形質以生，有賢愚。」此「性」字最初誼。……案：包說即鄭注：「人受血氣以生」之旨。血氣受之父母，父母亦天地之象也。孟子云：「形色，天性也。」形色即形質。人物各受血氣以生，各

〔註51〕（宋）朱熹，《四書章句集注》，頁17。

〔註52〕（清）王先謙集解，《荀子集解》（臺北：藝文印書館，1988年6月），卷16，〈正名篇〉，頁672。

〔註53〕《論語正義》，頁185。

有形質，而物不能皆善，惟人性則無不善。〔註 54〕

「性相近，習相遠。」(〈陽貨〉) 一章，《正義》引戴震《孟子字義疏證》，有更詳細的說明，曰：

性者，分於陰陽五行，以爲血氣、心知、品物，區以別焉。舉凡既生以後，所有之事，所具之能，所全之德，咸以是爲其本，故《易》曰：『成之者性也』。氣化生人、生物以後，各以類滋生久矣。然類之區別，千古如是也，循其故而已矣。在氣化曰陰陽，曰五行，而陰陽五行之成化也，雜糅萬變，是以及其流形，不特品物不同，雖一類之中又復不同。凡分形氣於父母，即爲分於陰陽五行，人物以類滋生，皆氣化之自然。《中庸》曰：『天命之謂性。』以生而限於天，故曰天命。《大戴禮記》曰：『分於道之謂命，形於一之謂性。』分於道者，分於陰陽五行也。一言乎分，則其限之於始，有偏全、厚薄、清濁、昏明之不齊，各隨所分而形於一，各成其性也。然性雖不同，大致以類爲之區別，故《論語》曰『性相近也』，此就人與人近言之也。《孟子》曰：『凡同類者舉相似也，何獨至於人而疑之？聖人與我同類者。』言同類之相似，則異類之不相似明矣。故語告子『生之謂性』曰：『然則犬之性猶牛之性，牛之性猶人之性與？』明乎其不可混同言之也。」〔註 55〕

此段話亦以性承自陰陽五行之氣化，並進一步說明氣化之雜糅萬變，故有血氣、心知、品物的分別，而人因所承之氣有偏全、厚薄、清濁、昏明之不齊，故各成其性，然皆近於善，至於世所謂「不善」者，乃習之所然。《正義》引戴震論性，說明性乃是承陰陽五行氣化而來之氣質之性，此說與告子論「生之謂性」同，認爲性乃指人的自然本能而言，而人性稟氣雖然不同，但以類區別之，則又各「相近」也，如人與人之性即是相近。這裏又說，孔子言「性相近」，是在警示人應愼於學習，而不能直斷人性全是善；但是既然說「相近」，則又表示是近於善，故善與不善的分別，乃在於「得養」、「失養」與「陷溺梏亡」，這些都是因於「習」的緣故。關於「性相近」，本章又引李光地的話申論之曰：

李光地《論語劄記》：「案夫子此言，惟孟子能暢其說。其曰『性善』，即『相近』之說也。其曰：『或相倍蓰而無算，其所以陷溺其心者然也』，則『習相遠』之說也。先儒謂孔子所言者，氣質之性，非言性之本，孟子所言，乃極本窮源之性。愚謂惟其相近，是以謂之善，惟其善，是以相近，

〔註 54〕《論語正義》，頁 185。
〔註 55〕《論語正義》，頁 676。

似未可言孔、孟之指殊也。蓋孔、孟所言者，皆人性耳。若以天地之理言，則乾道變化，各正性命，禽獸草木，無非是者。然禽獸之性，則不可言與人相近，相近者，必其善者也。故《孝經》曰：『天地之性人爲貴。』是以孔子之說無異於孟子也。禽獸之性，不可以言善。所謂善者，以其同類而相近也，故曰『人皆可以爲堯、舜』。是孟子之說又無異於孔子也。」〔註 56〕

此以孟子的「性善」即孔子的「相近」之說，因其相近，故謂之善；也惟其善，故相近，因此孔、孟之說不殊〔註 57〕，故曰「人皆可以爲堯舜」。但是此段話雖也解釋因性之善，所以「相近」，然李光地所指的性實爲「天地之性」，而非「氣質之性」。至於「習相遠」，則引焦循語，解之曰：

焦氏循：「性善」解：「性無他，食色而已。飲食男女，人與物同之。當其先民知有母，不知有父，則男女無別也。茹毛飲血，不知火化，則飲食無節也。有聖人出，示之以嫁娶之禮，而民知有人倫矣。示之以耕耨之法，而民知自食其力矣。以此示禽獸，禽獸不知也。禽獸不知，則禽獸之性不能善。人知之，則人之性善矣。以飲食男女言性，而人性善不待煩言自解也。禽獸之性不能善，亦不能惡；人之性可引爲善，亦可引爲惡。惟其可引，故性善也。牛之性可以敵虎，而不可使之咥人，所知所能不可移也。惟人能移，則可以爲善矣。是故惟習相遠，乃知其性相近，若禽獸則習不能相遠也。〔註 58〕

這裏又解性爲「食色」之性，乃是自然本能之性，人之性善，乃是由「習」而能，人之性相近於善，因習而遠，若禽獸則習不能遠，因其性不可移，故亦不能言善。正因爲人之血氣所承所習不齊，故須進一步加以節制：「少之時，血氣未定，戒之在色」一章（〈季氏〉），《正義》曰：

張栻《論解》：「人有血氣，則役於血氣，血氣有始終盛衰之不同，則其所役亦隨而異。夫血氣未定，則動而好色；血氣方剛，則銳而好鬥；血氣既衰，則歉而志得。凡民皆然，爲其所役者也。於此而知戒，則義理存；義理存，則不爲其所役矣。」〔註 59〕

〔註 56〕《論語正義》，頁 676～677。
〔註 57〕此言孔、孟性善之說不殊，是泛說「善」字，然二人所指性之意涵並不一，見下一段小結。
〔註 58〕《論語正義》，頁 677。
〔註 59〕《論語正義》，頁 54。

既以「血氣」論性，然因血氣盛衰有不同，人往往爲其所役，故必須有所戒，才能得存義理，不爲血氣所役，所以仍是強調「習」的重要性，又，「由也，女聞六言六蔽矣乎！」（〈陽貨〉），《正義》曰：

> 戴氏震《孟子字義疏證》：「人之血氣心知，本乎陰陽五行者，性也。如血氣資飲食以養，其化也即爲我之血氣，非復所飲食之物矣。心知之資於問學，其自得之也亦然。以血氣言，昔者弱而今者彊，是血氣之得其養也。以心知言，昔者狹小而今者廣大，昔者闇昧而今者明察，是心知之得其養也，故曰『雖愚必明』。」〔註 60〕

此所謂義理之所存、血氣心知之得養者，皆是通過修養的工夫，提升生命境界，亦即性與天命連結，在血氣心知的具體地性裡面，體認出性有超越血氣心知的性質。這是在具體生命中開闢出內在的人格世界，而此人格世界可以無限性地顯現。且要通過下學而上達的工夫，才能體認得到，所以在下學階段的人，「不可得而聞」。〔註 61〕

這裡仍須回到血氣心知言性，才能與人的具體生命有所連結，而血氣心知的性又與天道相應，天道將善賦予人，故性是善的，如此地將性超越提昇，而不僅止於血肉的存在，這樣一來，人對於其內在的人格世界便有道德的要求與責任，且須努力地令此人格世界完善，而人的道德完成便在此一過程中顯現。

（4）聖人知天命，順天而行

《正義》解釋孔子的天道是承著《中庸》、《易傳》的意旨而展開，因此在「知天命」章，也承襲這一意涵，將《論語》中晦而難見的天命思想，得以顯露其幽光。

「五十而知天命」章（〈爲政〉），《正義》曰：

> 《中庸》云：「仲尼上律天時，下襲水土。辟如天地之無不持載，無不覆幬。辟如四時之錯行，如日月之代明。」言聖人之德能合天也。能合天，斯爲不負天命；不負天命，斯可以云知天命。知天命者，知己爲天所命，非虛生也。蓋夫子當衰周之時，賢聖不作久矣。及年至五十，得《易》學之，知其有得，而自謙言「無大過」。則知天之所以生己，所以命己，與己之不負乎天，故以天知命自任。「命」者，立之於己而受之於天，聖人所不敢辭也。他日桓魋之難，夫子言「天生德於予」，天之所生，是爲天命矣。惟知天命，故又言「知我者其天」，明天心與己心得相通也。孟子言「天欲平治天下，舍我其誰？」亦孟子知天命生德當在我也。是故知

〔註 60〕《論語正義》，頁 688。

〔註 61〕見徐復觀著，《中國人性史・先秦篇》（臺中：私立東海大學，1963 年 4 月），頁 206。

有仁、義、禮、智之道，奉而行之，此君子之知天命也。知己有得於仁、義、禮、智之道，而因推而行之，此聖人之知天命也。〔註62〕

人既爲天所命，即當承天之命而行事，《正義》以孔子深得此一要旨，故時以天命自任，孔子言「天生德於予」，即言爲天所生，爲天所命；「知我者其天乎」，即言天心與己心相通也。孟子之推仁、義、禮、智而行之，亦是承天命而行。「大哉！堯之爲君也。巍巍乎！唯天爲大，唯堯則之。」章（〈泰伯〉），《正義》曰：「人受天地之中以生，賦氣成形，故言人之性必本乎天。本乎天即當法天，故自天子至於庶人，凡同在覆載之內者，崇效天，卑法地，未有能違天而能成德布治者也。」〔註63〕亦言人受天地之中以生，天地賦氣，人所以成形，故人之性必本乎天，自天子以至庶人，皆應效法天地，成就德性。

又，哀公問：「弟子孰爲好學？」孔子對曰：「有顏回者好學，不遷怒，不貳過。不幸短命死矣，今也則亡，未聞好學者也。」（〈雍也〉），《正義》曰：

《中庸》云：「子曰：『回之爲人也，擇乎中庸，得一善，則拳拳服膺，而弗失之矣。』」當未擇時，不能無過中之失，及得善而服膺弗失，所以能不貳過。此顏回思誠之學，以人道合天道者也。是故言天行者，不能無贏縮陵歷之象，水旱沴鬱之災，而於穆不已，不遠能復。故於〈復〉「見天地之心」，〈益〉初至四互復，其〈象〉曰：「君子以見善則遷，有過則改。」明改過能有益也。夫子學《易》，「可以無大過」，顏子好學，亦能體復，故夫子《易傳》獨稱之。〔註64〕

此則言顏淵爲孔門最有德行之人，其行事能擇中庸而行，即無過與不及之失，且得一善能拳拳服膺，是一力行踐履的有德者，以其能知「誠」，且能以人道合天道。〔註65〕

《正義》在解「天命」時，又將之分釋爲德命、祿命兩種含意，如：「五十而知天命」（〈爲政〉），《正義》曰：

〔註62〕《論語正義》，頁44～45。

〔註63〕《論語正義》，頁308。

〔註64〕《論語正義》，頁213～214。

〔註65〕中庸之義主要有三：（1）鄭玄云：「名爲中庸者，以其記中和之爲用也。庸，用也。」《中庸》曰：「喜怒哀樂之未發，謂之中；發而皆中節，謂之和。」又，「誠者，不勉而中，不思而得，從容中道，聖人也。」正是言中和之爲用也。（2）程子曰：「不偏之謂中，不易之謂庸。中者，天下之正道，庸者，天下之定理。」「中」是不偏不倚之意，「庸」是不易之意。《中庸》亦云：「中立而不倚，強矯哉！」（3）朱子云：「中者，不偏不倚，無過不及之名。」又，「喜、怒、哀、樂，情也。其未發，則性也，無所偏倚，故謂之中。」言「中」除不偏不倚之義外，喜怒哀樂之未發亦是中，此「中」亦是誠之意。

「天命」者，《說文》云：「命，使也。」言天使己如此也。《書・詔誥》云：「今天其命哲，命吉凶，命歷年。」哲與愚對，是生質之異，而皆可以爲善，則德命也。吉凶、歷年，則祿命也。君子脩其德命，自能安處祿命。〔註66〕

又，「畏天命」（〈季氏〉），《正義》曰：

「天命」，兼德命、祿命言。知己之命原於天，則修其德命，而仁義之道無或失。安於祿命，而吉凶順逆必脩身以俟之，妄爲希冀者非，委心任運者亦非也。且得位，則行義以達其道，不得位，亦必隱居以求其志。此方是天地生人，降厥德于我躬之意。故惟君子能知天命而畏之也。其畏之者，恐己之德有未至，無以成己成物，有負於天耳。……是故「畏天命」，則戒謹恐懼，必致其修己以安人，安百姓之學。〔註67〕〔註68〕

此一說來自阮元的《性命古訓》，其解《尚書・召誥》一條曰：「按《召誥》所謂命，即天命也。『若子初生』即祿命福極也。哲與愚，吉與凶，歷年長短，皆命也。愚哲受於天爲命，受於人爲性。君子祈命而節性，盡性而知命。」〔註69〕所謂祿命，是指人的富貴貧賤和壽命長短；德命，即是人受天之命，也是每個人在人世所應承擔的道德責任。《正義》認爲無論是德命或祿命，皆應安於其間，進退行藏，皆不離仁義之道，不僅要順天命而行，且對天命要敬畏之，唯有戒愼恐懼，方能修己以安人，成己而成物。

（5）小　結

以上所論，由《中庸》、《易傳》的性與天道來闡發孔子的性與天道，《正義》總結道：

性與天道，其理精微，中人以下，不可語上，故不可得聞。其後子思作《中庸》，以性爲天命，以天道爲至誠。孟子私淑諸人，謂人性皆善，

〔註66〕《論語正義》，頁44。

〔註67〕《論語正義》，頁661～662。

〔註68〕：「德命」之解，〈堯曰篇〉：「不知命，無以爲君子」章，《正義》引《韓詩外傳》曰：子曰：「不知命，無以爲君子。」言天之所生，皆有仁、義、禮、智、順、善之心。不知天之所以命生，則無仁、義、禮、智、順、善之心，謂之小人。」又曰：「《大雅》曰：『天生烝民，有物有則；民之秉彝，好是懿德。』言民之秉德以則天也。不知所以則天，又焉得爲君子乎？」又引《漢書・董仲舒傳》對策曰：天令之謂命，人受命於天，固超然異於群生，貴於物也。故曰：「天地之性人爲貴。」明於天性，知自貴於物，然後知仁、義、禮、智，安處善，樂循理，謂之君子。故孔子曰：「不知命，無以爲君子。」此之謂也。二文皆言德命。

〔註69〕（清）阮元，《揅經室集》（臺北：藝文印書館，1965年10月），頁11369上。

謂盡心則能知性，知性則能知天，皆夫子性與天道之言，得聞所未聞者也。〔註 70〕

《正義》以性與天道之理過於精微，故孔子所言「中人以下，不可以語上」，即是指此精微之理，而子思作《中庸》，以性爲天命所賦，以天道爲至誠，即是發明孔子之意，《正義》此段話未提及《易傳》，然意必以爲《易傳》、《中庸》皆是承續孔子性與天道之意而作。又孟子所言人性皆善，及盡心知性、知性知天，亦是承襲孔子之意而作。《正義》取《中庸》、《易傳》之意，認爲人性稟之於天化育萬物之善，故人性亦善，然此言人性之善與孟子所言人性本善之說並不相同，孟子的性善論，言「盡其心者，知其性也；知其性，則知天矣」，是由四端之善以把握心，如此即可體驗天命，故孟子是立足於心的當下體驗來談知天，然《易傳》卻是立足於仰觀俯察之理，由陰陽天道之善來說性命，《繫辭》言：

一陰一陽謂道。繼之者善也，成之者性也。仁者見之謂之仁，知者見之謂之知。百姓日用而不知，故君子之道鮮矣。

這裡說「百姓日用而不知」，強調「知」的重要，人必須自覺到與天同體，才能體悟到天命所賦予之性的可貴。故《易傳》的性命觀，既較重視「知」，自然也傾向於學習及知識、事功的把握〔註 71〕，這種傾向與清人注重經世致用的務實觀念是相呼應的。《正義》在這個論題上，沿用了王夫之、戴震之觀點，二人的觀點又來自《易傳》、《中庸》，可見其思想之所承。〔註 72〕

〔註 70〕《論語正義》，頁 187。

〔註 71〕徐復觀先生認爲，《易傳》以陰陽變化作爲天命的具體說明，容易誘導人馳向外面去作思辨性的形而上的思考，因而使人容易走上思辨去了解性命的問題，使性命的問題，變成一形而上學的架子而忽略在自身上找根源，在自身上求驗證。(《中國人性論史》，頁 219～220)。

〔註 72〕關於言天道、天命的意義何在？唐君毅先生曾論及：「人在其盡性之事中，即見有一道德生活上之自命。此自命，若自一超越於現實之人生已有之一切事之原反泉流出，故謂之原於天命。實則此天命，即見於人之道德生活之自命之中，亦即見於人之自盡其性而求自誠自成之中，故曰天命之謂性也。至《中庸》之天命以論性之思想特色，亦即在視此性爲一人之自求其德性之純一不已，而必自成其德之性，是即一必歸於「成」之性，亦必歸於「正」之性，而通於《易傳》之旨。此性，亦即徹始徹終，以底於成與正，而藏自命於內之性命。故人之盡性，即能完成天之所命，以至於命也。是又見《易傳》之言成之者性，言各正性命，盡性至命，正爲與《中庸》爲相類之思想形態也。」(《中國哲學原論・原性篇》，臺北：臺灣學生書局，1989 年 11 月，頁 88)。

第四節　《論語正義》論仁與聖

在周代人文主義的覺醒下，人們由鬼神信仰的茫昧無知，開始自覺地反省自身的問題，這種人的精神的啓發，是中國文化史的重要轉變，而孔子當此時機，繼述先賢彝則，從事於古文獻的整理，教育學生，發憤著述，因成一家之言，爲儒家學說奠立基礎，成爲一典範法則，儒家學派更由此開展，對中國的歷史文化產生極深遠的影響。而在孔子學說中，「仁」的觀念，是一重要的思想核心，所有道德的實踐都是環繞著仁的觀念產生，且孔子在追求道德人格的完美過程中，又提出「聖」的觀念，以「聖」爲人格修養的極致，聖人、君子，既是爲學的最終目標，更是實現自我的最高要求。有關於仁、聖的意義和內涵，自古以來分析討論的人極多，在此不遑枚舉，以下僅就《正義》書中所論加以探討。

《正義》承阮元之說，將「聖」與「仁」分爲二等，聖爲第一，仁爲第二，如：顏淵季路侍。子曰：「盍各言爾志？」章（〈公冶長〉），《正義》曰：

> 竊謂子路重倫輕利，不失任卹之道，義者之事也。顏子勞而不伐，有功而不德，仁者之事也。夫子仁覆天下，教誠愛深，聖者之事也。〔註73〕

此則言顏子勞而不伐，有功而不自以爲有德，是仁者之事；夫子仁覆天下，教誠愛深，則爲聖者之事。可見聖者是仁者的更高層次，仁者雖有實際事功的作爲，聖者更具民胞物與，悲憫天下的胸懷，即其氣象更爲開闊，此爲仁聖之別。下一章又有：子貢曰：「如有博施於民而能濟眾，何如？可謂仁乎？」子曰：「何事於仁，必也聖乎！堯舜其猶病諸。」（〈雍也〉），《正義》曰：

> 案：「仁」訓愛，「聖」訓通，並見《說文》，爲最初之誼。通之爲言無疑滯也，無阻礙也。是故通乎天地、陰陽、柔剛之道，而後可以事天察地，通乎人仁義之道，而後可以成己以成物。若我於理義有未能明曉，我於人有未能格被，是即我之疑滯阻礙，而有所不通矣。如此者，以之自治，則行事乖戾；以之治人，則多所拂逆。桀、紂、盜跖之行，無惡不作，然推究其失，祇是不通已極耳。是故天地交爲泰，天地不交爲否。泰者，通也，治象也。否者，不通也，亂象也。通與不通，天下之治亂繫之。博施濟眾，無一人不遂其欲，以我性情通於人，並使人無乎不通，故夫子以爲聖，以爲堯、舜猶病。聖仁本用原同，故己達達人，達亦爲通，特聖爲成德之名。仁則尚在推暨時言，仁道大成，方可稱聖。故夫子視聖爲最難，

〔註73〕《論語正義》，頁205～206。

而但言仁；又以仁亦難及，而先言恕。〔註74〕

此訓仁爲愛，訓聖爲通，言聖者通乎天地、陰陽、剛柔之道，可以事天察地；通乎仁義之道，並可成己成物，是爲一通達之人，且博施濟眾，仁覆天下，甚爲難成，故曰堯舜其猶病諸。而仁之與聖，其本原是相同的，而聖是成德之名，仁是指推暨時言，仁道大成，方可言聖，故說聖爲最難，因此夫子屢言仁，而罕言聖。

又，子曰：「聖人，吾不得而見之矣；得見君子者，斯可矣。」（〈述而〉），《正義》曰：

《大戴禮．五義篇》：「所謂聖人者，知通乎大道，應變而不窮，能測萬物之情性者也。」是言聖人無所不通，能成己成物也。《禮記．哀公問篇》：「子曰：『君子者，人之成名也。』」《韓詩外傳》：「言行多當，未安愉也；知慮多當，未周密也。是篤厚君子，未及聖人也。」此聖人君子之分也。〔註75〕

此則也是說明聖者能通於大道，應變而不窮，能測萬物之情性，而世所謂的君子是人之成名，於言行、知慮皆未盡理想，所以君子又未及聖人。

《正義》對於聖人又有以下論述：子曰：「子欲無言。」子貢曰：「子如不言，則小子何述焉？」子曰：「天何言哉？四時行焉，百物生焉，天何言哉？」（〈陽貨〉），《正義》曰：

聖人法天，故〈大易．咸〉取爲象，夫子《易傳》特發明之，故曰：「大人者，與天地合其德，與日月合其明，與四時合其序，與鬼神合其吉凶。先天而天弗違，後天而奉天時。」其教人也，亦以身作則，故有威可畏，有儀可象，亦如天道之自然循行，望之而可知，儀之而可得，固不必諄諄然有話言矣。」〔註76〕

此則言聖人是與天地合其德，與日月合其明，與四時合其序，與鬼神合其吉凶，能以身作則，身具威儀，如天道之自然循行，觀其氣象，即可化人，此聖者即已達到「神」的境界。

又，顏淵喟然嘆曰：「仰之彌高，鑽之彌堅。」章（〈子罕〉），《正義》曰：

姚氏配中《一經廬文鈔》：「道也者，萬物之奥，所以變化而凝成萬物，使各終其性命者也。是以仁者見久謂之仁，知者見之謂之知，百姓日用而不知。其爲道也屢遷，變動不居，周流六虛，上下無常，剛柔相易，不可

〔註74〕《論語正義》，頁249。
〔註75〕《論語正義》，頁274～275。
〔註76〕《論語正義》，頁699。

爲曲要，唯變所適，此則道之權也。知變化之道者，知神之所爲，其唯聖人乎？知進退、存亡而不失其正者，其唯聖人乎？故孔子曰『可與立，未可與權』；『神而明之，存乎其人』；『苟非其人，道不虛行』。唯聖人則巽以行權。巽，入也，精義入神以致用。巽，伏也，寂然不動，感而遂通天下之故。所謂『龍蛇之蟄以存身』，至精者也，至變者也，至神者也，聖人之所以極深而研幾也。」〔註77〕

此則言「道」是創生萬物之主，其變化不居，周流於六虛，以剛柔變化而凝成萬物，神妙變化，深不可測，而此言唯有聖人能體道之變化，知神之所爲，知進退、存亡，而不失其正，因其能精義入神以致用，感而遂通天下，所謂聖人所以極深而研幾，亦正是聖極而神之之幾，於此聖人所達之境，已類道家所言聖人之義了。

又，子曰：「參乎！吾道一以貫之。」(〈里仁〉)，《正義》曰：

焦氏循《雕菰樓集》曰：……又云：「孟子曰：『物之不齊，物之情也。』惟其不齊，則不得以己之性情，例諸天下之性情，即不得執己之所習、所學、所知、所能，例諸天下之所習、所學、所知、所能。故有聖人所不知而人知之，聖人所不能而人能之；知己有所欲，人亦各有所欲；己有所能，人亦各有所能。聖人盡其性以盡人物之性，因材而教育之，因能而器使之，而天下之人，共包函於化育之中，致中和，天地位焉，萬物育焉。〔註78〕

此言聖人能盡其性，進而盡人之性，且因材而教育之，使人人能各因其才性而得其所用，如此天下之人共涵於天地化育之中，則能致中和，位天地，育萬物，此亦即《中庸》「唯天下至誠，爲能盡其性；能盡其性，則能盡人之性；能盡人之性，則能盡物之性；能盡物之性，則可以贊天地之化育；可以贊天地之化育，則可以與天地參矣。」〔註79〕之意。

聖人對於自身的修養則在於節欲：子曰：「吾未見剛者。」或對曰：「申棖」子曰：「棖也欲，焉得剛？」(〈公冶長〉)，《正義》曰：

古無「慾」，有「欲」。欲根於性而發於情，故《樂記》言「性之欲」，《說文》言「情，人之侌氣有欲者」也。聖凡智愚，同此性情，即同此欲，其有異者，聖智皆能節欲，能節故寡欲也。若不知節欲，則必縱欲，而爲性情之賊。故孟子曰：「養心莫善於寡欲。其爲人也寡欲，雖有不存焉者，

〔註77〕《論語正義》，頁339～340。
〔註78〕《論語正義》，頁151。
〔註79〕《四書章句集注》，頁32。

> 寡矣；其爲人也多欲，雖有存焉者，寡矣。」〔註 80〕

此則此承戴震以來的說法，以欲爲人之本有，乃是根於性而發於情者，故無論聖或愚，皆同有情欲，然聖愚之不同，在於聖者知節欲，無放縱情欲而賊害性情，故能達聖者之境界。聖愚之人既皆同有情欲，且聖人乃通達之人，能以己之性情通他人之性情，故遇有暴寡愚懦者，則能反躬而思其情，以己推諸人，則無逞懲以禍人。

又，子貢曰：「我不欲人之加諸我也，吾亦欲無加諸人。」(〈公冶長〉)，《正義》曰：

> 戴氏震《孟子字義疏證》：「夫物之感人無窮，而人之好惡無節，則是物至而人化物也。人化物也者，滅天理而窮人欲者也。於是有悖逆詐僞之心，有淫泆作亂之事。是故強者脅弱，眾者暴寡，知者詐愚，勇者苦怯，疾病不養，老幼孤獨不得其所，此大亂之道也。誠以弱、寡、愚、怯與夫疾病、老幼、孤獨，反躬而思其情，人豈異於我？一人之欲，天下人之同欲也。故曰『性之欲』。好惡既形，遂己之好惡，忘人之好惡，往往賊人以逞欲。反躬者，以人之逞其欲，思身受之情也。情得其平，是爲好惡之節，是爲依乎天理。」〔註 81〕

此聖人是以一推己及人之心，涵容天下人之過，且以天下人之情皆無異於我，即天下人皆有成聖之可能，使其情欲得其修平，則亦可依天理而行，亦可達於聖。

又，子曰：「不逆詐，不億不信，抑亦先覺者，是賢乎！」(〈憲問〉)，《正義》曰：

> 《荀子・非相篇》：「聖人何以不欺？曰：聖人者，以己度者也。故以人度人，以情度情，以類度類，以說度功，古今一度也。類不悖，雖久同理，故鄉乎邪曲而不迷，觀於雜物而不惑，以此度之。〔註 82〕

此亦聖人能以己度人之意，也就是塗之人皆可以爲堯舜之意也。

仁既與聖同原，則仁者的修持與作爲，最終目的還是要成聖，故說「仁尚在推暨時言」，仁是成聖的過程，特重實踐。《正義》引阮元《論仁篇》說：「人偶，猶言爾我親愛之辭。孟子曰：『仁也者，人也』謂仁之意即人之也。《論語》問管仲。曰：『人也。』鄭氏《注》曰：『人偶同位之解』，此乃直以『人也』爲『仁也』。」又，朱氏彬《經傳考證》：「孔子於子產稱其惠，於管仲稱其仁。觀伯氏之沒齒無怨，則

〔註 80〕《論語正義》，頁 182。
〔註 81〕《論語正義》，頁 182～183。
〔註 82〕《論語正義》，頁 589。

仲之仁可知。」〔註 83〕此取阮元《論仁篇》之說，釋仁爲人，並宗漢時鄭玄「人偶，同位之解」，以仁爲彼此對待的關係，且此一關係又是平等的，無階級之分的。在當時的社會下，這種平等觀念的產生，是具有重要意義的。《正義》一書關於仁的意義又有：「君子務本，本立而道生。孝弟也者，其爲仁之本與！」（〈學而〉），《正義》曰：

> 《中庸》言達道五：君臣，父子，夫婦，昆弟，朋友。而父子、昆弟尤爲根本之所在。若人能孝悌，則於君臣、夫婦、朋友之倫，處之必得其宜，而可名之爲道，故「本立而道生」也。「爲仁」猶言行仁，所謂利仁彊仁者也。下篇「其爲仁矣，不使不仁者和乎其身」，「克己復禮爲仁」，「爲仁由己」，「子貢問爲仁」，「堂堂乎張也，難與並爲仁矣」，皆是言「爲仁」。又志於仁，求仁欲仁，用力於仁，亦是言「爲仁」也。「仁」者何？下篇「樊遲問仁。子曰：『愛人。』」此「仁」字本訓。《說文》「仁」字從二人，會意，言已與人相親愛也。善於父母，善於兄弟，亦由愛敬之心。故《禮》言「孝子有深愛」，又言「立愛自親始，立敬自長始」，敬亦本乎愛也。孝弟所以爲爲仁之本者，《孝經》云：「夫孝，德之本也，教之所由生也。」德兼仁、義、禮、智。此不言德，言仁者，仁統四德，故爲仁尤亟也。《孟子・離婁篇》：「仁之實，事親是也；義之實，從兄是也。」又云：「親親而仁民，仁民而愛物。」是爲仁必先自孝弟始也。〔註 84〕

此一段話，《正義》先用最簡單的意義—「愛人」來解釋仁，言己與人相親愛也，而此愛人之心，乃始於對父母兄弟的愛敬之心，故「爲仁」的基礎，始於孝弟。《中庸》云：「天下之達道五，所以行之者三：曰君臣也，父子也，夫婦也，昆弟也，朋友之交也：五者天下之達道也。」〔註 85〕《中庸》之教，始於君臣、父子、夫婦、昆弟、朋友之交，由與人最密切的五種關係做起，進而推此心於他人、於萬物，故曰：「親親而仁民，仁民而愛物。」此爲仁道之極致。仁亦是恕道：曾子曰：「夫子之道，忠恕而已矣。」（〈里仁〉），《正義》曰：

> 《說文》訓「恕」爲「仁」，此因恕可求仁，故恕即爲仁，引申之義也。是故仁者，「己欲立而立人，己欲達而達人」。己立己達，忠也；立人達人，恕也。二者相因，無偏用之勢。〔註 86〕

〔註 83〕《論語正義》，頁 562。
〔註 84〕《論語正義》，頁 7～8。
〔註 85〕《四書章句集注》，頁 28。
〔註 86〕《論語正義》，頁 153。

此以《說文》訓「恕」爲仁，實則因恕可求仁，是仁包含忠恕，故孔子的一貫之道，成己成物的思想正是仁的展現。仁恕之說，下篇：子貢曰：「我不欲人之加諸我也，吾亦欲無加諸人。」子曰：「賜也，非爾所及也。」（〈公冶長〉），《正義》曰：

> 程氏瑤田《論學小記・進德篇》曰：「仁者，人之德也；恕者，行仁之方也。堯、舜之仁，終身恕焉而已矣。勉然之恕，學者之行仁也；自然之恕，聖人之行也；能恕則仁矣。不以勉然者爲恕，自然者爲仁，生分別也。子貢曰：『我不欲人之加諸我也，吾亦欲無加諸人。』此恕之說也。自以爲及將止而不進焉，故夫子以『非爾所及』警之。〔註87〕

仁是人的德性，恕是行仁的方法，堯舜被稱爲仁，是因爲終身都在實踐恕。聖人對恕道的實踐，是出於自然，而非勉力爲之的。恕，即己欲立而立人，己欲達而達人之意。關於仁之德：曾子曰：「士不可以不弘毅，任重而道遠。仁以爲己任，不亦重乎？死而後已，不亦遠乎。」（〈泰伯〉），《正義》曰：

> 《三國志・邴原傳・注》引孔融曰：「仁爲己任，授手援溺，振民於難。」《後漢書・荀爽傳論》：「誠仁爲己任，期紓民於倉卒也。」是德被群生爲仁。仁者，性之德，己所自有，故當爲己任。……仁者，天德，故仁爲乾元。《易傳》云：「天地之大德曰生。」德即仁也。〔註88〕

這一段說仁是性之德，爲人之所自有，又言仁爲天德，爲《易》之乾元，這裡對仁的解釋仍是承《易傳》之說而來，《繫辭》言「生生之謂易」，又曰：「顯諸仁，藏諸用，鼓萬物而不與聖人同憂，盛德大業大矣哉。」大化的生生不已即是仁的表現，仁顯在用中而發生萬物。又宇宙大化的流行，由乾元之體，發爲乾健以領導坤厚之用，故能生生，因此仁又是指乾元的健動、創始力量，《易傳》曰：「天地大德曰生」，故《正義》說天地不已之德，即是仁的發用流行。在這裡，仁由親親，而仁民，而愛物，由本心而推展出去，至於宇宙萬物，故此仁是具由內聖而外王，具開物成務之精神。

又，子曰：「我未見好仁者，惡不仁者。」章（〈里仁〉），《正義》曰：

> 夫仁，人心也。人即體質素弱，而自存其心志之所至，氣亦至焉，豈患力之不足？故曰：「我欲仁，斯仁至矣」，「一日克己復禮，天下歸仁焉」。「一日」者，期之至近而速者也。〔註89〕

言仁既已具於己心，故當立志於仁，時時以仁爲己任，故曰：「我欲仁，斯仁至矣。」

〔註87〕《論語正義》，頁81。
〔註88〕《論語正義》，頁397。
〔註89〕《論語正義》，頁144～145。

是言仁爲己之本有，不假外求，志欲求之，則仁至矣。又曰：「一日克己復禮，天下歸仁焉」，能時時自我約束，返歸於禮，則亦可謂爲仁。皆言仁雖本具於心，然猶須力行不已，不斷地加以實踐。

又，子曰：「仁而不仁，如禮何？仁而不仁，如樂何？」（〈八佾〉），《正義》曰：

> 案：「言而履之」，「行而樂之」，此仁者所爲。孟子論禮樂而推本於事親從兄，爲仁義之實，仁統四德，故此言不仁之人不能行禮樂也。〔註 90〕

亦是言仁的實踐性格。

又，子曰：「惟仁者能好人，能惡人。」（〈里仁〉），《正義》曰：

> 凡人用情，多由己愛憎之私，於人之善不善有所不計，故不能好人惡人也。若夫仁者，情得其正，於人之善者好之，人之不善者惡之，好惡咸當於理，斯惟仁者能之也。〔註 91〕

這裡提出了仁的另一項特性，即善於調節自己的情欲，因凡人用情，多因一己之偏私，而曲枉善者，縱容不善者，此皆愛欲過深，情未得平，故仁者之人，能致情於平正，情得於正，故好惡之所發，皆能合於理。又，子曰：「富與貴，是人之所欲也，不以其道得之，不處也。貧與賤，是人之所惡也；不以其道得之，不去也。」（〈里仁〉），《正義》亦曰：

> 富貴人所欲，貧賤人所惡，亦是言好惡也。若於不以其道之富貴則不處，不以其道之貧賤則不去，斯惟仁者能之。蓋仁者好惡，有節於內，故於富貴則審處之，於貧賤則安守之。〔註 92〕

此言富貴與貧賤，富貴皆人之所欲，貧賤則皆人之所惡，然不是以正當手段得到的富貴，則不處；不是以正當手段去除的貧賤，則不去。於此所言之道，據《正義》解釋即亦調節情欲之意，使私欲無太過，不貪得所不當得之物，能夠審處富貴，安守貧賤，此亦仁者也。《正義》疏釋《論語》屢提及正情節欲之事，然此節欲又非宋儒所言之「存天理滅人欲」，而是以「節」字爲要，不否認情欲的重要，然亦不過於任性縱情，故須加以節制之。

又，子曰：「吾未見剛者。」或對曰：「申棖。」子曰：「棖也欲，焉得剛？」（〈公冶長〉），《正義》曰：

> 古無「慾」，有「欲」。欲根於性而發於情，故《樂記》言「性之欲」，《說文》言「情，人之侌氣有欲者」也。聖凡智愚，同此性情，即同此欲，

〔註 90〕《論語正義》，頁 81。
〔註 91〕《論語正義》，頁 141。
〔註 92〕《論語正義》，頁 142。

> 其有異者，聖智皆能節欲，能節故寡欲也。若不知節欲，則必縱欲，而爲性情之賊。故孟子曰：「養心莫善於寡欲。其爲人也寡欲，雖有不存焉者，寡矣；其爲人也多欲，雖有存焉者，寡矣。」〔註93〕

此言欲之由來是根於性而發於情者，是人之所固有，故說聖凡智愚皆同此性情，唯聖者知節欲故能寡欲，凡不知節欲者，勢必縱欲，而縱欲者，是爲性情之賊。又，子曰：「知者樂水，仁者樂山。知者動，仁者靜。知者樂，仁者壽。」（〈雍也〉），《正義》曰：

> 欲即聲、色、味、臭、安、佚之欲，仁者所不能無。而云「無欲」者，仁者善制其欲，克己復禮。凡視聽言動，自能以禮制心，而不稍過乎欲，故曰無欲。無欲者，非無禮之欲也。〔註94〕

此言仁者善制其欲，而其制欲，乃是以禮制心，以禮爲衡量標準。

以上所論關於情欲調適的強調與重視，是繼戴震以來的說法與主張，肯定飲食情欲乃人的自然稟賦之一，而如欲使仁義禮智充分地實現，也必須使這些自然的需求得到充分地完成，但在此完成當中，仍須加以適當地節制，在理欲之中，得其平衡和諧，才能完成道德人格，由此一觀點，可見此書受時代思潮的影響。

第五節　《論語正義》論學的重要

戴震以降的揚州學者，以血氣心知爲人之性；心知者，乃心之認知能力，心能認知，須透過學習，故學習可使己身擴大視野，並開展生命領域，進而知與天合。且清儒特重經世致用之學，欲從實務推廣利用厚生之事，故亦特重學習一事，《論語》一書中，孔子論學之處甚多，《正義》之疏通闡釋處也很多。

從王夫之分言道爲天道、人道，戴震亦有此說，人道者著於人倫日用之間，故人倫日用之事，爲清學者所重，其意在摒棄宋明以來玄遠掉空之「理」，在日用行事中發現道，進而行道，「學」之一事亦是如此。子曰：「雍也可使南面。」（〈雍也〉），《正義》曰：

> 古人爲學，皆以盡倫。學者也，效也。學之爲父子焉，學之爲君臣焉。推之昆弟、夫婦、朋友，莫不各有當然之則，即莫不各有當學之事。舍人倫，無學也。學修於己，自能成物，而得勢以行其所學，故能措施裕如，

〔註93〕《論語正義》，頁182。
〔註94〕《論語正義》，頁238。

《中庸》所謂「道前定則不窮」者也。《大學》言「格物致知」，而極之「治國平天下」。夫治國平天下，皆天子、諸侯之所有事，而列於《大學》之目，此正言人盡倫之學。若曰爲君而後爲君，爲臣而後學爲臣，則當其未學，便已廢倫，一旦假之以權，其不至於敗乃事者幾希。〔註 95〕

上一節既言爲仁始乎孝悌，然凡人倫近親之事，仍須滋之以學，故此章言父子、君臣、昆弟、夫婦、朋友，各有其當然之則，亦各有當學之事，凡人當由此近處學起，先能成己，後能推而成物，此亦《大學》修身，以至治國、平天下之理。學無等級、高下之分，凡賢愚、貴賤、窮通者，皆有可學之事。子曰：「十室之邑，必有忠信如丘者焉，不如丘之好學也。」（〈公冶長〉），《正義》曰：

「忠信」者，質之至美者也。然有美質，必濟之以學，斯可祛其所蔽而進於知仁之道，故子以四教先文行於忠信，行即行其所學也。《韓詩外傳》：「劍雖利，不厲不斷；材雖美，不學不高。故學然後知不足。」即此義也。〔註 96〕

此言人雖有美質，仍須濟之以學方能祛除所蔽，而進於知仁之道；材質之美者，當須進之以學，材質之低者，尤須學習，此是自然之理。至於學的範圍，須以博爲要。子曰：「小子何莫學夫詩」章（〈陽貨〉），《正義》曰：

鳥、獸、草、木，所以貴多識者，人飲食之宜，醫藥之備，必當識別，匪可妄施，故知其名，然後能知其形，知其性。《爾雅》於鳥、獸、草、木，皆專篇釋之，而神農《本草》亦詳言其性之所宜用，可知博物之學，儒者所甚重矣。〔註 97〕

此強調多識的重要，即應廣博學習，能博通諸物，則能用以多方，則經世之功益大矣。且學無止境，中途而廢、自地畫限，皆不能善成。

又，冉求曰：「非不說子之道，力不足也。」子曰：「力不足者，中道而廢。今女畫。」（〈雍也〉），《正義》曰：

凡人志道，皆必力學。人不可一日勿學，故於學自有不已之功。聖門弟子，若顏子大賢，猶言「欲罷不能，既竭吾才，欲從末由」，其於夫子之道，蓋亦勉力之至。……人之力生於氣，而其爲學也，則有志以帥氣，志之不立，而諉於氣之不振，是自棄矣。是故君子之爲學，日知所亡，月無忘其所能，莫殫也，莫究也，期之終身而已。身之未亡，是力猶未盡，

〔註 95〕《論語正義》，頁 209

〔註 96〕《論語正義》，頁 207。

〔註 97〕《論語正義》，頁 689～690。

故夫彊有力者，將以爲學也。〔註 98〕

此言學無止期，凡身之所存，則學亦無斷，且凡於所學，應日日溫故而知新，勿怠慢輕忽，方爲學之正道。

於學之外，行尤爲要。子曰：「賜也，女以予爲多學而識之者與？」對曰：「然，非與？」曰：「非也，予一以貫之。」（〈衛靈公〉），《正義》曰：

阮氏元《一貫說》：「貫，行也。此夫子恐子貢但以多學而識學聖人，而不於行事學聖人也。夫子於曾子則直告之，於子貢則略加問難而出之。卒之告子貢曰：『予一以貫之。』亦謂壹皆以行事爲教也，亦即忠恕之道也。」今案：夫子言「君子博學於文」，又自言「默而識之」，是孔子以多學而識爲貴，故子貢答曰「然」。然夫子又言：「文莫吾猶人，躬行君子，未之有得。」是聖門之教，行尤爲要。《中庸》云：「博學之，審問之，愼思之，明辨之，篤行之。」學問思辨，多學而識之也；篤行，一以貫之也。《荀子・勸學篇》：「君子博學而日參省乎己，則智明而行無過矣。」又曰：「其數則始乎誦經，終乎讀《禮》；其義則始乎爲士，終乎爲聖人。」皆言能行之效也。否則徒博學而不能行，如誦《詩》三百，而授政，使四方不能達，不能專對，雖多亦奚爲哉？至其所以行之，不外忠恕。〔註 99〕

此引阮元《一貫說》，藉子貢之問難，憂心學者以爲多學多識即可爲聖人，故特強調行事之重要，學者除力求博學之外，躬身踐行，尤是要目。

第六節　《論語正義》論禮的意義

自凌廷堪提出以禮代理之說以來，當時學者皆重禮的研習，《正義》一書對《論語》書中所論之禮，考證甚詳，然《正義》除考證禮之儀文制度外，對於禮的意義亦多所論述，故使古代禮儀，不僅儀文之保存，更令其精神意義昭顯彰明。

首先論禮之本：「林放問禮之本。」（〈八佾〉），《正義》曰：

「本」者，萬物之始。先王制禮，緣人情世事而爲之，節文以範圍之。《荀子・天論》言文質「一廢一起，應之以貫」。貫者，言以禮爲條貫也。《禮運》云：「故禮之不同也，不豐也，不殺也，所以持情而合危也。」《禮器》云：「孔子曰：『禮不同、不豐、不殺，蓋言稱也。』」又曰：「先

〔註 98〕《論語正義》，頁 227～228。

〔註 99〕《論語正義》，頁 613。

王之制禮也，不可多也，不可寡也，唯其稱也。」不同者，禮之差等。禮貴得中，凡豐殺，即爲過中不及中也。過中不及中，俱是失禮。然過中失大，不及中失小，是故文家多失在過中，質家多失在不及中。〔註 100〕

此章藉林放問禮之本，言先王制禮，乃本人情世事而爲之，依人情所需要，而節文範圍之，即制定禮儀以規範人之行止作爲，此本人情而制禮，則能使禮合乎人之所需要，而無踰越人情之失。此外，禮貴得中，凡過與不及，皆爲失禮之事，亦爲禮家所避免。

又，子曰：「周監於二代，郁郁乎文哉！吾從周。」（〈八佾〉），《正義》曰：

案：《禮三本》云：「凡禮成於文，終於隆，故至備情文俱盡。其次，情文迭興。周承二代，有至備之文，故夫子美其文盛也。」〔註 101〕

此亦言禮應以情文俱盡，方是至備至盛。又，禮當重損益，子曰：「殷因於夏禮，所損益，可知也；周因於殷禮，所損益，可知也。其或繼周者，雖百世，可知也。」（〈爲政〉），《正義》曰：

禮所以有損益者，如夏尚忠，而其敝則惷而愚，喬而野，朴而不文；殷承夏，而其敝則蕩而不靜，勝而無恥；周承殷，而其敝則利而巧，文而不慚，賊而蔽。則承周者，又當救之以質。故凡有所損益，皆是變易之道，三王爲損益之極，極則思反。〔註 102〕

禮因時代不同，人情有異，故當因革損益之，如此方能合乎時宜，無空泛窒塞之弊，其用亦能大行。

又，子曰：「君子博學於文，約之以禮，亦可以弗畔矣夫！」（〈雍也〉），《正義》曰：

案：「博文」者，《詩》《書》禮樂與凡古聖所傳之遺籍是也。文所以載道，而以禮明之者也。禮即文之所箸以行之者也。博學於文，則多聞多見，可以畜德，而於行禮驗之。禮也者，履也，言人所可履行之也。禮箸於經曲之大，而愼於視、聽、言、動之際，凡人能以所行納於軌物，而無所違，是之謂「約」。……「博文」即是《大學》之致知格物，「約禮」即《大學》之誠意、正心、修身。人非博學，無由約禮，故夫子言「誦《詩》三百」，不足以一獻。然徒事博文，而不約之以禮，則後世文人記誦之習，

〔註 100〕《論語正義》，頁 82。
〔註 101〕《論語正義》，頁 103。
〔註 102〕《論語正義》，頁 72。

> 或有文無行，非君子所許也。〔註 103〕

此並言博文、約禮，博文者，指學習詩、書、禮樂之典章制度，然承上一節所言，於學之外，行尤爲要。禮者，亦即履之義，即實踐力行。約禮者，指凡視、聽、言、動之所有行事，皆納於一規範儀則，無所違逆。博學之後，又約之以禮，則學行並用，己之行事，即能無所違逆，此又以「博學」爲《大學》之致知格物，「約禮」爲《大學》之誠意、正心、修身，由外學而約之於內，終於道德人格的完成，禮之義亦在於此。

此外禮之行用，應以和爲貴。有子曰：「禮之用，和爲貴」章（〈學而〉），《正義》曰：

> 《禮．祭義》云：「禮者，履此者也。」《管子．心術篇》：「登降揖讓，貴賤有等，親疏有體，謂之禮。」……禮主於讓，故以和爲用，《燕義》云：「和寧，禮之用是也。」〔註 104〕

禮即是貴賤親疏之差等，禮之用主於讓，並以和爲貴。又，子曰：「能以禮讓爲國乎？何有？不能以禮讓爲國，如禮何？」（〈里仁〉），《正義》曰：

> 先王慮民之有爭也，故制爲禮以治之。禮者，所以整壹人之心志，而抑制其血氣，使之咸就於中和也。〔註 105〕

行禮之目的，亦在於整壹人之心志，抑制血氣，使之就於中和，此亦修養心性之義，呼應本章第二節所論血氣之性的調養修持，如此自可超越本然之性，上與天合，成己而成物，亦可成德成聖。

第七節　餘　論

《正義》本著氣化之說言人之性：子曰：「大哉！堯之爲君也。巍巍乎！唯天爲大，唯堯則之。」章（〈泰伯〉），《正義》曰：

> 人受天地之中以生，賦氣成形，故言人之性必本乎天。本乎天即當法天，故自天子至於庶人，凡同在覆載之內者，崇效天，卑法地，未有能違天而能成德布治者也。〔註 106〕

人之性既本乎天，則天子庶民皆在天地覆載之內，其本於天之性是相同的，亦當無

〔註 103〕《論語正義》，頁 243～244。
〔註 104〕《論語正義》，頁 29。
〔註 105〕《論語正義》，頁 149。
〔註 106〕《論語正義》，頁 308。

先天的品第、階級之差別，人人生而平等。又《正義》論仁，以相人偶，同位之辭解之，亦是對於人與人之間關係的平等對待，由此可見，《正義》對於「人」的問題的探索，已打破階級的限制，進而爲人民爭取其該得的利益。如：子曰：「君子懷德，小人懷土；君子懷刑，小人懷惠。」（〈里仁〉），《正義》曰：

> 先王制民之產，八家同井，死徙無出鄉，必使仰足事父母，俯足畜妻子，然後驅而之善，所謂能知小人之依矣。〔註 107〕

此章強調上位者在治理人民時，應極力爲民制產，使人民安居富足，無流徙遷移之苦。又，子曰：「放於利而行，多怨。」（〈里仁〉），《正義》曰：

> 皆言在上位者宜知重義，不與民爭利也。若在上位者放利而行，利壅於上，民困於下，所謂「長國家而務財用」，必使「菑害並至」，故民多怨之也。

亦強調上位者勿以利爲重。不與民爭利。

又，子曰：「君子喻於義，小人喻於利。」（〈里仁〉），《正義》曰：

> 案：如鄭氏說，則《論語》此章，蓋爲卿大夫之專利而發，君子、小人以位言。……董子對策曰：「……由是觀之，天子大夫，下民之所視傚，豈可居賢人之位而爲庶人之行哉？夫皇皇求利，惟恐匱乏者，庶人之意也；皇皇求仁義，常恐不能化民者，卿大夫之意也。」

此章以位釋君子、小人，其義固過於狹隘，然由此亦可見，《正義》書中對於在位者求取私利的行爲，苛責之迫切，並反覆強調在位者應施仁義於民，時時以惟恐不能化民爲憂。可見《正義》一書亦重視民本思想的闡發。

以上所論《正義》書中的思想內涵，如論孔子的成己成物思想，融合了《易傳》、《中庸》、《大學》的重要觀念；論孔子的性與天道思想，引用了王夫之、戴震等清儒的思想；論仁與聖，則沿用阮元的仁學；並繼承了凌廷堪崇禮的思想，凡此種種，皆可見《正義》一書體現了清中葉以來的思想大勢，足見《正義》一書除了沿襲考據學風，在考據方面鑄成其偉大成就外，在思想上，則亦有「集大成」的氣勢。觀《正義》釋孔子的「攻乎異端」說，採用的焦循的解釋，子曰：「攻乎異端，斯害也矣。」（〈爲政〉），《正義》曰：

> 焦氏循《補疏》：「《韓詩外傳》云：『別殊類，使不相害；序異端，使不相悖。』蓋異端者，各爲一端，彼此互異，惟執持不能通則悖，悖則害矣。有以攻治之，即所謂序異端也。『斯害也已』，所謂使不相悖也。攻之

〔註 107〕《論語正義》，頁 148。《論語正義》，頁 149。《論語正義》，頁 154。《論語正義》，頁 60～61。《論語正義》，頁 642。

> 訓治，見《考工記・注》。《小雅》：『可以攻玉。』《傳》云：『攻，錯也。』《繫辭傳》：『愛惡相攻。』虞翻云：『攻，摩也。』彼此切磋攻錯，使紊亂而害於道者悉歸於義，故爲序。《韓詩》『序』字，足以發明『攻』字之意。已，止也。不相悖，故害止也。楊氏爲我，墨氏兼愛，端之異者也。楊氏若不執於爲我，墨子若不執於兼愛，互相切磋，自不至無父無君，是爲攻而害止也。《大學》：「『斷斷兮無他技。』鄭《注》云：『他技，異端之技也。』經文自發明之云：『其心休休焉，其如有容焉。人之有技，若己有之；人之彥聖，其心好之，不啻若自其口出。』有容而若己有，則善與人同，故能保我子孫黎民而爲利。媢疾不通，則執己之一端，不能容人，故不能保我子孫黎民而至於殆。殆即害也，害止則利也。有兩端則異，執其兩端，用其中於民，則有以摩之而不異。剛柔，兩端之異者也。剛柔相摩，則相觀而善。孟子言楊子爲我，墨子兼愛，又特舉一子莫執中，然則凡執一，皆爲賊道，不必楊、墨也。」又曰：「道衷於時而已，故曰：『我則異於是，無可無不可。』各執一見，此以異己者爲非，彼亦以異己者爲非，而害成矣。」焦氏此說，謂攻治異端，而不爲舉一廢百之道，則善與人同，而害自止。

此解「攻異端」爲彼此切磋攻錯，使紊亂而害於道者悉歸於正，又舉楊朱爲我、墨子兼愛，其執持一端，排除異己，即爲異端，故攻治異端，即是不以己非人，令所有一端之偏，皆能各適其所，且相互截長補短，則所有之偏執曲見，皆納於正道之中，則可集大成而用之。

又，子曰：「道不同不相爲謀。」（〈衛靈公〉），《正義》曰：

> 《老莊申韓列傳》：「世之學老子者，則絀儒學，儒學亦絀老子。『道不同不相爲謀』，豈謂是耶？」亦老子之學與儒不同，未可厚非也。若夫「與時偕行」，「無可無不可」，夫子之謂「集大成」，安有所謂「不相謀」哉？不相謀者，道之本能；相爲謀者，聖人之用。後世儒者，舉一廢百，始有異同之見，而自以爲是，互相攻擊，既非聖人覆燾持載之量，亦大昧乎「不相爲謀」之旨。

從這一章中，清楚可見《正義》藉言孔子「道不同不相爲謀」之說，發揮其「集大成」的思想，所謂「與時偕行」、「無可無不可」，凡所有思想學說，因應時代的需求而產生，且皆具有其存在的必要與特色，聖人覆燾持載，絕無持以一廢百之理，其涵容眾說，不排斥異己，故使其能成其大、成其廣，集眾人之長於一身。

中國學術思想發展到清代，經過了種種的師法門戶、派系流別之爭，終須匯流合一，此「一」乃涵容於道之謂，凡可應用於世，利用厚生，或有助於個人修養、世俗教化之道者，皆當等同視之，使其均衡發展，亦今所謂多元化之意。此一集大成思想，在清代中晚期被重視，意味著一種開放精神的產生，其思想雖亦有其侷限，然此一精神對晚清的變革，應具有其啓發之功。

由此章所論，可見《正義》一書雖在考據餘風下，努力地繼承了此一學風的特色，完成了一部考據精詳的《論語》注疏，然此書並不拘限於煩瑣的餖飣之學，而能在義理的發揮上，呈現清代中期思想的風貌，且反映其開放、宏觀、集大成等進步思想，其成就是值得肯定的。

第六章　《論語正義》的價值與缺失

《論語正義》一書，除蒐輯漢魏舊疏及唐宋以來之注疏要義外，並博採有清一代考據學的成就，可謂清中葉以前《論語》注疏成果的總結，《清儒學案》稱「有清一代，治《論語》學者，蓋以劉氏爲集大成。」（卷 106），《續修四庫全書提要》亦云：「其書博洽，固爲治《論語》之學所鑽研莫盡者。」〔註 1〕故知《正義》一書實爲清《論語》學集大成之作，且其書非僅集注疏之大成，其所闡述的思想義理，亦反映了清代中期以前的思想大勢，總結了此一時期的學術思想，頗值得重視。

《正義》一書固有其價值，然亦不能免其缺失，本章即於價值成就的闡發之餘，亦探討其缺失。

第一節　《論語正義》的價值

一、《論語正義》的注疏成果

（一）充分吸收前人的研究成果，集歷代注疏之大成

《正義》一書總結了歷代的《論語》注疏成果，其中包括漢儒古注，魏晉何晏注的疏釋考訂，並對南朝皇侃《疏》、宋邢昺《疏》及朱熹《集注》，充分地辨別析論，指正謬說，兼採善說。更引用清人重要的注解考證之說，爬羅梳理，詳加甄採，如劉台拱的《論語駢枝》、劉寶楠的《經義說略》、方觀旭的《論語偶記》、錢坫的《論語後錄》、包慎言的《論語溫故錄》、焦循的《論語補疏》、劉逢祿的《論語述何》、宋翔鳳的《論語發微》、戴望的《論語注》、毛奇齡的《論語稽求篇》和《四書賸言》、凌曙的《四書典故覈》、周炳中的《四書典故辨正》、陳鱣的《論語

〔註 1〕《續修四庫全書提要》，經部，頁 1218。

古訓》、劉培翬的《四書拾義》、翟灝的《四書考異》、江永的《鄉黨圖攷》、黃式三的《論語後案》等，都是《正義》一書的重要取材，也因此使《正義》薈萃眾長，成一部集大成之作。

清代有關《論語》方面的著作，有漢學派以《集解》爲本，旁搜諸家遺說，用以闡發漢代經師遺意爲宗旨者，此類著作如陳鱣《論語古訓》、梁廷枏《論語古解》、俞樾《論語古注擇從》、潘維城《論語古注集箋》等，蒐集鄭玄《論語注》甚多，《正義》雖非此類專書，然於鄭《注》之蒐羅，亦頗費功。另一類以考校訓詁名物典制爲主者，如江永《鄉黨圖考》、金鶚《鄉黨正義》、王漸鴻《鄉黨圖考補正》等，《正義》正爲集大成之作。又有辨證孔注眞僞得失者，先有劉台拱、陳鱣、臧庸等論及，後有丁晏、沈濤二人撰書專辨其僞，劉寶楠亦加以引證，斷爲王肅所僞，丁晏取其論證，加以王引之、劉文淇之認可，其論較足以采信。故知《正義》一書無論於清代《論語》著作，或與歷代著述比較，皆有其特色與貢獻。

（二）疏義精當，勝於前人

歷來的《論語》注疏本，繼何晏《集解》以來，以皇侃《論語義疏》（簡稱皇《疏》）、邢昺《論語注疏》（簡稱邢《疏》）、朱熹《論語集注》（簡稱《集注》）及劉寶楠《論語正義》（簡稱《正義》），最爲學者所重。諸書當中，以《正義》一書成書最晚，因能參眾家之所長，去諸家之所短，以詳細的考證校勘，擷取粹要，發明精義，疏釋多有超邁前人之處，以下即就《正義》注疏佳勝之處論之。

孟武伯問孝。子曰：「父母唯其疾之憂。」（〈爲政〉）

《集解》：馬融曰：「言孝子不妄爲非，唯疾病然後使父母憂。」

《正義》：臧氏琳《經義雜記》：「《論衡・問孔》云：『武伯善憂父母，故曰「惟其疾之憂。」』又《淮南子・說林》：「憂父之疾者子，治之者醫。」高《注》云：「《論語》曰：『父母惟其疾之憂。』故曰憂之者子。」則王充、高誘皆以人子憂父子之疾爲孝。〔註2〕

按：《集解》之意乃父母憂其子之疾。皇《疏》、邢《疏》、《集注》皆從此意解之。《正義》則釋爲人子憂父母之疾，其又舉《孝經・孝行篇》云：「子曰：『孝子之事親也，病則致其憂。』」又《禮記・曲禮》云：「父母有疾，冠者不櫛，行不翔，言不惰，琴瑟不御，食肉不至變味，飲酒不至變貌，笑不至矧，怒不至詈，疾止復故。」皆以人子憂父母之疾爲孝。故此注當以《正義》所解爲當。

〈關雎〉，樂而不淫，哀而不傷。（〈八佾〉）

〔註2〕《論語正義》，頁48。

鄭《注》:〈關雎〉,〈國風〉之首篇。樂得淑女,以爲君子之好仇,不爲淫其色也。寤寐思之,哀世夫妻之道,不得此人,不爲減傷其愛也。

《毛詩序》:〈關雎〉樂得淑女以配君子,憂在進賢,不淫其色。哀窈窕,思賢才,而無傷害之心焉,是〈關雎〉之義也。

《正義》:先從叔丹徒君《駢枝》以鄭《注》及《毛詩》篇義皆回穴難通,別爲說之曰:「《詩》有〈關雎〉,《樂》亦有〈關雎〉,此章特據《樂》言之也。古之樂章,皆三篇爲一,《傳》曰:『〈肆夏〉之三,〈文王〉之三,〈鹿鳴〉之三。』《記》曰:『〈宵雅〉肄三。』《鄉飲酒義》:『工入升歌三終,笙入三終,閒歌三終,合樂三終。』蓋樂章之通例如此。《國語》曰:『〈文王〉、〈大明〉、〈綿〉,兩君相見之樂也。』《左傳》但曰:『〈文王〉,兩君相見之樂,不言〈大明〉、〈綿〉。』《義理》:『合樂,〈周南〉〈關雎〉、〈葛覃〉、〈卷耳〉、〈召南〉〈鵲巢〉、〈采蘩〉、〈采蘋〉』,而孔子但言『〈關雎〉之亂』,亦不及〈葛覃〉以下,此其例也。《樂》而《詩》存,說者遂徒執〈關雎〉一詩以求之,豈可通哉?『樂而不淫』者,〈關雎〉、〈葛覃〉也。『哀而不傷者』,〈卷耳〉也。〈關雎〉,樂妃匹也。〈葛覃〉,樂得婦職也。〈卷耳〉,哀遠人也。哀樂者,性情之極致,王道之權輿也。能哀能樂,不失其節。《詩》之教,無以加於是矣。〈葛覃〉之賦女工,與〈七月〉之陳耕織一也。季札聞歌〈豳〉而曰『美哉,樂而不淫』,即〈葛覃〉可知矣。」謹案:《駢枝》以〈卷耳〉「維以不永傷」,證「哀而不傷」,其義甚精。《燕禮記》「升歌〈鹿鳴〉」,亦以〈鹿鳴〉統〈四牡〉、〈皇皇者華〉也。〈八佾〉此篇皆言禮樂之事,而〈關雎〉諸詩列於鄉樂,夫子屢得聞之,於此贊美其義,他日又歎其聲之美盛「洋洋盈耳」也。〔註3〕

按:一般都以《毛詩》義解此章,如皇、邢《疏》、朱《注》皆是,《正義》取《駢枝》之說,以〈關雎〉是指《樂》而言,並以〈八佾篇〉皆言禮樂事,故此章亦當指樂而說,《正義》之解,可謂特出於其它家。朱子《集注》解此章又歸於理學,曰:「蓋其憂雖深而不害於和,其樂雖盛而不失其正,故夫子稱之如此。欲學者玩其辭,審其音,而有以識其性情之正也。」〔註4〕此說不如《正義》之解,楊向奎亦曰:「《詩》尤其是〈國風〉本是民歌而被之於樂,變爲樂歌。樂有章節,故有三終,是謂樂之得所。《論語駢枝》所論頗是。但以詩之片言只詞而定其義,亦斷章取義者,如以『維以不永傷』證『哀而不傷』。此後遂使《詩》儒家化,而距原義愈遠,朱熹解《論語》本有長於樸學者,但於《詩》而理學化反不如樸學。」

〔註3〕《論語正義》,頁116~118。
〔註4〕《四書章句集注》,頁66。

〔註5〕故知《駢枝》雖有斷章取義之處，然其所論仍勝它疏。

管氏有三歸，官事不攝，焉得儉？（〈八佾〉）

《集解》：包咸曰：「三歸，娶三姓女，婦人謂嫁曰歸。」

《集注》：三歸，臺名，事見說苑。〔註6〕

《正義》：俞氏樾《群經平議》：「《韓非子・外儲說》：『管仲父出，朱蓋青衣，置鼓而歸，庭有陳鼎，家有三歸。』先云『置鼓而歸』，後云『家有三歸』，是所謂歸者，即以管仲言。謂自朝而歸，其家有三處也。家有三處，則鐘鼓帷帳不移而具，故足見其奢。且美女之充下陳者，亦必三處如一。〔註7〕

按：皇《疏》、邢《疏》從《集解》之意，以「三歸」爲娶三姓女，然依古禮，惟諸侯可娶三姓女，管仲非諸侯，若娶三姓女，是爲僭禮，而非不儉。《集注》取《說苑》之說，以「三歸」爲臺名，然據《說苑・善說》篇，謂管仲專齊之政，或讒於桓公，言管仲深得民心，將奪君位，桓公疑管仲，管仲故築三歸之臺，以自傷於民。此意在自傷於民，與儉之意亦不甚相關。《正義》釋爲家有三處，三處皆甚奢華，故言其爲侈，較合文意，程樹德《論語集釋》亦曰：「此以三歸爲家有三處，較舊注、朱《注》義均長，似可從。」〔註8〕

（三）博綜群說，考詳精詳

清考據學是以「實事求是」爲原則，藉由文字、聲韻、校勘等方法，廣於求證、推理、博覽、選擇、分析，以考求經書中的典章、制度、史籍、地理沿革等，對於古書的整理，付出了極大的精力，《論語正義》歷經劉寶楠、劉恭冕父子二代，花費了三十八年的時間始成書，其徵引的資料達一百五十種以上，無論在搜證、歸納、分析、排比上，皆用心甚鉅，故能博綜群言，詳於考證，且對於若干疑點，能存而不論，留與讀者鑒別，極具詳贍客觀之風格。其考據方面的成果有：

（1）考證經注異文

文字的考證是了解經典前的重要工作，《論語》一書經過歷代的傳抄翻刻，字句的脫落訛誤在所難免，因此文字的考訂，有助於經典的保存與義蘊的闡發，《正義》一書在經文的考證方面，參考了《爾雅》、《說文》、皇本〔註9〕、高麗本〔註10〕、《考

〔註5〕見楊向奎著：〈讀劉寶楠的論語正義〉（收於《孔子誕辰二五四〇周年紀念與學術討論會論文集》，上海：三聯書店，1992年5月），頁2085。

〔註6〕《四書章集注》，頁67。

〔註7〕《論語正義》，頁125。

〔註8〕程樹德，《論語集釋》，頁210。

〔註9〕皇侃《論語義疏》，宋《國史經籍志》、《中興館閣書目》、晁公武《郡齋讀書志》、尤

文》〔註11〕、足利本〔註12〕、《唐石經》、《宋石經》、陸德明《經典釋文》、《玉篇》、顧炎武《金石文字記》、惠棟的《九經古義》、馮登府的《論語異文攷證》、阮元《論語校勘記》、宋翔鳳《過庭錄》、俞樾《群經平議》、臧庸《拜經日記》、盧文弨《考證》、翟灝《考異》等，以及其他典籍有引《論語》文字者，詳細地考證了文字的異同，例：《哀公》曰：「何爲則民服？」孔子對曰：「舉直錯諸枉，則民服；舉枉錯諸直，則民不服。」（〈爲政〉）《正義》曰：

《釋文》：「錯，鄭本作措。」《漢費鳳碑》：「舉直措枉」與鄭本合。《說文》云：「措，置也。」「措」正字，「錯」假借字。〔註13〕

此舉《說文》、《漢費鳳碑》證「措」爲正字；「錯」爲假借字，義甚確切。又：「願車馬衣輕裘。」（〈公冶長〉）《正義》曰：

皇、邢各本「衣」下有「輕」字。阮氏元《校勘記》：「《唐石經》『輕』字旁注。案：石經初刻本無『輕』字。『車馬衣裘』，見《管子・小匡》及《齊語》，是子路本用成語，後人涉〈雍也篇〉『衣輕裘』而誤衍『輕』字。錢大昕云：『石經「輕」字，宋人誤加。』考《北齊書・唐邕傳》『顯祖嘗解服青鼠皮裘賜邕，云：「朕意在車馬衣裘與卿共敝。」』蓋用子路故事，是古本無『輕』字，一證也。《釋文》於『赤之適齊』節，音衣爲于既反，而此衣字無音。是陸本無『輕』字，二證也。邢《疏》云：『願以己之車

袁《遂初堂書目》都曾著錄，然而陳振孫《直齋書錄解題》卻未見著錄，故知此書在南宋時已失傳。但此書在日本之流傳卻不絕如縷，日本享保十一年，時爲雍正四年（1726），山井鼎撰《七經孟子考文》成，謂皇侃《義疏》在國內尚有傳本。其書傳入我國，士大夫聞之，莫不興奮。根本遜志雕印本傳入後，遂著錄於《四庫全書》，並於乾隆五十二年，由內府刊印以傳，又有有鮑廷博刊入《知不足齋叢書》及《古經解彙函》本。

〔註10〕陳鴻森著，〈劉氏論語正義參正〉言「《正義》此言『高麗本』者，實係日本正平版《集解》。錢曾嘗得其影寫本，誤以『正平』爲高麗年號（《讀書敏求記》，章鈺《校證》卷一之上，頁27），乾嘉以來學者多沿其誤耳。」（《王叔岷先生八十壽慶論文集》，臺北：大安出版社，1993年10月，頁3）。

〔註11〕《論語考文》，山鼎井著。山鼎井字君彝，號崑崙（1690～1728）紀伊人荻生徂徠門人。全書爲《七經孟子考文》，爲山井氏以下野足利學校所藏古本經書，與流行本校勘異同，徂徠之弟物觀作補遺付刊。後經長崎傳入中國杭州，藏書家汪啓淑首得其書，翟灝、盧文弨借讀，與皇侃《疏》均爲學術界所重視，後著錄於《四庫》。嘉慶二年，杭州鮑廷博刻入《知不足齋叢書》中，阮元編《十三經校勘記》，遺受此書影響。

〔註12〕日本足利學校，爲日本中世紀時代重要的文教設施，以收藏漢籍而聞名，所謂「足利本」即是指十五世紀前後，足利學校的藏本。

〔註13〕《論語正義》，頁64。

馬衣裘，與朋友共乘服。』是邢本亦無『輕』字，三證也。皇《疏》云：『車馬衣裘共乘服。』是皇本亦無『輕』字，四證也。今《注》《疏》與皇本正文有『輕』字，則後人依通行本增入，非其舊矣。」〔註 14〕

此《正義》以「願車馬衣輕裘」，唐以前的本子無「輕」字，乃宋人依〈雍也篇〉「衣輕裘」誤加，並引阮元《校勘記》等四證證之，其證據甚足以說服人。又，子曰：「里仁爲美。擇不處仁，焉得知？」（〈里仁〉），《正義》曰：

《說文》：「擇，柬選也。」《後漢書・張衡傳》：「衡作〈思玄賦〉曰：『匪仁里其焉宅兮！』」李賢《注》：「《論語》『里仁爲美，宅不處仁』，里、宅皆居也。」《困學紀聞》謂《論語》古本作「宅」。惠氏棟《九經古義》：「《釋名》曰：『宅，擇也，擇吉處而營久。』是宅有擇義。或古文作『宅』，訓爲『擇』，亦通。」馮氏登府《異文攷證》引劉璠《梁典》「署宅歸仁里」，亦作「宅」字。〔註 15〕

此處引《後漢書・張衡傳》、惠棟《九經古義》、馮登府《論語異文攷證》，「擇」皆作「宅」。《正義》書中凡此考訂文字異文之屬者甚多，不一一列舉。

《正義》對注文的訛誤脫衍，亦加以糾正，如：「服周之冕。」（〈衛靈公〉），〔注〕包曰：「冕，禮冠。周之禮文而備，取其黈纊塞耳，不任視聽。」《正義》曰：

《注》有脱文，當云「取其垂旒蔽明，黈纊塞耳，不任視聽也。」〔註 16〕

即補《注》文之脫字。

（2）訓釋字義

清代考據學家特重文字訓詁的考訂，認爲文字明而後經義明，能先了解單字之解釋，而後可以了解經文的大義，故凡解經必先從事文字的訓詁工作，《正義》也不例外，於每一字詞的意義皆引經據典，詳加訓釋，例：子曰：「片言可以折獄者，其由也與？」（〈子路〉），《正義》曰：

《釋文》引鄭《注》云：「片，半也。魯讀折爲制，今從古。」《御覽》六百三十九引鄭《注》云：「片讀爲半，半言爲單辭。折，斷也。惟子路能取信，所言必直，故可令斷獄也。」案：《說文》：「片，判木也。從半木。」「片」、「半」一音之轉，故鄭《注》即讀「片」爲「半」。《漢書・李陵傳》：「令軍士人持一半冰。」《注》引如淳曰「半讀曰片」，此其證也。「片」既讀「半」，義亦從之。故《釋文》所載「片、半」之訓，即是鱳

〔註 14〕《論語正義》，頁 204。
〔註 15〕《論語正義》，頁 139。
〔註 16〕《論語正義》，頁 623。

> 括鄭義，非鄭別有注也。「半言爲單辭」者，《書・呂刑》云：「明清于單辭。民之亂，罔不中，聽獄之兩辭。」是獄辭有單、有兩。兩者，兩造具備也。單則一人具辭。《後漢・光武紀》：「永平三年詔曰：『明察單辭。』」《朱浮傳》：「有人單辭告浮事者。」「單辭」皆謂片言也。〔註17〕

以上一段僅釋「片言」一辭，即已極盡委曲繁複，餘者可見一班。

（3）考訂名物制度

《正義》於名物制度的考證亦極精詳，如〈學而篇〉「千乘之國」的解釋，馬融依《周禮》，以「千乘之國」乃地方三百一十六里有畸，包臧依〈王制〉和《孟子》，認爲千乘之國是百里之國，何晏並存兩說。《正義》則徵引大量先秦古籍和前人考證，證明包咸的說法較可靠，解決了何晏留下的疑難。凡此名物制度之考訂，《正義》一書皆多所用心，其所考據者尚有：〈爲政〉之北辰、車制；〈八佾篇〉之堂制、夷狄之名、太廟之制、古代的社制、植柏、植松之制，三歸、塞門、反坫之制，韶樂、武樂；〈公冶長篇〉之瑚璉之器、宰、邑制、守龜、山節、藻棁之制。〈雍也篇〉之釜、鄉、黨、徑、觚；〈泰伯篇〉之古代音樂。〈泰伯篇〉之古代音樂、黻冕、溝洫；〈子罕篇〉之麻冕、純、鳥、河圖、冕、齊、衰、縕袍、狐貉；〈鄉黨篇〉之宗廟、朝廷、上大夫、下大夫、公門、紺、緅、袗絺綌、緇衣、羔裘、素衣、麑裘、寢衣、帷裳、玄冠、居室、飲食、車制；〈顏淵篇〉之十一之稅；〈堯曰篇〉之天帝、律曆等，皆有詳盡考證。

（4）考訂人物

《正義》書中凡於人物之出身、經歷、身分、辨僞皆有詳細考訂，如〈公冶長篇〉「子謂南容」章，何晏《注》以南容即南宮縚。《正義》引《史記・弟子列傳》：「南宮括，字子容。」又以南宮括、南容爲一人，觀〈檀弓〉有南宮縚，《家語》有南宮縚，蓋「韜」、「容」、「括」義皆相貫，「縚」、「适」爲通用字。又《世本》誤南宮縚、南宮閱爲一人，鄭玄注《禮記》時沿其誤，陸德明《釋文》、司馬貞《史記索引》沿用之，〔註18〕凡此之誤，《正義》皆考辨之。

餘則如：〈公冶長篇〉之南容、子賤、申棖、晏平仲、令尹子文、寧武子；〈雍也篇〉之子桑伯；〈述而篇〉之老彭、葉公、巫期馬；〈泰伯篇〉之泰伯；〈子罕篇〉之子罕；〈顏淵篇〉之皋陶、伊尹；〈憲問篇〉之裨諶、孟公綽、卞莊子、公叔文子、公伯寮；〈衛靈公篇〉之史魚、蘧伯玉；〈微子篇〉之接輿、伯夷、叔齊、虞仲、夷

〔註17〕《論語正義》，頁501。
〔註18〕《論語正義》，頁165。

逸、朱張、柳下惠、少連等，皆有詳實之考證。

（5）考地理

《正義》對於《論語》所引地名，亦有清楚考證，如〈公冶長〉：子曰：「道不行，乘桴浮於海」章，《正義》引《四書地理考》，以浮海指渤海，並詳考渤海之地。又曰：

> 夫子當日必實有所指之地，漢世師說未失，故尚能失其義，非泛言四海也。夫子本欲行道於魯，魯不能竟其用，乃去而之他國，最後乃如楚。則以楚雖蠻夷，而與中國通已久，其時昭王又賢，葉公好士，故遂如楚以冀其用，則是望道之行也。至楚，又不見用，如不得已而欲浮海居九夷，《史記・世家》雖未載「浮海」及「居九夷」二語，爲在周遊之後，然以意測之當是也。其欲浮海居九夷，仍爲行道，由《漢志・注》繹之，則非遯世幽隱，但爲世外之想可知，即其後浮海居九夷，皆不果行，然亦見夫子憂道之切，未嘗一日忘諸懷矣。〔註19〕

是《正義》以孔子浮海非泛指四海，當指浡海言。其他考證地理有：〈雍也篇〉之費宰；〈述而篇〉之互鄉；〈子罕篇〉之九夷；〈先進篇〉之陳蔡；〈子路篇〉之莒地；〈憲問篇〉之防地、石門、闕黨；〈季氏篇〉之蒙山、首陽山；〈陽貨篇〉之中牟；〈微子篇〉之微子之鄉等。

（6）詳論禮制

自凌廷堪主張以禮代理之說以來，影響了當時學者治禮的風氣，《正義》書中對於《論語》中禮制的考訂，亦極盡繁複與詳細，《清史列傳》本傳云：「至〈八佾〉、〈鄉黨〉二篇所說禮甚詳」，有俾於讀者對於古禮的了解。例：子語魯太師樂，曰：「樂其可知也：始作，翕如也；從之，純如也，皦如也，繹如也，以成。」（〈八佾〉），《正義》曰：

> 宋氏翔鳳《發微》云：「始作，是金奏〈頌〉也。《儀禮・大射儀》納賓後乃奏〈肆夏〉，樂闋後有獻酢旅酬諸節，而後升歌，故曰『從之』。從同縱，謂縱緩之也。入門而金作，其象翕如變動，緩之而後升歌。重人聲，其聲純一，故曰『純如』。即《樂記》所謂『審一以定和』也。繼以笙入，笙者有聲無辭，然其聲清別，可辨其聲而知其義，故曰『皦如』。繼以閒歌，謂人聲笙奏閒代而作，相尋續而不斷絕，故曰『繹如』。此三節皆用〈雅〉，所謂『〈雅〉〈頌〉各得其所』也。有此四節而後合樂，則樂以成。

〔註19〕《論語正義》，頁171。

合樂即鄉樂〈周南·關雎〉、〈葛覃〉、〈卷耳〉，〈召南·鵲巢〉、〈采蘩〉、〈采蘋〉。〈燕禮〉『大師告於樂正曰：「正歌備。」』《注》：『正歌者，升歌及笙各三終，閒歌三終，合樂三終，爲一備，備亦成也。』鄭〈鄉射禮·注〉云：『不歌、不笙、不閒，志在射，略於樂也。不略於合樂者，〈周南〉、〈召南〉之風，鄉樂也。不可略其正也。』據此，知孔子所謂『樂其可知』及謂『然後樂正』者，並指鄉樂，〈儀禮〉謂之『正歌』。如〈鄉射〉不歌、不笙、不閒，而合鄉樂則告『正歌備』，〈大射〉有歌有笙，而不閒不合，鄉樂則不告『正歌備』，知正歌專指鄉樂也。必合鄉樂而後備一成，故知『以成』是合樂也。《論語》於金奏至閒歌，以『翕如』諸言形容其象，而於合樂但言『以成』者，以合樂之象，已於『樂其可知』一語先出之。後言『師摯之始，〈關雎〉之亂，洋洋乎盈耳哉』，亦暢言合樂之象。子謂伯魚曰：『人而不爲〈周南〉、〈召南〉，其猶正牆面而立也與？』則子之重鄉樂也至矣。」案：宋氏依禮說，視鄭氏爲確。李氏惇《群經識小》不數金奏，以始作爲升歌，純如爲笙奏，皦如爲閒歌，繹如爲合樂，不如宋說之備，故置彼錄此。《詩·樛木傳》：「成，就也。」《說文》同。《周官·樂師》：「凡樂成則告備。」《注》：「成謂所奏一竟。」《燕禮記注》：「三成，三終也。」是樂之終爲成也。〔註 20〕

此章《正義》對禮樂制度的詳究考證，楊向奎先生曾說：「禮樂制度之疏證乃樸學所長，故劉寶楠於此引宋翔鳳等人說後，案語『宋氏依《禮》爲說，視鄭氏爲確』。」此後，近代王國維先生之《釋樂次》一文，在前人基礎上更加完備，他開始說：

凡樂以金奏始，以金奏終。金奏者，所以迎送賓，亦以優天子諸侯及賓客以爲行禮及步趨之節也。

是於合樂之後尚有金奏。又宋翔鳳謂金奏、升歌、閒歌，三節皆用〈雅〉，所謂『雅頌各得其所也』。但上文有〈雅〉無〈頌〉，而王國維先生云：

凡升歌用〈雅〉者，管與笙皆用〈雅〉，笙歌用〈頌〉者，管亦用〈頌〉。

這樣才是「雅頌各得其所」。〔註 21〕由於《正義》的詳考禮制，故有資於後學的研究，此章便是一例。

又，子曰：「君子無所爭。必也射乎！揖讓而升，下而飲。其爭也君子。」（〈八佾〉）《正義》以大射儀爲據，詳言古代大射時，如何揖讓而升，下堂而飲，再引〈射義〉，明射者因進退周還皆必中禮，且持弓矢須審固而後能中，此正可觀射者之德行，

〔註 20〕《論語正義》，頁 132～133。
〔註 21〕見楊向奎著：〈讀劉寶楠的論語正義〉，頁 2086～2087。

故君子於射中必爭得中，其意乃爭爲賢。〔註22〕《正義》之解非但詳論古代射禮，且較之邢《疏》、朱《注》更爲委曲詳盡，可補前疏之不足。

關於禮制之考證，又以〈八佾〉、〈鄉黨〉最多，在此不詳加列舉。

二、《論語正義》的思想意義

《論語正義》在注疏方面既總匯了漢魏以來的注疏成果，以及集結了清考據訓詁的成就，爲後世的《論語》注釋，再創偉大成就；除此之外，《正義》於《論語》中若干重要觀念的闡釋，如成己成物之道、天命思想、仁、禮、學、攻乎異端等概念的解釋，引用了清中晚期以前重要思想家的思想成就，故可見《正義》一書在思想層面的取向，正是清學理論內涵的呈現，而此一理論內涵，乃是清代學者繼宋明理學，經歷反省思考後，再一次蛻變而成的思想型態。

前一章中論及清代的思想時，曾言清學的理論取向與風氣，是以反思辨、重實學、回歸儒學原典爲依歸的，此種思想型態的產生，是對宋明理學的反動與修正。宋代儒學自二程、朱熹專談義理以後，儒學便從經術轉向義理，以崇尙性命、主敬向內爲學問的主要目的，其論學不重根柢，輕言點授，僅以語錄、講學爲學問根據，故被譏爲玄虛。至陸象山一派興起，尊德性、道問學之爭〔註23〕，開啓了朱、陸二派的門戶之爭，延至明代，益爲熾烈。

無論是程朱理學，亦或後來的陽明心學，皆陳言性命義理、道德心性，而流於玄虛之弊，後經亡國之痛，遂使學者對理學末流益加詬病，明末清初，即興起一股經世致用的實學思潮，如顧炎武批評當時清談孔孟的學者「不習六藝之文，不考百王之典，不綜當代之務」，不問孔子「論學論政之大端」，「以明心見性之空言，代修己治人之實學」，造成「股肱惰而萬事荒，爪牙亡而四國亂，神州蕩覆，宗廟丘墟」〔註24〕，即對理學發出了深切的批評。爲了挽救此一風氣，他又提出了回復古人之是，認爲當由經學中求古人之道，並言「古人之聖人所以教人之說，其行在孝弟忠信，其職在灑掃、應對、進退，其文在《詩》、《書》、《禮》、《易》、《春秋》，其用在

〔註22〕《論語正義》，頁87～89。

〔註23〕有關尊德性、道問學之分，朱熹本人即有論及，云：「大抵子思子以來，教人之法，惟以尊德性、道問學兩事，爲用力之要。今子靜所說專是尊德性事，而熹平日所論卻是問學上多了。」（《晦庵先生朱文公文集》，《四庫叢刊》本，卷54，頁6上）。後來黃宗羲在《宋元學案・象山學案》中亦言：「先生（陸象山）之學，以『尊德性』爲宗，……同時紫陽（朱熹）之學，則以『道問學』爲主。」

〔註24〕《亭林文集》，卷3，〈夫子之言性與天道〉，頁43。

出處、去就、交際，其施之天下在政令、教化、刑罰」〔註25〕，其不務道德之學，而重經世之學，並強調從《五經》當中學習典章制度與治世之道，於人倫日用、一言一行之間實踐聖賢之道，此以典章制度的實務建設，代替心性道德的高蹈不實，以孝弟人倫的踐履，代替口頭的高談空論，為清代學術開啓了一股健實風氣。後黃宗羲亦主張理學必須本於經術，回復儒家「通經致用」的傳統，然他又主張「事功、節義，理無二致」，「事功必本於道德，節義必原於性命」〔註26〕，以道德與事功並重，不可偏廢。

在諸位大師的倡導下，學術風氣已趨於崇實、篤重，以講事功、講經制、重踐履、重實效的態度造成一股風氣，並以考據為治學方法，由對漢儒經注的整理闡發，達到探尋經書本義的目的，此後的乾嘉學者，便是承此一方法治學，而產生了大量的考據著作。在大部分的乾嘉學者耽溺於逐字逐句的煩瑣考證之外，皖派的經學大師戴震，始終堅持「志於聞道」的理想，並作了《孟子字義疏證》、《原善》等哲學著作，後來的焦循之《孟子正義》、《性善解》，阮元的《論》、《孟》論「仁」，在當代崇實風氣的影響之下，對於孔門學說的闡述，已摻進了諸多新意，呈現出帶有時代特色的思想風貌。

《論語正義》既為清代《論語》的集大成之作，其思想內涵，亦融匯總結了《易傳》、《中庸》、《大學》之學理，以及戴震、焦循、阮元等人的思想大要，使這本清代的《論語》注解，既具有詳實的經句考據，亦兼具時代思潮的反映。

由《論語正義》的總結與呈現，可見清代儒學思維方式的轉變及價值取向的推移，即以實事求是代替主觀思辨，以人倫日用的篤行踐履，代替天理自足、明善復初的理學路子，其從經書中求古人義理，用格物窮理的方法，以古訓為根據，勇於摧破五、六百年理學獨尊之狀，具有重要的歷史意義。

且考據學發展到嘉慶間，已由一字一句、一名一物的探討，進入通核的階段，如焦循的通核、述作理論，正是這種歷史要求的理論，焦循論通核曰：

> 通核者，主以全經，貫以百氏，協其文辭，揆以道理。人之所蔽，獨得其間。可以別是非，化拘滯。相授以意，各慊其衷。其弊也，自師成見，亡其所宗。故遲鈍者苦其不及，高明者苦其太過焉。〔註27〕

所謂通核者，乃在字詞考證的基礎上，把握全經，尋求大義，並貫通百氏要旨，相為驗證發明，意在總體上掌握全經的意義，與古人著述的精神要旨。又其論述作曰：

〔註25〕《亭林文集》，卷20，〈內典〉，頁527。
〔註26〕《黃梨洲文集》，〈明名臣言行錄序〉，頁138。
〔註27〕《雕菰集》，卷8，〈辨學〉，頁109。

> 述其人之言，必得其人之心；述其人之心，必得其人之道。……然則述也者，述其義也，述其志也。不以志而持其言，有不可通，則曰：古人如是也；有不善則曰：吾有所受之也。古人所望於後人者，固如是乎哉！聖人之道，日新而不已，譬諸天度，愈久而愈精，各竭其聰明才智，以造於微，以其所知者著焉，不敢以爲述也，則庶幾其述者也。〔註28〕

此以述聖人之言，必須先得聖人之心與聖人之道，聖人之道是日新不已，愈久而彌新的，後之述者，當秉此原則，以把握古人著述的精神爲要，方能見聖人之心，而不爲舊有的陳言所拘泥。焦循的論說，已充分顯現此一時期的開放精神，與之同時期的揚州學派諸學者也都具有這種精神，因此學術不再專於一家，不再固守陳言，所有異同之說，紛紛興起，如《公羊》的微言大義之說，興於常州；《荀子》、《墨子》等諸子之學，再度爲學者所重視；其他如文史評論、文學理論等，也重新引起學者的注意，學術文化又進入一會通和總結的歷史潮流之中，而著書於道光年間，深受揚州學術風氣影響的《論語正義》，亦爲此一會通與總結成果的展現。

且《論語正義》在注疏風格上，已深具清代學術思潮的儒學特色，其思想義理的呈現，也明顯地表現了清代思想的理論取向，而有別於漢代的古訓、魏晉的清玄、宋明的理學等理論型態，從這當中亦可見，無論是記載孔子言論的《論語》，抑或代表儒家精神的經書傳注，在經過漢魏宋明的傳承創新後，皆能在每一時代中呈現其不同的理論取向及學術風貌，到了清代，正是再一次地修正與推陳出新之時，也因於歷代一次次地思想運動，使儒學吸收融匯不同的思想內涵，因革損益地適應各個時代的不同需求，漢代的陰陽讖諱、魏晉的玄學、隋唐的佛道、宋明的理氣等說，都未能眞正使儒學改絃易轍，也無法長久地支配主宰學術思想界，反而在其不斷地更新過程中，使儒學的內涵更爲豐富，且使其生命力更爲活躍，觀諸晚清的儒學變革，及至近世的新儒家思想，都代表著中華文化的創新與再生精神，考據學家所著重的歷史眼光，也正啓發著學者的學問識見，與融通會聚地開放精神，故在評價《正義》書的同時，亦當受此一啓迪。

第二節　《論語正義》的缺失

一、疏義不當

《正義》之注解亦有其疏釋不當之處，以下即列其例，以爲借鑑。

〔註28〕《雕菰集》，卷7，〈述難一〉，頁102～103。

（一）字義解釋不當

君子喻於義，小人喻於利。（〈里仁〉）

皇《疏》：范甯曰：「棄貨利而曉仁義，則爲君子；曉貨利而棄仁義，則爲小人也。

《正義》：包氏慎言《溫故錄》：「君子小人以位言」。焦氏循《雕菰樓文集》：「卿士大夫，君子也。庶人，小人也。」〔註 29〕

按：皇《疏》、邢《疏》、《集注》皆以有德無德解君子、小人；《正義》以有位、無位解之，於義有偏，且在位者未必皆喻於義，不在位者也未必皆喻於利，程樹德《論語集釋》亦評曰：「近代注《論語》者多採此說，如劉逢祿《論語述何》、劉寶楠《論語正義》其一例也，實則尚不如舊說之善」。〔註 30〕

子見南子。子路不悅。夫子矢之曰：「予所否者，天厭之！天厭之。」（〈雍也〉）

《集解》：孔安國曰：「矢，誓也。子路不說，故夫子誓之。行道既非婦人之事，而弟子不悅，與之誓，義可疑也。」

皇《疏》：矢，誓也；予，我也；否，不也；厭，塞也。子路既不悅，而孔子與之咒誓也。言我見南子，若有不善之事，則天當厭塞我道也。」

又：

王弼曰：「否泰有命，我之所屈，不用於世者，及天命厭之，言非人事所免也。重言之者，所以誓其言者。

又：

蔡謨曰：「矢，陳也，《尚書敘》曰：『皋陶矢厥謨也。』《春秋經》曰：『公矢魚于棠。』皆是也。夫子爲子路矢陳天命，非誓也。」（頁 209～211）

邢《疏》：矢，誓也。以子路不說，故夫子告誓之。否，不也；厭，棄也。言我見南子，所不爲求行治道者，願天厭棄我。」（頁 55 上）

《正義》：竊謂南子雖淫亂，然有知人之明。故於蘧伯玉、孔子，皆特致敬。其請見孔子，非無欲用孔子之意。子路亦疑夫子此見，將爲詘身行道，而於心不說。……夫子知子路不說，故告以予若固執不見，則必觸南子之怒而厭我矣。天即指南子。〔註 31〕

按：此章的解釋，歷來最爲難究，趙翼《陔餘叢考》亦以此章不可考，其曰：「《論語》惟子見南子一章，最不可解。聖賢師弟之間，相知有素，子路豈以夫子見此

〔註 29〕《論語正義》，頁 154。
〔註 30〕程樹德，《論語集釋》，頁 168。
〔註 31〕《論語正義》，頁 245。

淫亂之人爲足以相浼而慍於心，即以此相疑，夫子亦何必設誓以自表白，類乎兒女之咀者？」崔述《洙泗考信錄》亦以本章所記，其事未必有，他說：「此章在〈雍也篇〉末，其後僅兩章，篇中所見惟多醇粹，然諸篇之末，往往有一二章不相類者，〈鄉黨篇〉末有色舉章、〈先進篇〉末有侍坐章、〈季氏篇〉末有景公邦君章、〈微子篇〉末有周公八士章，意旨文體皆與篇中不倫，而語亦或殘缺，皆似斷簡，後人之所續入。……蓋當其初，篇皆別行，傳之者各附其所續得於篇末。且《論語》記孔子事皆稱「子」，惟此章及侍坐、羿奡、武城三章稱「夫子」，亦其可疑者，然此三章蓋後采他書之文附之篇末，而未暇別其醇疵者。其事固未必有，不必曲爲之解也。」〔註 32〕其篇既可疑，諸家解釋又紛紜不一，似又以《正義》此章解「天」爲南子，更爲不類。

（二）增飾成義

亡之，命矣夫！斯人也而有斯疾也。（〈雍也〉）

《集解》：孔曰：「亡，喪也。疾甚，故持其手曰喪之。」

《正義》：《注》以「疾甚」知其將死，故曰「喪之」。吳氏英《經句說》讀「亡」爲無，云：「《春秋傳》『公子曰：無之。』謂無其事也。此『無之』，謂無其理也。有斯疾，必有致斯疾者，而斯人無之也。」案：吳說亦通。《新序》言關龍逢諫桀，因囚拘之，君子引此文惜之，亦謂無其理也。顏師古〈楚元王傳・注〉：「蔑，無也。言命之所遭，無有善惡。」此義非是。〔註 33〕

按：孔注「喪也」之說，朱熹《集注》承之，云：「自牖執其手，蓋與之永訣也。命，謂天命。」此解殊遠事理，武億《群經義證》非之，云：「如解視疾即決其喪必致，舉室惶駭，甚非慰問所宜，依情度之，必不謂然。」其說是也。何焯《義門讀書記》言：「『亡』字當讀爲『無』也，《釋文》闕。『亡之』，言無可以致此疾之道。」與吳氏《經句說》略同。惟如其說，則「亡之」下必增「致疾之道（理）」之語，文意乃足。此益增成義，殆未可據。〔註 34〕

四海困窮，天祿永終。（〈堯曰〉）

《集解》：包咸曰：「允，信也。困，極也。永，長也。言爲政信執其中，則能窮極四海，天祿所以長終。

〔註 32〕（清）崔述，《洙泗考信錄》（北京：中華書局，1985 年，《叢書集成初編》本），卷 2，頁 46。

〔註 33〕《論語正義》，頁 226。

〔註 34〕此條見陳鴻森著，《劉氏論語正義參正》，頁 8～9。

《集注》：四海之人困窮，則君祿亦將永絕。永終作永絕解。〔註35〕

《正義》：毛奇齡《論語稽求篇》：「閻潛丘云：『四海困窮是儆辭，天祿永終是勉辭。蓋四海當念其困窮，天祿當其永終也。』」〔註36〕

按：《正義》之解，增加「當念」二字，意較曲折，不若《集注》之理順。

（三）考據失誤

述而不作，信而好古，竊比於我老彭。（〈述而〉）

《集解》：包咸曰：「老彭，殷賢大夫，好述古事。我若老彭，但述之耳。」

《正義》：鄭注云：「老，老聃；彭，彭祖。」〔註37〕

按：《集解》以老彭爲一人，乃商賢大夫，皇、邢、朱宗此說。《正義》則以老彭爲老聃及彭祖二人，然《大戴禮》戴德云：「昔老彭及仲傀之教大夫，官之教士，技之教庶人，揚則抑，抑則揚，綴以德行，不任以言。」老彭與仲傀對舉。《漢書・古今人表》列老彭於仲虺之下，仲虺即仲傀，故老彭當爲一人。程樹德《論語集釋》曰：「老彭有二人一人之二說，以主一人者較爲多數。然彭祖雖壽，斷無歷唐虞夏商周尚存之理，此如堯時有善射者曰羿，而夏有窮之君亦名羿，黃帝時有巫咸，而夏商均有巫咸。蓋古人不嫌重名，壽必稱彭，猶之射必稱羿，巫必稱咸也。包咸《注》：『老彭，殷賢大夫。』蓋即本之《大戴禮》，最爲有據，故《集注》取之。後來彭祖、老聃諸說解釋愈詳，愈多窒礙，此《集注》之所以不可輕議也。」〔註38〕

（四）雜引讖緯之說

漢代重仲舒在《春秋繁露》中，將儒家的天命思想，再次地神格化、宰制化，他將政治、人事的種種現象附會陰陽五行、符瑞的解說，其後讖緯之說隨之流行，其說亦專以陰陽、符命、災異等說法來解釋人事現象及經書意義，多爲怪誕不經的附會雜說，漢末以後，其說多不再被採用，然《正義》書中卻有數條引陰陽讖緯之說，如：

天將以夫子爲木鐸。（〈八佾〉）

《正義》曰：《春秋緯》：「聖人不空生，必有所制，以顯天心，丘爲木鐸制天下法。」〔註39〕

〔註35〕（宋）朱熹，《論語章句集注》，頁193。
〔註36〕《論語正義》，頁757。
〔註37〕《論語正義》，頁252。
〔註38〕《論語正義》，頁434。
〔註39〕《論語正義》，頁135。

子曰：「德不孤，必有鄰。」（〈公冶長〉）

《正義》曰：《漢書・董仲舒傳》：「臣聞天之所大奉使之王者，必有非人力所能致而自至者，此受命之符也。天下之人，同心歸之，若歸父母，故天瑞應誠而至。《書》曰：『白魚入於王舟』云云，此蓋受命之符。孔子曰：『德不孤，必有鄰。』皆積善累德之效也。」此引《論語》爲「人同心歸之」之證。〔註40〕

子曰：「君子上達，小人下達。」（〈憲問〉）

《正義》曰：《論語考比讖》：「君子上達，與天合符。」言君子德能與天合也。〔註41〕

顏淵問爲邦。子曰：「行夏之時。」（〈衛靈公〉）

《正義》曰：見萬物之生，謂建寅月也。《白虎通・正三篇》：「正朔有三何？本天有三統，謂三微之月也。明王者當奉順而成之，故受命各統一正也，敬始重本也。三微者，何謂也？陽氣始施黃泉，萬物動微而未著也。十一月之時，陽氣始養根株，黃泉之下，黃物皆赤。赤者，盛陽之氣也，故周爲天正，色尚赤也。十二月之時，萬物始牙而白，白者陰氣，故殷爲地正，色尚白也。十三月之時，萬物始達，孚甲而出，皆黑，人得加功，故夏爲人正，色尚黑。《尚書大傳》曰：『夏以孟春月爲正，殷以季冬月爲正，周以仲冬月爲正。夏以十三月爲正，色尚黑，以平旦爲朔。殷以十二月爲正，色尚白，以雞鳴爲朔。周以十一月爲正，色尚赤，以夜半爲朔。』三正之相承，若順連環也。孔子承周之敝，行夏之時，知繼十一月正者，當用十三月也。」〔註42〕

以上前三條，《正義》引讖書、緯書及董仲舒之說，欲明孔子與天合德，然讖緯書中的天命觀，是以天爲具有施福降禍的主宰者，並在此一前提下言「以人應天」，主張人應與天象相應，此說與清儒所言氣化的觀念大相逕庭，清儒陰陽氣化的流行，乃爲天地萬物運行的自然之理，人當承天之命，亦指人承一自然之「理」而行，非承天之主宰者，故《正義》之引陰陽讖緯，實爲不妥。又在第四條中，《正義》引《白虎通》來解釋何晏《注》「萬物之生」，《白虎通》一書亦集結漢代讖緯思想，此章之引，亦有附會之嫌。

二、考證煩瑣

《正義》在考證上固有重大成就，然其主張言必有據，論必有證的情況下，不

〔註40〕《論語正義》，頁159。
〔註41〕《論語正義》，頁585。
〔註42〕《論語正義》，頁622。

免使注疏內容趨於煩瑣，令人望之生畏，這是清代考據者難以免除的缺失。其在訓釋字義時，時而在單言隻字的煩瑣訓解外，忽略了義旨的闡揚，以致於全文旨意難以明瞭，如「三家者以〈雍〉徹。子曰：『相維辟公，天子穆穆』，奚取於三家之堂？」章（〈八佾〉），《正義》詳細考證了「徹」、「天子」、「堂」、〈雍〉歌之義〔註43〕，卻未連貫其義旨，使人難以了解其意，觀朱熹《集注》云：「此〈雍〉詩之辭，孔子引之，言三家之堂非有此事，亦何居義而歌之乎？譏其無知妄作以取僭竊之罪。」〔註44〕則可一目了然。又〈八佾篇〉「射不主皮」一章，亦詳舉古代射禮之考證，然亦過於拖沓煩瑣，以致義旨不明。

〔註43〕《論語正義》，頁79～81。
〔註44〕（宋）朱熹，《論語章句集注》，頁61。

第七章　結　論

《論語正義》一書著書於乾嘉考據學大盛之後的道光年間，此時的學者鑑於乾嘉時期狹隘的學術態度，學者固封於少數經書名物訓詁的考訂工作，忽略了經書中義理思想的闡述，與國計民生的參與關懷，而不再墨守前人成規，他們沒有重回宋明理學的路子，在當時漢宋之爭的情勢下，依然堅守宗漢的理想，且面對學術界的另一股潛流——以今文學解經的公羊學派，亦不作全方位的改絃易轍，因此，在這些學者的身上，既具有保守、亦有革新的性格，他們保守於考據的方法，意由經書的校勘、葺補、考訂，重審古人著述的原意，然又不滿於資料性的排比堆砌，而致力於材料的解析分辨，進而以其時代的意識型態，賦予經書新的詮釋風貌，他們代表的是清代考據學的新精神，在傳統中努力於開放、通達的學術研究，故能保有古學成就，又能賦予學術新的生命，追踵皖派大師戴震的諸揚州學者，正是新股新精神的代表，而歷經父子兩代合力著述的《論語正義》，也正是此一時期的代表著作。

《論語正義》為清劉寶楠所著，其子劉恭冕續成，歷經三十八年始成書，其書既承傳乾嘉考據遺緒，又有揚州學派通脫、客觀的精神，更能呈現清世的理論取向，觀其特色有：

一、集結歷代注疏之大觀

《正義》成書於清世中期，正有利其作一總結的整理工作，且劉寶楠又具博覽綜論的治學眼光，益能泛觀博取，故自漢世鄭玄《注》以降，魏晉的何晏《集解》、南北朝的皇侃《疏》、宋代的邢昺《疏》、朱熹《集注》及清毛奇齡、閻若璩、劉逢祿、宋翔鳳、劉台拱、陳鱣、江永、黃式三等人的《論語》著作，皆在其援引論述之列，除諸有關《論語》之注疏研究之作外，《正義》亦甄引古書中凡可闡發《論語》義蘊之書，以為證合之用，凡所引用書目達一百五十種以上，可見其龐博浩大。

二、借重考據以通經書大義

《正義》書中凡於名物、制度、地理、人物、禮制的考訂皆極盡詳實，除了引證豐贍外，又善於分析評斷，將資料條析明辨，修正疑誤，兼錄可取之異說，保留闕疑，或加案語以明取捨疏解之意，深具客觀及科學之精神，且其疏釋多見精義，遠勝前人之作。

三、反映清世的思想型態與理論取向

貫通清代治學態度與精神的是一股以「經世致用」爲目的的樸實學風，其意在矯正宋明理學空談心性的流弊，而主張闡發經書中的經世實務之學，貢獻於利用厚生的實際運作，而考據學的大盛，亦是此一學風的因應與發揮；只是乾嘉的考據學者本末倒置地鑽研於故紙堆中，遂爲人所詬病，且誤以爲考據學僅是餖飣煩瑣的資料考證，而無思想義理的闡述，事實實非如此，在別於清初大儒王夫之等人的哲學著作外，清代考據學亦有一套理論體系，代表著此一時期學者的思想內涵及其與時代精神的契合，如由《正義》所展現的思想特色，正亦涵納有戴震、焦循、阮元、凌廷堪等學者的思想特質，他們將宇宙、萬事萬物之理，歸以氣化陰陽的流行，人的材質心性皆由陰陽和合而產生，氣化流行又是健動不已、生生不息的，而人爲萬物之首，亦秉此精神而生。其就人之血氣心知言性，血氣有清濁抑揚之分，有偏頗蒙蔽之時，故須日益不已的修養工夫，並強調心之認知能力，經由學習認知，使己身更達於善，由此可知考據學者之理論建構，乃是針對理學家天理流行的掛空玄虛，而欲將天之理重新落實於人事實務之間，他們注重知識的學習，重視人倫日用的實踐，且對理學家所鄙視之情欲，主張給予合理的滿足與調適，即使是聖人仁者之行，皆非因其能去人欲，反之是因爲他們善於達情遂欲，且能絜矩度人，細察人欲之由，導之使歸於善。此一主張，將使其更注重社會制度事功的建立，以提供人民生活之需求，且更如實地看待人之情欲等種種問題，而非予以無理的扼制與否定，此亦是務實精神的發揚。

此外，又以相人偶、同位辭釋孔子之仁，此亦肯定人與人之間的平等關係，且仁是性之德，爲人本具有，是人承天之德的一部分，同時仁者亦具天道剛健不已之精神，並具有開物成務的實踐性格。聖與仁同出一原，然仁者重推暨時言，聖者則已是通達之人，其通乎陰陽、剛柔、仁義、萬物之理，能達於知幾化神之境，其博施濟眾，與萬物一體，故聖者難躋，夫子罕言。

餘如學、禮制之重視，皆亦樸實風下的義理反映。

四　結合《易傳》、《中庸》、《大學》之理

《易傳》、《中庸》書中有一套闡釋天人、心性的思想體係，自隋唐以後，爲因

應佛學對中國儒家學說的強大衝擊，而漸爲學者所重視，且《易傳》中的陰陽天道觀，《中庸》的誠、中等本體觀念，《大學》的格物致知之說，也被相互運用解釋，《正義》亦承此一趨勢，將這些學說與《論語》中的天、命、誠、恕等觀念結合。由此可見，《論語》一書的思想內涵發展至後期，已涵容了孔子及其後學之儒家思想的總匯，而《正義》正是呈現此一總結的集大成之作，無論於考據的成就，抑或思想內涵，皆是如此。

五　開放精神的萌發

清世的考據學，往往予人一種封閉、守舊、迂腐的印象，更有人譏刺其無利於世道人心，然殊不知在傳統的意識型態及沈重的學術包袱之下，依然有著開放及革新的思想在醞釀產生，如揚州學者的不專一家、兼容異己，以平等的態度看待諸子百家之說，皆已非固守陳言、黨同伐異的小家之器可比。且其重視人的地位平等、強調在位者應盡力照顧人民的生活、重視人的情欲需求，不再只窮索於天理性命的道德良知之學，此亦是對統治者欲以君主專制箝制人民思想的一種反動，一種以人爲本位的思想觀念正在萌發，其雖有時代及其學術性格的限制，然在清末變革的前夕，此一思維的啓發，亦具有啓迪人心的作用。

《正義》亦不免有疏釋失當、考證煩瑣之弊，且其思想內涵因偏於致用性格的理論型態，故在思想的建構上，便難有精密完善的理論體系，遂有駁雜散亂之弊。但總地來說，《正義》之可代表清考據學的學術風格及其思想內涵，其價值與成就是無可置疑的。

附錄一：《論語正義》兼採衆說之例

有關《正義》兼採眾說之例，整理如下：

或曰：「管仲儉乎？」曰：「管氏有三歸，官事不攝，焉得儉？」（〈八佾〉）

《正義》注「三歸」：

（1）以「三歸」為三國女

先考典簿君《秋槎雜記》：「天子、諸侯娶妻班次有三：適也，姪也，娣也。天子娶后，三國媵之，國三人，並后本國爲十二女；諸侯娶夫人，二國媵之，並夫人本國爲九女。本國之媵，從夫人歸於夫家者也。二國之媵，或與夫人同行。《春秋》成八年『冬，衛人來媵』；九年『春二月，伯姬歸於宋』是也。或後夫人行，九年『夏，晉人來媵』是也；十年『夏，齊人來媵』是也。其本國歸女爲一次，二國各一次，故曰『三歸』。《左傳》云：『同姓媵之，異姓則否。』包云『三姓女』非也。」謹案：《白虎通》謂「卿、大夫一妻二妾，不備姪娣」，言不兼備也。二妾同妻以嫁日偕行，無三歸禮。俞氏正燮《癸巳類稿》：「諸侯三宮，《祭義》：『卜三宮之夫人。』《公羊傳》：『以有西宮，亦知諸候之有三宮也。』卿、大夫、士一宮，《禮》云『命士以上，父子異宮』是也。《左傳》云：『衛太叔使人誘其初妻之娣，寘于犁，而爲之一宮，如二妻。』管子則三人者皆爲妻。《列女傳》：『衛君死，弟立，謂夫人曰：「衛，小國也。不容二庖。」』今管子則有三庖。古者夫家餘子受田懸殊，立一妻，則多一室家禮節之費，管子家有三宮之費，故曰『焉得儉』？」俞氏此言，與先考說相輔。

（2）以「三歸」為家有三處

俞氏樾《群經平議》：「《韓非子・外儲說》：『管仲父出，朱蓋青衣，置鼓而歸，庭有陳鼎，家有三歸。』先云『置鼓而歸』，後云『家有三歸』，是所謂歸者，即以管仲言，謂自朝而歸，其家有三處也。家有三處，則鍾鼓帷帳不移而具，故足見其奢。且美女之充下陳者亦必三處如一，故足爲女閭七百分謗，而『娶三姓女』之說或從此出也。《晏子春秋・雜篇》：『昔吾先君桓公有管仲，恤勞齊國，身老，賞之以三歸。』是又以三歸爲桓公所賜，蓋猶漢世賜甲第一區之比。故因晏子辭邑，而景公舉此事以止之也。其賞之在身老之後，則「娶三姓女」之說可知其非矣。下云「官事不攝」，亦即承此而言。管仲家有三處，一處有一處之官，不相兼攝，是謂不攝。」

（3）以「三歸」為三牲獻

包氏愼言《溫故錄》：「《韓非子》：『管仲相齊，曰：「臣貴矣，然而臣貧。」桓公曰：「使子有三歸之家。」孔子聞之曰：「泰侈逼上。」』《漢書・公孫弘傳》：『管仲相桓公，有三歸，侈儗於君。』《禮樂志》：『陪臣管仲、季氏三歸，《雍》徹，八佾舞庭。』由此數文推之，三歸當爲僭侈之事。古『歸』與『饋』通。《公羊・注》引《逸禮》云：『天子四祭四薦，諸侯三祭三薦，大夫、士再祭再薦。』又云：『天子、諸侯、卿、大夫，牛、羊、豕凡三牲曰大牢。天子元士，諸侯之卿、大夫，羊、豕凡二牲曰少牢。諸侯之士特豕。』然則『三歸』云者，其以三牲獻與？故班氏與季氏之舞佾、歌《雍》同稱。《晏子春秋・內篇》：『公曰：「昔先君桓公以管子爲有功，邑狐與穀，以共宗廟之鮮，賜其忠臣。今子忠臣也，寡人請賜子州。」辭曰：「管子有一美，嬰不如也；有一惡，嬰弗忍爲也。」其宗廟養鮮，終辭而不受。』《外篇》又云：『晏子老，辭邑，公曰：「桓公與管仲狐與穀，以爲賞邑，昔吾先君桓公有管仲恤勞齊國，身老，賞之以三歸，澤及子孫。今夫子亦相寡人，欲爲夫子三歸，澤及子孫。」』合觀《內》、《外篇》所云，則三歸亦出於桓公所賜。《內篇》言『以共宗廟之鮮』，而《外篇》言『賞以三歸』，則三歸爲以三牲獻無疑。晏子以三歸爲管仲之一惡，亦謂其侈擬於君。」（頁 124～126）

君子之於天下也，無適也，無莫也。（〈里仁〉）

《正義》「適」、「莫」之義有：

（1）「適」作敵：「莫」作慕。

《釋文》云：「適，鄭作敵。莫，鄭音慕，無所貪慕也。」……「無敵無莫，義與之比」，是言好惡得其正也。

（2）「適莫」謂厚薄。

皇《疏》引范寧曰：「適莫，猶厚薄也。比，親也。君子與人無有偏頗厚薄，唯仁義是親也。」（頁 147）

子曰：「參乎！吾道一以貫之。」（〈里仁〉）

《正義》解「一以貫之」：

（1）「貫」為通也。

焦氏循《雕菰樓集》曰：「……貫者通也，所謂通神明之德，類萬物之情。」

（2）「貫」為行。

《廣雅．釋詁》：「貫，行也。」王氏念孫《疏證》：「〈衛靈公篇〉：『子貢問曰：「有一言而可以終身行之者乎？」子曰：「其恕乎！」』〈里仁篇〉：『子曰：「吾道一以貫之。」』一以貫之，即一以行之也。《荀子．王制篇》云：『爲之貫之。』貫亦爲也。《漢書．谷永傳》云：『以次貫行，固執無違。』《後漢書．光武十王傳》云：『奉承貫行。』貫亦行也。」

（3）「貫」為事。

阮氏元《揅經室集》曰：「吾道一以貫之，此言孔子之道皆於行事見之，非徒以文學爲教也。……」（頁 151～152）

子曰：「德不孤，必有鄰。」（〈里仁〉）

《正義》解此句：

（1）張栻《解》云：「德立於己，則天下之善斯歸之，蓋不孤也。如善言之集，良朋之來，皆所謂『有鄰』也。至於天下歸仁，是亦『不孤』而已矣。」

（2）《易．坤．文言》曰：「君子敬以直內，義以方外，敬義立而德不孤。」言內外皆有所立，故德不孤。不孤者，言非一德也。……「必有鄰」者，言己有德，則有德之人亦來歸也。

（3）皇《疏》：「又一云鄰，報也。言德行不孤矣，必爲人所報也。故殷中堪曰：『推誠相與，則殊類可親，以善接物，物亦不皆忘，以善應之，是以德不孤焉，必有鄰也。』」（頁 159）

子游曰：「事君數，斯辱矣；朋友數，斯疏矣。」（〈里仁〉）

《正義》解「數」：

（1）「數」為遠。

吳氏嘉賓《說》：「『數』與『疏』對，《記》曰『祭不欲數』是也。君子之交淡如水，小人之交甘如醴。君子淡以成，小人甘以壞，事君與交友皆若是矣。『數』者，昵之至於密焉者也。惟恐其辱，乃所以召辱，不欲其疏，乃所以取疏，故曰上交不諂，下交不瀆。」

（2）「數」為數己之功勞。

《釋文》云：「數，鄭世主反，謂數己之功勞。」

（3）「數」為責。

先兄五河君《經義說略》辨之云：「如鄭此說，則下『朋友數』不可通，當訓爲數君友之過。《漢書．項籍傳》、《陳餘傳》、《司馬相如傳下》、《主父偃傳．

注》並云：『數，責也。』《國策・秦策・注》『數讓』，『責讓』，皆數其過之義。《儒行》：『其過失可微辨，而不可面數也。』謂不可面相責讓也。」

（4）「數」為「速數」之數。

（何晏）《注》曰：「數謂『速數』之數。」……胡氏紹勳《拾義》申此《注》云，謂「數者，疾諫也。」又謂「數有驟義，如《廣雅・釋詁三》、《小爾雅・廣言》皆訓『驟』爲『數』。《左傳》宣二年『驟諫』服《注》、《楚辭・悲回風》『驟諫君而不聽兮』《注》並云：『驟，數也。』驟諫未有不致辱者。」（頁 160～161）

宰予晝寢（〈公冶長〉）

《正義》解「晝」句：

（1）釋「晝」為白日。

江氏聲《論語竢質》：「《說文》：『晝，日之出入，與夜爲界。』是日出後爲晝。凡人雞鳴而起，宰我日出後尚寢寐未起，故責之。」

（2）釋「晝」為畫。

韓、李《筆解》謂「晝，舊文作畫字」。……春秋時，大夫、士多美其居，故土木勝而知氏亡，輪奐頌而文子懼。意宰予晝寢，亦是其比。夫子以「不可雕」、「不可朽」譏之，正指其事。（頁 178）

宰我問曰：「仁者，唯告之曰，『井有仁焉』。其從之也？」子曰：「何爲其然也？君子可逝也，不可陷也；可欺也，不可罔也。」（〈雍也〉）

《正義》解「逝」字：

（1）釋為往。

「逝往」，《爾雅・釋詁》文。「往視之」者，思所以出之也。

（2）釋為折。

俞氏樾《平議》讀「逝」爲「折」，云：「君子殺身成仁則有之，故可得而摧折，不可以非理陷害之。」（頁 242~243）

子曰：「自行束修以上，吾未嘗無誨焉。」（〈述而〉）

《正義》解「束修」爲：

（1）執禮

「修」與「脩」同，謂以脩爲摰，見其師也。《周官・膳夫》：「凡肉脩之頒賜，皆掌之。」《腊人》：「掌乾肉，凡田獸之脯腊膴胖之事。」鄭《注》：「薄析曰脯，錘之而施薑桂曰鍛脩。」《釋名·釋飲食》：「脯又曰脩。脩，縮也，乾燥而縮也。」《曲禮》云：「以脯脩置者，左朐右末。」……是「束脩」爲摯禮。

（2）以「束脩」表年

李賢《後漢·延篤傳·注》：「束脩謂束帶脩飾，鄭注《論語》曰：『束脩謂年十五以上也。』」李引鄭《注》，所以廣異義。人年十六爲成人，十五以上可以行摯見師，故舉其所行之摯以表其年。若然，則十五以下未能行摯，故《曲禮》云：「童子委摯而退。」「委摯」者，委於地也。《後漢·伏湛傳》：「杜詩薦湛曰：『湛自行束脩，訖無毀玷。』」《隸釋·謁者景君墓表》：「惟君束脩仁知。」《幽州刺史朱龜碑》：「仁義成於束脩，孝悌根其本性。」《隸續·金恭碑》：「束脩聰。」皆以「束脩」表年。

（3）約束修飾

《後漢·和帝紀》「束修良吏」，〈鄧后紀〉「故能束修，不觸羅網」，〈鄭均傳〉「束修安貧，恭儉節整」，〈馮衍傳〉「圭潔其行，束修其心」，〈劉般傳〉「束修至行」，〈胡廣傳〉「使束修守善，有所勸仰」，〈王龔傳〉「束修勵節」，皆以約束修飾爲義。（頁 258）

子曰：「文莫吾猶人也。躬行君子，則吾未之有得。」（〈述而〉）

《正義》解「文莫」

（1）「黽」解「努力」

先從叔丹徒君《駢枝》曰：「楊慎《丹鉛錄》引晉欒肇《論語駁》曰：『燕、齊謂勉強爲文莫。』又《方言》曰：『侔莫，強也。北燕之外郊，凡勞而相勉，若言努力者，謂之侔莫。』案：《說文》：『忞，強也。慔，勉也。』『文莫』即『忞慔』，假借字也。《廣雅》亦云：『文，強也。』黽勉、密勿、蠠沒、文莫，皆一聲之轉。文莫行仁義也，躬行君子，由仁義行也。」謹案：《淮南子·謬稱訓》：「猶未之莫與。」高誘《注》：「莫，勉之也。」亦是借「莫」爲「慔」。夫子謙不敢居安行，而以勉強而行自承，猶之言學不敢居生知，而以學知自承也。

（2）訓「莫」為定

胡氏紹勳《拾義》以「莫」訓「定」，屬下「吾猶人也」爲句，引《詩》「求民之莫」爲據。（頁 281～282）

子曰：「吾自衛反魯，然後樂正，〈雅〉、〈頌〉各得其所。」（〈子罕〉）

《正義》解「〈雅〉、〈頌〉各得其所：

（1）**整理其篇第**

《鄉飲酒禮・注》云：「後世衰微，幽、厲尤甚。禮樂之書，稍稍廢棄。孔子曰：『吾自衛反於魯』云云，謂當時在者而復重雜亂者也，惡能存其亡者乎？」《周官・太師》先鄭《注》亦云：「時禮樂自諸侯出，頗有謬亂不正，孔子正之。」則二鄭以〈雅〉、〈頌〉所爲整理其篇第也。

（2）**正樂**

毛氏奇齡《四書改錯》不從鄭說，謂正樂非正《詩》。又云：「正樂，正樂章也，正〈雅〉、〈頌〉之入樂部者也。」

（3）**正音**

包氏愼言《敏甫文鈔》云：「《論語》、『《雅》、《頌》』以音言，非以《詩》言也。樂正而律與度協，聲與律諧，鄭、衛不得而亂之，故曰得所。……」（頁 345～346）

不忮不求，何用不臧？

《正義》釋「忮」：

（1）何晏《注》：馬曰：「忮，害也。」

（2）《說文》：「忮，很也。」《漢書・寧成傳》：「汲黯爲忮。」師古曰：「忮，意堅也。」（頁 356）

子路曰：「衛君待子而爲政，子將奚先？」子曰：「必也正名乎！」（〈子路〉）

《正義》釋「正名」：

（1）**正世子之名**

《史記・孔子世家》：「是時，衛公輒父不得立，在外，諸侯數以爲讓。而孔子弟子多仕於衛，衛君欲得孔子爲政。子路曰：『衛君待子而爲政』云云。是正名指蒯聵之事，此必《古論》家說，受之安國者也。正名者何？正世子之名也。《春秋》：「哀二年夏，晉趙鞅帥師納衛世子蒯聵於戚。」孔《疏》：「世子者，父在之名。蒯聵父既死矣，而稱世子者，晉人納之，世子告之，是正世子以示宜爲君也。《春秋》以其本是世子，未得衛國，無可褒貶，故因而書世子耳。」據此，是世子之稱，《春秋》不以爲非而存之。則此「正名」，即世子之名可知。

（2）**正文字**

鄭此《注》云：「正名謂正書字也。古者曰名，今世曰字。《禮記》曰：『百名已上，則書之於策。』孔子見時教不行，故欲正其文字之誤。（頁 517～520）

子張問行。子曰：「言忠信，行篤敬，雖蠻貊之邦行矣。言不忠信，行不篤敬，雖州里行乎哉？立則見其參於前也，在輿則見其倚於衡也，夫然後行。」子張書諸紳。（〈衛靈公〉）

《正義》釋「參」字：

（1）參然在目前

何晏《注》：「立，則常想見參然在目前。」

（2）與我相參

朱子《集注》云：「參讀如『毋往參焉』之參，言與我相參也。」

（3）直

王氏引之《經義述聞》：「家大人曰：『參字可訓爲直，故《墨子・經篇》曰：「參，直也。」《論語》「參於前」，謂相直於前也。《呂氏春秋・有始篇》：「夏至日行近道，乃參於上。」謂直人上也。《淮南・說山篇》：「越人學遠射，參天而發。」謂直天而發也。』自《注》：「〈鄘風・柏舟〉《釋文》引《韓詩》曰：「直，相當値也。」」

（4）積絫於前

俞氏樾《群經平議》又以「參」爲「厽」。《玉篇》曰：「厽，《尙書》以爲參字。」蓋《西伯　黎篇》「乃罪多參在上」，古字作「厽」。《說文・厽部》：「厽，參坺土爲牆壁，象形。」《尙書》、《論語》並作當「厽」，參之言絫也，言見其積絫於前也。（頁 617）

附錄二：《論語正義》考辨《齊》、《古》、《魯》三家之例

《正義》關於《齊》、《古》、《魯》三家之考辨尚有：

孝弟也者，其爲仁之本與。(〈學而〉)

《正義》曰：宋氏翔鳳鄭《注》輯本「爲仁」作「爲人」，云：「言人有其本性，則成功立行也。」案：「仁」、「人」當出《齊》、《古》、《魯》之異文。(頁 8)

子曰：「可也；未若貧而樂，富而好禮者也。(〈學而〉)

《正義》曰：今案：作「樂道」，自是《古論》。《漢書・王莽傳》、《後漢書・東平王蒼傳・注》引並無「道」字，與鄭本同。下篇「回也不改其樂」，「樂亦在其中矣」，皆不言樂道，而義自可通，故鄭不從《古》以校《魯》也。(頁 33)

按：「樂道」是《古論》之說，鄭《注》採《魯論》，無「道」字，此鄭不從《古》以校《魯》之例。

道之以德，齊之以禮，有恥且格。(〈爲政〉)

《正義》曰：〈漢祝睦碑〉：「導濟以禮。」皇本兩「道」字並作「導」。《釋文》：「道，音導。下同。」《說文》：「導，導引也。」此義亦通。〈祝睦碑〉作「導」，作「濟」。又云「有恥且恪」，諸異文當出《齊》、《古》。(頁 41)

按：今本「道」、「齊」、「格」，《祝睦碑》作「導」、「濟」、「恪」，爲《齊》、《古》異文。〔註 1〕

孟懿子問孝。子曰：「無違。」(〈爲政〉)

《正義》曰：《漢石經》作「毋違」。《論衡・問孔篇》亦作「毋違」，《士昏禮・注》：「古文毋作無。」意此亦《古》、《魯》之異。(頁 46)

按：今本「無違」，《古論》作「毋違」；《魯論》作「無違」。

有酒食，先生饌。(〈爲政〉)

《正義》曰：《釋文》：「饌，鄭作餕。」《初學記・孝部》引鄭此《注》云：「食餘曰餕。」與馬《注》本作「饌」不同。陳氏鱣《論語古訓》、段氏玉裁《說文・注》

〔註 1〕鄭毅庵謂：「導與道同，《集解》引馬注曰：『齊整之以刑罰。』馬傳《古論》，故疑作道作齊者爲《古論》，作導作濟者爲《魯論》。格之與恪，疑與《古》《魯》異文，劉氏謂異文出《齊》《古》，似非。」(〈論語古文今文疏證〉，頁 263。)

並以馬作「餜」爲《古論》，鄭作「餕」爲《魯論》是也。《特牲饋食禮》及《有司徹注》並云：「古文餋，皆作餕。」（頁 51）

按：今本「餜」，古文「餋」作「餕」，鄭以「餕」爲《魯論》，疑是據《齊論》校正。

溫故而知新。（〈爲政〉）

《正義》曰：鄭《注》：「溫讀如『燅溫』之溫。謂故學之孰矣，後時習之，謂之溫。」「燅」或省作「尋」。案：「尋」正字當作「燅」。《說文》：「燅，於湯中瀹肉也。」《儀禮・有司徹》：「乃燅尸俎。」**鄭《注》：**「燅，溫也。古文『燅』皆作『尋』，《記》或作『燅』。《春秋傳》曰：『若可尋也，亦可寒也。』」賈《疏》云：「《論語》及《左傳》與此古文皆作尋。《論語》不破，至此疊古文不從彼尋者，《論語》古文通用，至此見有人作『燅』，有火義，故從今文也。〈郊特性〉云：「血、腥、爓祭。」《注》云：『閻或爲燅。』今此義指彼《記》或讀之，故云：『《記》或作燅』也。哀十二年《左傳》：『若可尋也。』服《注》云：『尋之言重也，溫也。』鄭引之者，證燅尸俎是重溫之義。」案：據賈《疏》是《古論》「溫故」作「尋」，故鄭不破從「燅」，則亦依「尋」釋之，其義當與服虔解誼同。臧氏庸《拜經日記》以《論語》作「溫故」，古文作「尋」，乃鄭《注》文與賈《疏》不合，非也。（頁 54～55）

按：今本「溫」，《古論》作「尋」；《魯論》作「溫」。

子張學干祿。（〈爲政〉）

《正義》曰：《仲尼弟子列傳》作「問干祿」，此出《古論》。《大戴記》有「子張問入官」，即問干祿之意。《魯論》作「學」，謂學效其法也。於義並通。（頁 62）

按：今本「學」，《古論》作「問」；《魯論》作「學」。

季氏旅於泰山。（〈八佾〉）

《正義》曰：鄭氏曰：「臚岱，季氏旅於太山是也。」師古曰：「旅，陳也。臚亦陳也。臚、旅聲相近，其義一耳。」案：「旅」作「臚」，當出《古論》。（頁 85）

按：今本「旅」，《古論》作「臚」；《魯論》作「旅」。

君子之於天下也，無適也，無莫也，義與之比也。（〈里仁〉）

《正義》曰：鄭《注》云：「適讀爲匹敵之敵。」……《白虎通・諍諫篇》：君子所以不爲臣隱何？以爲君之於臣，無敵無莫，義與之比，賞一善而眾臣勸，罰一惡

而眾臣懼。」（頁 147）

按：今本「適」，《古論》作「適」；《魯論》作「敵」，《白虎通》所據應爲《魯論》，而鄭亦作「敵」，疑是據《齊論》而校。

孟伯武問：「子路仁乎？」（〈公冶長〉）

《正義》曰：《史記・弟子列傳》作「季康子問」，當出《古論》。（頁 172）

子曰：「赤也，束帶立於朝，可使與賓客言也，不知其仁也。（〈公冶長〉）

《正義》曰：〈漢孫根碑〉「束鞶立於朝」，本此文。當爲《齊》、《古》之異。（頁 175）

按：今本「束帶」，〈漢孫根碑〉作「束鞶」，《正義》以爲當是《齊》、《古》之異。

未知。焉得仁？（〈公冶長〉）

《正義》曰：《釋文》：「『未知』如字，鄭音智。《注》及下同。」《漢書・古今人表》先列聖人，次仁人，次智人，其序篇引此二語。《論衡・問孔篇》：「子文曾舉子玉代己位而伐宋，以百乘敗而喪其眾，不知如此，安得爲仁？」《中論・智行篇》：「或曰：然則仲尼曰『未知，焉得仁？』乃高仁邪？何謂也？對曰：仁固大也。然則仲尼亦有所激然，非專小智之謂也。若有人相語曰：彼尙無有一智也，安得乃知爲仁乎？」二文皆讀「知」爲「智」（頁 194）。

按：由此故知《魯論》「未知」作「未智」。

則吾必在汶上矣。（〈雍也〉）

《正義》曰：陸氏《釋文》曰：「一本無『吾』字，鄭本無『則吾』二字。」阮氏元《校勘記》：「《史記》無『則吾』二字。」與鄭本同。（頁 223）

按：《史記》無「則吾」二字，當爲《古論》。

命矣夫！斯人也而有斯疾也！（〈雍也〉）

《正義》曰：《史記・弟子傳》曰：「命也夫！斯人也而有斯疾，命也夫！」當是《古論》如此。《白虎通・壽命篇》：「命者何謂也？人之壽也，天命已使生者也。」又云：「命有三科：有遭命以遇暴。遭命者，逢世殘賊，若上逢亂君，下必災變暴至，夭絕人命。」下云：「冉伯牛危言止行，而遭惡疾。孔子曰：『命矣夫！斯人而有斯疾也。』」（頁 225～226）

按：今本「命矣夫！斯人也而有斯疾也」，《古論》作「命也夫！斯人也而有斯疾，命也夫。」；《魯論》作「命矣夫！斯人也而有斯疾也！」

加我數年，五十以學《易》，可以無大過矣。(〈述而〉)

《正義》曰：《孔子世家》:「孔子晚而喜《易》，序〈彖〉、〈繫〉、〈象〉、〈說卦〉、〈文言〉。讀《易》，韋編三絕。曰:『假我數年，若是，我於《易》則彬彬矣。』」彼文作「假」，《風俗通義·窮通卷》引《論語》亦作「假」。《春秋》桓元年:「鄭伯以璧假許田。」《史記·十二諸侯年表》作「以璧加魯，易許田」，是「加」、「假」通也。夫子五十前得《易》，冀以五十時學之，明《易》廣大悉備，未可遽學之也。及晚年贊《易》既竟，復述從前「假我數年」之言，故曰:「假我數年，若是，我於《易》則彬彬矣。」「若是」者，竟是之辭。言惟假年，乃彬彬也。《世家》與《論語》所述，不在一時，解者多失之。(頁 268)

按：今本「加」，《魯論》作「加」；《古論》作「假」。

孔子退，揖巫馬期而進之。(〈述而〉)

《正義》曰：《漢書·古今人表》及《呂氏春秋·具備覽》亦作「巫馬旗」。此文作「期」者，梁氏玉繩《人表考》云:「《說文》『施，旗也。』故齊欒施字子旗。」而「期」與「旗」古通。《左》昭十三年「令尹子旗」，《楚語下》作「子期」，定四年「子期」，《呂覽·高義注》作「子旗」，《戰國策》「中期推琴」，《史·魏世家》作「中旗」，皆其譣也。案：鄭豐施亦字子旗，見《左》昭十六年《傳·注》。「旗」本字，凡作「期」，皆假借也。(頁 280)

按：此《正義》未明言《古論》、《魯論》之分，然《說文》作「旗」，則《古論》亦當爲「旗」，今本從《魯論》作「期」。

《誄》曰：「『禱爾于上下神祇』。」(〈述而〉)

《正義》曰：翟氏灝《考異》:「《說文》:『讄，禱也。累功德以求福。《論語》云:「讄曰禱爾于上下神祇。」從言，纍省聲。』重文讄，或不省。又『誄，謚也。從言，耒聲。』此《論語》所引，自有一書名《讄》，與誄異訓，然經典不妨假借用之。故《周禮·大祝》:『作六辭，其六曰誄。』《注》曰:『誄謂積累生時德行以錫之命。《春秋傳》:「孔子卒，哀公誄之。」或曰誄，《論語》所謂「《誄》曰：禱爾于上下神祇」。』《疏》曰:『生人有疾，亦累列其德而爲辭。』故引《論語》文以相續。」又〈小宗伯〉『禱辭於上下神示』，《注》引『讄曰：禱爾于上下神祇』是知『誄』、『讄』通也。」據翟說，是《論語》義當作「讄」，通作「誄」，當是《古》、《魯》文異。(頁 283)

按：今本「誄曰」，《古論》作「讄曰」；《魯論》作「誄曰」。

子曰：「鳳鳥不至，河不出圖，吾已矣夫！」(〈子罕〉)

《正義》曰：《漢書・董仲舒傳》對策曰：「故為人君者，正心以正朝廷，正朝廷以正百官，正百官以正萬民，正萬民以正四方。四方正，遠近莫敢不壹於正，而亡有邪氣奸其間者，是以陰陽調而風雨時，群生和而萬物殖，五穀熟而屮木茂，天地之閒被潤澤而大豐美，四海之內聞盛德而皆徠臣，諸福之物，可致之詳，莫不畢至，而王道終矣。孔子曰：『鳳鳥不至，河不出圖，吾已矣夫！』自悲可致此物，而身卑賤不得致也。」是董以夫子此歎，為己不得受命之故。《易・坤鑿度》：「仲尼偶筮其命，得〈旅〉，泣曰：『天也命也！鳳鳥不至，河無圖至，嗚呼！天命之也。』歎訖而後息志。」與仲舒說同。又《漢書・儒林傳》：「周道既衰，壞於幽、厲，禮樂征伐自諸侯出，陵夷二百餘年而孔子興，以聖德遭季世，知言之不用而道不行，迺歎曰：『鳳鳥不至』云云。」此以「吾已矣夫」為己不逢明君，與董氏異，當由《古》、《魯》不同。(頁 334)

按：「吾已矣夫」，董仲舒以此為夫子為己不得受命之歎；《漢書・儒林傳》之引又以為夫子不逢明君之歎，《正義》以此當為《古》、《魯》之不同。

吾黨有直躬者。(〈子路〉)

《正義》曰：鄭此《注》云：「攘，盜也。我鄉黨有直人名弓，父盜羊則證其罪。」據《注》，是鄭本作直弓，必出《古》、《魯》、《齊》異文。(頁 536～537)

按：今本「直躬」，《古論》作「直躬」；《魯論》作「直弓」。

仰之彌高，鑽之彌堅。瞻之在前，忽焉在後。夫子循循然善誘人，博我以文，約我以禮，欲罷不能。既竭吾才，如有所立卓爾。雖欲從之，末由也已。(〈子罕〉)

《正義》曰：「鑽者」，《說文》云：「鑽，所以穿也。」〈漢嚴發碑〉：「鐫堅仰高。」「鑽」作「鐫」，當由《齊》、《古》文異。「卓爾」者，《說文》：「𠦝，高也。卓，古文𠦝。」〈漢韓勑修孔廟禮器碑〉「卓彲之思」，錢氏大昕《養新錄》謂即《論語》「卓爾」，此亦《齊》、《古》異文。(頁 339)

沽之哉，沽之哉，我待賈者也。(〈子罕〉)

《正義》曰：「沽」，《漢石經》俱作「賈」，見《東觀餘論》。段氏以買賣皆可云「賈」，「沽」是假借字。《玉篇》引「求善賈而及諸」，《說文》云：「秦以市買多得為及。」則作及亦通。此當出《齊》、《古》異文。(頁 343)

按：今本「沽之哉」，《古論》作「賈之哉」；《魯論》作「沽之哉」。

子曰：「苗而不秀者有矣夫！秀而不實者有矣夫！（〈子罕〉）

《正義》曰：翟氏灝《考異》：「牟融《理惑論》云：『顏淵有「不幸短命」之記，「苗而不秀」之喻。』禰衡〈顏子碑〉云：『亞聖德，蹈高蹤，秀不實，振芳風。』李軌《法言．注》云：『仲尼悼顏淵苗而不秀，子雲傷重烏育而不苗。』《文心雕龍》云：『苗而不秀，千古斯慟。』皆以此爲惜顏子。而《世說新語》謂『王戎之子萬有大成之風，苗而不秀』。《梁書》徐勉因子悱卒，爲《答客喻》云：『秀而不實，尼父爲之歎息。』」是六朝以前，人皆以此節爲顏子而發，自必《古論語》家相傳舊義。（頁 352）

按：此《正義》以「苗而不秀」爲傷顏子早夭之解，乃《古論語》家相傳舊義。

「不忮不求，何用不臧？」〔注〕馬曰：「忮，害也。臧，善也。言不忮害，不貪求，何用爲不善？疾貪惡忮害之《詩》。」（〈子罕〉）

《正義》曰：「忮害」、「臧善」，並毛《傳》文。《說文》：「忮，很也。」《漢書．寧成傳》：「汲黯爲忮。」師古曰：「忮，意堅也。」義並相近。「何用爲不善」，明「不忮不求」即爲善也。……鄭《詩箋》云：「言君子之行，不忮害，不求備於一人。」解「不忮」與馬同，「不求」與韓、馬異，或本《齊》、《魯》說。（頁 356～357）

按：馬融解「忮」爲害，「臧」爲善，言不忮不求即爲善。鄭玄解「不忮」與馬融同，「不求」與馬異，《正義》謂或爲《齊》、《魯》異說。

孔子於鄉黨，恂恂如也。（〈鄉黨〉）

《正義》曰：《史記．世家》載此文，《索隱》曰：「恂恂，有本作『逡逡』，音七旬反。」〈陸祝睦後碑〉：「鄉黨逡逡，朝廷便便。」與《索隱》合。《史記．李廣傳．贊》：「李將軍悛悛如鄙人，口不能正辭。《索隱》曰：「《漢書》作『恂恂』，音詢。」「悛」與「逡」同，亦與「恂」同，並聲近字。〈劉脩碑〉：「其於鄉黨，遜遜如也。」亦音義相近，當由《齊》、《古》、《魯》三家文異。（頁 363）

按：今本「恂恂」，《古論》作「恂恂」；《魯論》作「逡逡」。逡、悛、遜或《齊》《魯》異文。

朝，與下大夫言，侃侃如也；與上大夫言，誾誾如也。（〈鄉黨〉）

《正義》曰：案：司寇爲司空兼官，孟孫居之；其小司寇，則臧孫世爲此官。定公時，臧氏不見經傳，意其時臧氏式微，司寇職虛，故孔子得爲之。傳者虛張聖功，以爲孔子實爲大司寇矣。上大夫職尊，孔子所事下大夫，則與孔子同列者也。不及上士以下者，統於下大夫也。《世家》此文先「上大夫」，後「下大夫」，《聘禮注》引同。馮氏登府《異文考證》以爲《古論》，胡氏薰《鄉黨義考》據《魯論》，謂「貴者未至，而賤者先盈，故先與下大夫相見，進而與上大夫相見」，則是《魯論》據與言爲先後，《古論》則據爵之秩次書之。（頁 365～366）

按：「上大夫」、「下大夫」，《魯論》據與言爲先後，《古論》則據爵之秩次書之。

色勃如也，足躩如也。（〈鄉黨〉）

《正義》曰：《玉藻》「色容莊」，《注》謂「勃如戰色」。《說文》兩引「勃如」句，一作「孛」，一作「艴」。《汗簡》云：「艴見《古論語》，竊謂『孛』，亦《古論》異文。作『勃』者，其《齊》、《魯》與！」（頁 370）

按：今本「勃」，《古論語》「艴」、「孛」二字異文；《齊》、《魯》作「勃」。

趨進，翼如也。（〈鄉黨〉）

《正義》曰：「翼如」，《說文》引「趩如」，此出《古論語》。（頁 372）

按：今本「翼如」，此出《古論》作「趩如」；《魯論》作「翼如」。

褻裘長，短右袂。（〈鄉黨〉）

《正義》曰：《說文》䘢下引《論語》「䘢衣長，短右袂」，此當出《古論》。（頁 395）

按：今本「褻裘長」，《古論》作「䘢衣長」。

肉雖多，不使勝食氣。（〈鄉黨〉）

《正義》曰：《說文》：「既，小食也。《論語》云：『不使勝食既。』」段氏玉裁說《魯論》作「氣」，《古論》作「既」，用假借。（頁 412）

按：今本「氣」，《古論》作「既」；《魯論》作「氣」。

德行：顏淵，閔子騫，冉伯牛，仲弓。言語：宰我，子貢。政事：冉有，季路。文學：子游，子夏。（〈先進〉）

《正義》曰：《史記・仲尼弟子列傳》：「孔子曰：『受業身通者，七十有七人。』皆異能之士也。德行：顏淵、閔子騫，冉伯牛，仲弓。政事：冉有，季路。言語：宰我，子貢。文學：子游，子夏。」是此四科爲夫子平時所論列，不必在從陳、蔡時。《弟子傳》先「政事」於「言語」，當出《古論》。（頁 441）

按：《古論》「政事」先於「言語」。

南容三復白圭。（〈先進〉）

《正義》曰：《仲尼弟子列傳》：「三復白圭之玷」，多「之玷」二字，當出《古論》。

（頁 444）

按：今本「白圭」，《古論》作「白圭之玷」；《魯論》作「白圭」。

仲弓問仁。（〈子路〉）

《正義》曰：《史記・弟子傳》作「仲弓問政」。馮氏登府《異文考證》以爲《古論》，然前後章皆是問仁，不應此爲問政，《史記》誤也。（頁 485）

按：此章曰使民在邦，於問政爲近，《論語》前後章次序似無一定，《正義》之說有待商榷。

硜硜然小人哉。（〈子路〉）

《正義》曰：「硜硜」，《孟子・公孫丑下》：「悻悻然見於其面。」趙《注》引此文作「悻悻」。孫奭《音義》：「悻悻，字或作悻悻。」案：「悻」、「硜」同。《論語》作「悻」，當出《齊》、《古》異文。

子曰：「噫！斗筲之人，何足算也？」（〈子路〉）

《正義》曰：《漢書・公孫賀傳・贊》：「斗筲之徒，何足選也？」《鹽鐵論・雜論》作「何足算哉」，「選」、「算」一聲之轉。此當出《齊》、《古》異文。（頁 540）

按：今本「算」，或作「選」，當《齊》、《古》異文。

子路問曰：「何如斯可謂之士矣？」子曰：「切切偲偲，怡怡如也，可謂士矣。朋友切切偲偲，兄弟怡怡。」（〈子路〉）

《正義》曰：《毛詩・常棣・傳》：「兄弟尚恩，熙熙然；朋友以義，切切節節然。」孔《疏》云：「兄弟之多則尚恩，其聚集則熙熙然。朋友之交則以義，其聚集切切節節然。切切節節者，皆切磋勉勵之貌。《論語》云：『朋友切切偲偲，兄弟怡怡。』此『熙熙』當彼『怡怡』，『節節』當彼『偲偲』也。定本『熙熙』作『怡怡』，『節節』作『偲偲』。依《論語》則俗本誤。」此《疏》所載《傳》言甚明晰，但「熙」、「怡」義同，「節」、「偲」聲轉，俗本亦不誤也。解者疑「節節熙熙」是《古論語》，「切切偲偲」是《魯論語》，說亦近之。（頁 548～549）

按：今本「朋友切切偲偲，兄弟怡怡」，《古論》作「朋友切切節節，兄弟熙熙」；《魯論》作「朋友切切偲偲，兄弟怡怡」。

在陳絕糧。（〈衛靈公〉）

《正義》曰：鄭《注》云：「粻，糧也。」本《爾雅・釋言》。陳氏鱣《古訓》謂「《古

論》作『糧』，鄭所注《魯論》作『粻』」，義或爾也。（頁 611）

按：今本「糧」，《古論》作「糧」，《魯論》作「粻」。

工欲善其事，必先利其器。（〈衛靈公〉）

《正義》曰：「利其器」，《漢書·梅福傳》作「厲其器」。惠氏棟《九經古義》以「利」爲《古論》，馮氏登府《異文考證》以「厲」爲《魯論》，二字訓義略同也。（頁 621）

按：今本「利」，《古論》作「利」，《魯論》作「厲」。

好行小惠。（〈衛靈公〉）

《正義》曰：《釋文》：「慧，音惠。」皇本作「惠」，《注》同。此依《魯論》改，不知鄭君定讀已作「慧」也。（頁 628）

按：今本「慧」，《古論》作「慧」，《魯論》作「惠」。

友便辟，友善柔，友便佞。（〈季氏〉）

《正義》曰：《說文》：「諞，便巧言也。從言，扁聲。《周書》曰：『截截善諞言。』《論語》曰：『友諞佞。』」此當出《古論》。（頁 658）

按：今本「便」，《古論》作「諞」，《魯論》作「便」。

言未及之而言謂之躁。（〈季氏〉）

《正義》曰：《釋文》引《注》更云：「魯讀躁爲傲，今從古。」盧氏《考證》曰：「未及言而先自言之，是以己所知者，傲人之所不知也。」此則魯義，與古不同。（頁 660）

按：今本「躁」，《古論》作「躁」，《魯論》作「傲」。

小人不知天命而不畏也，狎大人，侮聖人之言。（〈季氏〉）

《正義》曰：《廣雅·釋詁》：「侮，輕也，傷也。」《漢書·外戚中山衛姬傳》：「不畏天命，侮聖人言。」師古曰：「侮，古侮字。」案：《說文》「侮」下云：「侮，古文從母。」《外戚傳》所引，當出《古論》。（頁 661～662）

按：今本「侮」，《古論》作「侮」。

滔滔者天下皆是也，而誰以易之？（〈微子〉）

《正義》曰：又「滔滔」，《釋文》引鄭本作「悠悠」，《世家》載此文正作「悠悠」，僞孔《注》本亦同。陳氏鱣《古訓》曰：「《後漢書·朱穆傳》：『悠悠者皆是，其可稱乎？』亦本此。」洪氏頤煊《讀書叢錄》:「《文選・養生論》:『夫悠悠者，既以未效不求。』李善引此文當作『悠悠』，今本作『滔滔』，後人所改。」案:《鹽鐵論・大論篇》言孔子云:「悠悠者皆是。」皆同鄭本，當是《古論》。《集解》從《魯論》作「滔滔」也。(頁 721～722)

按:今本「滔滔」,《古論》作「悠悠」,《魯論》作「滔滔」。

身中清，廢中權。(〈微子〉)

《正義》曰:「廢中權」,《釋文》引「鄭作發，云動貌」。案:「貌」疑「作」也。《後漢書・隗囂傳》:「方望曰:『動有功，發中權。』」此謂行事所發見也。皇《疏》引江熙曰:「晦明以遠害，發動中權也。」二文並作「發」，與鄭本同。當由《齊》、《魯》文異。(頁 728～729)

按:今本「廢」,《古論》作「廢」,《魯論》作「廢」,《正義》謂鄭本「廢」作「發」，是據《齊論》校。

君子之道，焉可誣也。(〈子張〉)

《正義》曰:《漢書・薛宣傳》:「宣令薛恭、尹賞換縣，移書勞勉之曰:『昔孟公綽優于趙、魏，而不宜滕、薛，故或以顯德，或以功舉，君子之道，焉可憮也？』」《注》:「蘇林曰:『憮，同也，兼也。』晉灼曰:『憮音誣。』師古曰:『謂行業不同，所守各異。』」此引《論語》作「憮」，當由《齊》、《古》異文。(頁 743～745)

按:今本「誣」,《漢書》引作「憮」,《正義》謂爲《齊》、《古》異文。〔註 2〕

〔註 2〕此條鄭毅庵謂「《集解》引馬曰:『君子之道焉可使誣。』以誣爲欺誣，言教人以所不能，則爲欺誣。馬氏傳《古論》，故知《古論》作誣。蘇林師古註《漢書》，訓憮爲同，當是《張侯魯論》義。晉灼音憮爲誣，蓋謂憮爲誣之假借，用《古論》義。劉寶楠謂作憮爲《齊》《古》異文，非是。應爲《魯》《齊》異文也。」(〈論語古文今文疏證〉，頁 260~261)。

附錄三：《論語正義》以歷史眼光釋經之例

《正義》書中以歷史眼光釋經之例尚有：

「子張學干祿」章（〈爲政〉）

《正義》曰：蓋古者鄉舉里選之法，皆擇士之有賢行學業，而以舉而用之，故寡尤、寡悔即是得祿之道。當春秋時，廢選舉之務，世卿持祿，賢者隱處，多不在位，故鄭以寡尤、寡悔有不得祿，而與古者得祿之道相同，明學者干祿，當不失其道，其得之不得，則有命矣。（頁 63）

按：此以春秋時選舉之務廢，賢者隱處，多不在位，故孔子教子張「寡尤、寡悔」，以爲干祿之道。

哀公問：「何爲則民服？」章（〈爲政〉）

《正義》曰：案：春秋時，世卿持祿，多不稱職，賢者隱處，雖有仕者，亦在下位，故此告哀公以舉措之道，直者居於上，而枉者置之下位，使賢者得盡其才，而不肖者有所受治，亦且畀之以位，未甚決絕，俾知所感奮而猶可以大用。（頁 64）

按：此亦以春秋時選舉之務廢，賢者不在位，孔子告哀公任才舉措之道。

季康子問：「使民敬、忠以勸，如之何？」章（〈爲政〉）

《正義》曰：案：此欲康子復選舉之舊也。春秋時，大夫多世爵，其所辟僚佐，又皆奔走使令之私，善者不見任用，故夫子令其舉之。（頁 65）

按：此亦以春秋時選舉之務廢，孔子告季康子復選舉之道。

孔子謂季氏，「八佾舞於庭，是可忍也，孰不可忍也？」（〈八佾〉）

《正義》曰：當時君臣不能以禮禁止，而遂安然忍之，所謂魯以相忍爲國者也。管氏同《四書紀聞》：「當其萬也，臧孫曰：『是之謂不能庸先君之廟。』大夫遂怨平子，君臣謀之，而乾侯之難作矣。夫昭公欲逐意如，誠可謂輕舉而得禍，而其臣臧郈等之勸以逐者，皆爲私也。然而季氏之惡，豈復可忍乎？謂昭公制之不得道則可，謂季氏之惡可忍而不誅，則亂臣賊子無一而非可忍之人矣。而觀《左氏》及《公羊》，則當時之人，率以意如爲可忍，故孔子特發此言，寬弱主，罪逆臣，而深警當時之瞶瞶者。」案：管說是也。《後漢・荀爽》對策及魏高貴鄉公、文欽、晉元帝、盧諶、庾亮等，凡聲罪致討，皆用此文說之，其意皆與《紀聞》合。（頁 78）

按：春秋時，禮壞樂崩，越份僭禮之事甚多，此以管同《四書紀聞》所論史事，闡發孔子之意。

林放問禮之本。子曰：「大哉問！禮，與其奢也，寧儉；喪，與其易也，寧戚。」（〈八佾〉）

《正義》曰：當夫子時，奢僭失禮，大非文、周制作之舊，故夫子屢言「從周」。從周者，從乎文、周之所制以修明之而已。然世變已亟，或猶慮從周不足以勝之，則惟欲以質救文。《春秋》今文家以夫子作《春秋》，欲變周從殷，即此義也。林放意亦欲以質救文，故夫子聞其所問，深美大之。大之者，大其有維世之意，撥亂反正，不失仁術也。（頁 82～83）

按：以亦以當時僭禮之事，言孔子「從周」之意，及作《春秋》之用心所在。

子曰：「事君盡禮，人以爲諂也。」（〈八佾〉）

《正義》曰：當時君弱臣彊，事君者多簡傲無禮，或更僭用禮樂，皆是以臣干君。「盡禮」者，盡事君之禮，不敢有所違闕也。時人以爲諂，疑將有所求媚於君，故王孫賈有媚奧媚竈之喻，亦以夫子是諂君也。（頁 115）

按：此亦以當時君弱臣強，臣子僭用禮樂，故孔子教以事君之禮。

宰予晝寢。（〈公冶長〉）

《正義》曰：春秋時，大夫、士多美其居，故土木勝而知氏亡，輪奐頌而文子懼。意宰予晝寢，亦是其比。夫子以「不可雕」、「不可杇」譏之，正指其事。（頁 178）

按：此以春秋時士大夫多美其居一事，釋宰予晝寢之事。

子曰：「知之者，不如好之者；好之者，不如樂之者。」（〈雍也〉）

《正義》曰：「至春秋時，庠塾之制廢，詩書之澤衰，人多不知學，故此言「知之者」，明與不知有異也。（頁 235）

按：此以春秋時學校多廢，言「知之者」與不知者之別。

子曰：「與於《詩》、立於禮，成於樂。」（〈泰伯〉）

《正義》曰：夫子時，世卿持祿，人不由學進，故學制盡失。聖門弟子，自遠至者，多是未學，夫子因略本古法教之，學《詩》之後即學禮，繼乃學樂。蓋《詩》即樂章，而樂隨禮以行，禮立而後樂可用也。（頁 298）

按：此言春秋時世卿持祿，不由學進，故學制盡失，孔子便本古法教學生，使之先學《詩》，後學禮，繼之學樂。

子曰：「苟有用我者，期月而已可也，三年有成。」（〈子路〉）

《正義》曰：當春秋時，魯、衛之政，尙爲兄弟，故夫子去魯後，獨久居衛，願治之也。（頁 530）

按：此以政治概孔子之言。

樊遲請學稼（〈子路〉）

《正義》曰：當春秋時，世卿持祿，廢選舉之務，賢者多不在位，無所得祿，故樊遲請夫子學稼、學圃，蓋諷子以隱也。（頁 524）

按：此亦以春秋時選舉之廢，故孔子譏樊遲學稼、學圃乃欲求隱。

子曰：「君子謀道不謀食。耕也，餒在其中矣；學也，祿在其中矣。君子憂道不憂貧。」（〈衛靈公〉）

《正義》曰：春秋時，士之爲學者，多不得祿，故趨於異業。而習耕者眾，觀於樊遲以學稼、學圃爲請，而長沮、桀溺、荷蓧丈人之類，雖隱於耕，而皆不免謀食之意。則知當時學者以謀食爲亟，而謀道之心或不專矣。夫子示人以君子當謀之道，學當得祿之理，而耕或不免餒，學則可以得祿，所以誘掖入於學，而凡爲君子者，當自勉矣。（頁 637）

按：此與上一條意同。

附錄四：《論語正義》疏釋精當之例

《正義》一書疏釋精當者尚有：

君子不重，則不威；學則不固。（〈學而〉）

《集解》：孔安國曰：「固，蔽也。」一曰：「言人不能敦重，既無威嚴，又不能堅固識其義理。」

《正義》：鄭注〈曲禮〉云：「固，謂不達於理也。」注〈祭義〉云：「固，猶質陋也。」皆蔽塞之意。下篇夫子告子路曰：「好仁不好學，其蔽也愚；好知不好學，其蔽也蕩；好信不好學，其蔽也賊；好直不好學，其蔽也絞；好勇不好學，其蔽也亂；好剛不好學，其蔽也狂。」是言不學之蔽，而可知人之成達材必皆由學矣。（頁 22）

按：「固」字一作「固蔽」解；一作「堅固」解。《集解》、皇《疏》、邢《疏》、《集注》都從「堅固」之意，而《正義》此句釋「固」爲「固蔽」，言學則不會有所固蔽，正足以說明學的效果，觀〈陽貨篇〉「六言六蔽」之論，故知固蔽之因來自於不好學，解爲「固蔽」，較「堅固」之義勝。〔註 1〕

夷狄之有君，不如諸夏之亡也。（〈八佾〉）

《集注》：孔子傷時亂而歎之也。（頁 62）

《正義》：此篇專言禮樂之事，楚、吳雖迭主盟中夏，然暴彊踰制，未能一秉周禮，故不如諸夏之亡君，其政俗猶爲近古也。（頁 84）

按：此章《集解》等皆無明確解釋，唯《正義》以禮樂解之。

學而不思則罔，思而不學則殆。（〈爲政〉）

《集解》：不學而思，終卒不得，徒使人精神疲殆。

《正義》：王氏引之《經義述聞》，謂此經「殆」字，及「多見闕殆」，「殆」皆訓疑。引何休《公羊》襄四年《注》：「殆，疑也」爲據，思而不學，則事無徵驗，疑而不能定也。其說亦通。（頁 58）

按：《集解》釋「殆」爲疲殆，皇《疏》、邢《疏》皆從此解。《正義》釋「殆」爲疑。《集解》言思而不學，終無所得，而使精神疲殆，此解不甚恰當，不若疑而未

〔註 1〕參見陳如勳著，《論語集解、皇疏、邢疏、集注、正義、諸家異解辨正》（臺北：文津出版社，1986 年 2 月），頁 20。

決之意，較爲切實。

舉直錯諸枉，則民服。舉枉錯諸直，則民不服。（〈爲政〉）

《集解》： 包曰：「哀公，魯君諡。錯，置也。舉用正直之人，廢置邪枉之人，則民服其上。」

《集注》： 錯，舍置也。程子曰：「舉錯得義，則人心服。」（頁 58）

《正義》： 鄭《注》云：「措，猶投也。諸，之也。言投於下位也。」案：春秋時，世卿持祿，多不稱職，賢者隱處，雖有仕者，亦在下位，故此告哀公以舉措之道。直者居於上，而枉者置之下位，使其賢者得盡其才，而不肖者有所受治。亦且畀之以位，未甚決絕，俾知所感奮而猶可以大用。故下篇告樊遲以「舉直錯諸枉，能使枉者直」，即此義也。（頁 64）

按： 《正義》評《集解》之說曰：「包以邪枉之人不當復用，故以錯爲廢置，與上句言舉言用之相反見義。此亦用人之一術，自非人君剛明有才，不克爲此。《荀子・王制篇》：『能不待次而舉，罷不能不待須而廢。』即包此意。與夫子尊賢容眾之德，似不甚合。且哀公與三桓釁隙已深，夫子必不爲此激論也。」程樹德《論語集釋》曰：「劉氏之說是也。以經解經，可與夫子告樊遲舜有天下選於眾，但言舉皋陶，不言錯四凶相證。若如諸家解，則二「諸」字虛設矣。《集解》、《集注》均失之矣。」（頁 118）

放於利而行，多怨。（〈里仁〉）

《集解》： 孔安國曰：「放，依也。每事依利而行，取怨之道。」

《正義》： 《漢書》公孫賀等〈傳・贊〉引桓寬《鹽鐵論》曰：「桑大師不師古，始放末利。」師古注：「放，縱也，謂縱心於利也。」（頁 149）

按： 《集解》釋「放」爲依，皇《疏》、邢《疏》、《集注》皆依此爲解。《正義》解爲「依」、爲「縱」，皆通，然「依」字語氣較緩，「縱」字語氣較重，若從與下文的關係觀之，利愈縱則怨愈多，「放」解爲「縱」較能與「多」字相應。〔註 2〕

事父母幾諫。見志不從，又敬不違，勞而不怨。（〈里仁〉）

皇《疏》： 云勞而不怨者，若諫又不從，或至十至百則已，不敢辭己之勞，以怨於親也。故《禮記》云：「雖撻之流血，不敢疾怨」是也。（頁 130）

《正義》： 王氏引之《經義述聞》：「勞，憂也。高誘注《淮南・精神篇》曰：『勞，

〔註 2〕同註 1 所引書，頁 54。

憂也。』凡《詩》言『實勞我心』、『勞心忉忉』、『勞心慱慱』、『勞人草草』之類，皆謂憂也。《論語》『勞而不怨』，承上『見志不從』而言，亦謂憂而不怨也。〈曲禮〉曰：『三諫而不聽，則號泣而隨之，可謂憂矣。』皇侃《疏》內引〈內則〉『撻之流血，不敢疾怨』以爲證。案：『撻之流血』，非勞之謂也。邢昺《疏》曰：『父母使己以勞辱之事，已當盡力服其勤，不得怨父母。』則又與上文譏諫之事無涉，胥失之矣。《孟子・萬章篇》曰：『父母愛之，喜而不忘；父母惡之，勞而不怨。』勞與喜相類，亦謂憂而不怨也。」（頁 155～156）

按：《集解》釋「勞」爲勞苦、勞辱。邢《疏》、《集注》之解宗之。《正義》釋「勞」爲憂，原因已引《經義述聞》說明之，於父母有過，子女當微言勸諫，見志不從，當反覆再諫，雖勞而不怨，此勞當指憂心之事，意勝於勞苦之事。

默而識之，學而不厭，誨人不倦，何有於我哉？

《集解》：鄭玄曰：「無是行於我，我獨有之。」

《集注》：何有於我，言何者能有於我也。三者已非聖人之極致，而猶不敢當，則謙而又謙之辭也。（頁 93）

《正義》：何有，皆爲不難也。（頁 254）

按：《集解》釋「何有」爲他人無此行，惟我獨有之。皇《疏》、邢《疏》宗之。《集注》則釋爲有於我，爲自謙之辭。第一解，釋他人無是行，惟我獨有之，此解有過於高傲而卑視他人之嫌，與孔子謙沖自牧的性格不合。而「學而不厭，誨人不倦」之事，亦無需過於自謙，孔子亦曾言：「抑爲之不厭，誨人不倦，則可謂云爾已矣。」此皆爲理所當爲之事，自是當仁不讓，故《集注》之解，也不恰當。《正義》解爲不難，與《論語》其他篇亦能相應，如〈里仁篇〉有「能以禮讓爲國乎，何有」，〈雍也篇〉、〈子路篇〉有「於從政乎何有」，〈子罕篇〉有「何有於我哉」之語。《集解》於〈里仁篇〉注云：「何有者，言不難也。」皇《疏》於〈里仁篇〉云：「故云何有，言其易也。」又於〈雍也篇〉云：「何有，言不足有也。故衛瓘曰：『何有者，有餘力也。』」以上各篇，邢《疏》均從何晏《集解》。朱注於〈里仁篇〉亦云：「何有，言不難也。」孟子曰：「於答是也何有」（告子），朱注不採趙岐注，亦解「何有」二字爲不難。故「何有於我哉」之「何有」與「能以禮讓爲國乎，何有」之「何有」，同屬一詞，應同作不難解。〔註 3〕

文莫吾猶人也。躬行君子，則吾未之有得（〈述而〉）

〔註 3〕同註 1 所引書，頁 75～76。

《集解》：孔安國曰：「莫，無也。文無者，猶俗言文不也。文不吾猶人者，凡言文皆不勝於人。」

《集注》：莫，疑辭。猶人，言不能過人，而尚可以及人；未之有得，則全未有得，皆自謙之辭。（頁 101）

《正義》：先從叔丹徒君《駢枝》曰：「楊愼《丹鉛錄》，引晉欒肇《論語駁》曰：『燕、齊謂勉強爲文莫。』又《方言》曰：『侔莫，強也。北燕之外郊，凡勞而相勉，若言努力者，謂之侔莫。』案：《說文》：『忞，強也。慔，勉也。』『文莫』即『忞慔』，假借字也。……文莫，行仁義也；躬行君子，由仁義行也。」（頁 281）

按：《集解》釋「莫」字爲無、不。皇《疏》、邢《疏》宗此說。《集注》則以「莫」爲疑辭。《正義》本欒肇之說，讀「文莫」爲「忞慔」，訓爲黽勉。文侔、忞黽，雙聲。莫、慔、勉通訓，即黽勉。以聲音訓詁得其本意，孔子言己無勝於人，唯勤勉行仁義，意同於「我非生而知之，好古敏以求之」之意。意勝於前二解。

子罕言利與命與仁。（〈子罕〉）

《集解》：罕，希也。利者，義之和也。命者，天之命也。仁者，行之盛也。寡能及之，故希言也。

皇《疏》：與者，言語許與之也。（頁 289～290）

《正義》：阮氏元《論語論仁篇》：「孔子言仁者詳矣，曷爲曰『罕言』也？所謂罕言者，孔子每謙不敢自居於仁，亦不輕以仁許人也。」（頁 320）

按：《集解》釋「與」爲及，作連詞用，邢《疏》、《集注》皆宗此說。《正義》申言皇《疏》之意，觀《論語》書中，孔子所罕言者惟利耳，言「命」者除本章外，尚有十七處，除去解釋爲命令的七處，與子張子夏言命有兩處外，孔子自身論及者尚有八處，如：〈爲政篇〉：「吾十有五而志於學，……五十而知天命。」〈雍也篇〉：「伯牛有疾，子問之，自牖執其手曰：亡之，命矣夫！」〈先進篇〉：「孔子對曰：有顏回者好學，不幸短命死矣！」〈先進篇〉：「賜不受命而貨殖焉，億則屢中。」〈憲問篇〉：「道之將行也與，命也；道之將廢也與，命也；公伯寮其如命何。」〈季氏篇〉：「君子有三畏：畏天命、畏大人，畏聖人之言。小人知天命而不畏也，狎大人，侮聖人之言。」〈堯曰篇〉：「不知命，無以爲君子也。」至於《論語》論仁，多至一百零六字，共五十七章論仁，故孔子論命、論仁，並不少，故此以孔子不敢自居於仁，亦不輕以仁許人，意較恰當。〔註 4〕

〔註 4〕同註 1 所引書，頁 88。

子絕四：毋意，毋必，毋固，毋我（〈子罕〉）

《集解》：以道爲度，故不任意。

《集注》：意，私意也。（頁 109）

《正義》：段玉裁《注》：「意之訓爲測度，如論語『毋意』，『不億不信』，『億則屢中』，其字俗作億。」王氏引之《經義述聞》：「〈少儀〉『毋測未至』，《注》曰：『測，意度也。』毋意，即毋測未至也。」案段、王說同。（頁 327）

按：《集解》釋「意」爲任意，皇《疏》、邢《疏》宗之。《集注》則釋爲私意。《正義》以「意」爲測度之解。《論語》中，孔子屢教導弟子勿妄作測度，亦以不妄測度自許，如〈憲問篇〉：「不億不信」，即教人勿測度不可信之事。〈爲政篇〉：「子張學干祿」，孔子教以「多聞多闕疑」。又於〈子路〉、〈爲政〉兩篇，教子路以「君子於其所不知，蓋闕如也」，「知之爲知之，不知爲不知，是知也」，皆教人於所疑或所不知的事，不宜妄下臆斷。〈述而篇〉：「蓋有不知而作之者，我無是也。」可見孔子也能實踐不妄測臆度的原則。《集解》釋「毋我」爲「唯道是從，故不有其身」，釋「毋意」爲「以道爲度，故不任意」文雖小異，義則相同。《集注》釋「意」爲私意，釋「我」爲私己，兩用「私」字，「意」與「我」之意無大分別，故以《正義》之解爲要。〔註 5〕

先進於禮樂，野人也。後進於禮樂，君子也。如用之，則吾從先進。（〈先進〉）

《集解》：包曰：「先進、後進，謂仕先後輩。禮樂因世損益，後進與禮樂，俱得時之中，斯君子矣。先進有古風，斯野人也。將移風易俗，歸之淳素，先進猶近古風，故後之。」

皇《疏》：先進後進者，謂先後輩人也。先輩，謂五帝以上也，後輩謂三王以還也。（頁 366）

《集注》：先進後進，猶言前輩後輩。野人，謂郊外之民。君子，謂賢士大夫也。程子曰：「先進於禮樂，文質得宜，今反謂之質朴，而以爲野人。後進之於禮樂，文過其質，今反謂之彬彬，而以爲君子。蓋周末文勝，故時人之言如此，不自知其過於文也。」（頁 123）

《正義》：愚謂此篇皆說弟子言行，先進後進，即指弟子。《大戴禮・衛將軍文子篇》：「吾聞夫子之施教也，先以詩。」盧辯《注》引此文，則「先進後進」，皆謂弟子受夫子所施之教，進學於此也。（頁 437～438）

按：《集解》釋「先進」爲仕之先輩；「後進」爲仕之後輩。謂先輩之禮樂純素，

〔註 5〕同註 1 所引書，頁 90。

後輩之禮樂得中。邢《疏》宗此說。皇《疏》則釋「先進」爲先輩，謂五帝以上；「後進」爲後輩，謂三王以還。《集解》解「先進」爲前輩；「後進」爲後輩。《正義》評邢《疏》曰：「邢《疏》但知先進後進指弟子，而以進爲仕進，以從先進爲歸淳素，猶依《注》說爲之。」（頁 438）又曰：「邢《疏》申此《注》，謂『先進當襄、昭之世，後進當定、哀之世』，皆謂夫子同時人。案：夫子論文質甚貴時中，故曰：『質勝文則野，文勝質則史。文質彬彬，然後君子。』又曰：『周監於二代，郁郁乎文哉，吾從周。』此文亦是得中之文。……若顯然舉一中道，稱爲君子，而不欲從之，則與平時所稱爲『彬彬』，所稱爲『從周』者不合。下篇棘子成欲棄文從質，子貢即深斥之，若如此《注》所云，則夫子正與棘子成同見，而奚其可哉？」（頁 439）此說言先輩能得古風，得禮樂之淳素，而後進知禮樂之因革損益，能得時中，卻言「吾從先進」，然孔子是講時中的，故《集解》之解並不恰當。皇《疏》以「先進」爲五帝以上，「後進」爲三王以還，有卑三王、高五帝之嫌，此爲列子、莊子家之言，是孔子時所無。《集注》以先進、後進爲前輩、後輩，未言仕進，以野人爲質朴，以弟子爲文過其質，與《集解》之意相近。故《正義》以先進後進爲弟子言，先進於禮樂者，謂先習禮樂而後服官之弟子，因其未服官時，並無爵祿，故曰野人。後進於禮樂，乃襲先世之爵祿，雖已服官，而未習禮樂之弟子，因世爲卿大夫，故曰君子。吾從先進者，孔子自謂主張先習禮樂，而服官之制度，較爲允當。（頁 402～404）

方六七十，如五六十，求也爲之，比及三年，可使足民；如其禮樂，以俟君子。（〈先進〉）

《集解》：言欲得方六七十，如五六十里小國，治之而已。

《集注》：如，猶或也。（頁 130）

《正義》：王氏引之《經傳釋詞》云：「如，猶與也，及也。『方六七十，如五六十』；『宗廟之事，如會同』。如字並與『與』同義。……《史記・虞卿傳》：『趙王問樓緩曰：「予秦地如毋予，孰吉？」』《新序・善謀篇》『如』作『與』，是其證。『如』、『與』聲相近，故『如』訓爲『與』，『與』亦可訓爲『如』。」（頁 468）

按：《集解》釋「如」爲如，皇《疏》、邢《疏》從之；《集注》釋「如」爲或；《正義》所解以字音求字義，又引《史記》爲證，解釋較「如」、「或」恰當。

一日克己復禮，天下歸仁焉。（〈子路〉）

《集解》：馬融曰：「一日猶見歸，況終身乎？」

《集注》：歸猶與也。又言一日克己復禮，則天下之人皆與其仁。極言效之甚速而至大也。（頁 131～132）

《正義》：今案：《漢書・王莽贊傳》：「宗族稱孝，師友歸仁。」《後漢書・郎顗傳》：「昔顏子十八，天下歸仁。」並以「歸仁」爲稱仁。（頁 483）

按：《集解》釋「天下歸仁」爲天下人民歸向仁君。皇《疏》、邢《疏》皆宗此解。《集注》則釋爲天下皆與其仁；《正義》解爲天下稱仁。蓋《集解》之解爲天下人民歸向仁君，其義過偏，前既言「克己復禮」，所指爲修身之事，何以所歸爲仁君？故指攝者應是己身之仁，而《集注》所言天下之人皆與其仁，仁者乃本自具足，非天下人之所與，故以《正義》所解，天下之人稱其仁爲當。

羿善射，奡盪舟，俱不得其死然。（〈憲問〉）

《集解》：孔安國曰：「奡多力，能陸地行舟。」

皇《疏》：奡者，古時多力人也。盪，推也；舟，船也。能陸地推舟也。（頁 483）

《正義》：顧氏炎武《日知錄》：「《竹書紀年》：『帝相二十七年，澆伐斟鄩，大戰於濰，覆其舟滅之。』《楚辭・天問》：『覆舟斟鄩，何道取之？』正謂此也。」又云：「古人以左右衝殺爲盪陣，其銳卒謂之跳盪，別帥謂之盪主。《晉書載紀》『隴上健兒歌曰：「丈八蛇矛左右盪，十盪十決無當前。」』盪舟蓋兼此義，與蔡姬之乘舟盪公者不同。」（頁 556）

按：《集解》釋「奡盪舟」爲陸地行舟，《集注》宗此說；皇《疏》釋此爲能陸地推舟，邢《疏》之解相近；「奡盪舟」本意是在解釋奡是一有力之人，《集解》以奡陸地行舟，然陸地何能行舟？此說實未能解釋奡之有力。《集注》釋爲陸地推舟，雖可解釋奡之有力，然不若《正義》之解爲衝敵覆舟，又舉史實爲證，較可從之。

問管仲。曰：「人也。奪伯氏駢邑三百，飯疏食，沒齒無怨言。」（〈憲問〉）

《集解》：猶《詩》言所謂伊人。

《正義》：阮氏元《論仁篇》：「……《論語》『問管仲。曰：「人也。」』鄭氏《注》曰：『人偶同位之辭。』此乃直以『人也』爲『仁也』。」……朱氏彬《經傳考證》：「孔子於子產稱其惠，於管仲稱其仁。觀伯氏之沒齒無怨，則仲之仁可知。」（頁 562～563）

按：《集解》釋「人也」爲「此人」，皇《疏》、邢《疏》、《集注》皆從之。觀〈子路篇〉曰：「桓公殺公子糾，召忽死之，管仲不死。曰：『未仁乎？』」子曰：「桓公九合諸侯，不以兵車，管仲之力也。如其仁！如其仁！」又，子貢曰：「管仲非仁者與？桓公殺公子糾，不能死，又相之。」子曰：「管仲相桓公，霸諸侯，一匡天下，民到于今受其賜。微管仲，吾其被髮左衽矣！豈若匹夫匹婦之爲諒也？自經於溝瀆，而莫知之也。」此皆許管仲以仁，故《正義》釋「人也」爲仁，能得其解，又《禮記‧表記》云：「仁者，人也。」注：「人也，謂施以仁恩也。」《釋名‧釋形體》云：「人，仁也。仁，生物也。」程樹德《論語釋義》亦曰：「《論語》人、仁通用，如『井有仁焉』、『孝悌爲仁之本』之類，其例甚多。」（頁946）可見《正義》之釋爲當。

子貢方人。子曰：「賜也賢乎哉？夫我則不暇。」（〈憲問〉）

《集解》：孔安國曰：「比方人。」

《正義》：《釋文》云：「方人，鄭本作謗，謂『言人之過惡』。」盧氏文弨《考證》：「《古論》『謗』字作『方』，蓋以聲近通借。」（頁588）

按：《集解》釋「方」爲比方人，皇《疏》、邢《疏》、《集注》皆從此說。《正義》釋「方」爲謗人，觀《論語》，孔子嘗問子貢與回孰愈，即是比方人；又子貢問子張子夏孰愈，亦是比方人，孔子時並未嘗斥其不當問，此文何以會反譏之？故《正義》之解較爲正確，言子貢喜歡謗人，故孔子譏之，孔門之教，重在克己，不務責人，〈衛靈公篇〉曰：「躬自厚而薄責於人，則遠怨矣。」可知孔子之譏是矣。〔註6〕

不曰「如之何」、「如之何」者，吾末如之何也已矣！（〈衛靈公〉）

《集解》：孔安國曰：「不曰如之何者，猶言不曰奈是何。」又曰：「如之何者，言禍難已成，吾亦無如之何。」

皇《疏》：不曰，猶不謂也。如之何，謂事卒至，非己力勢可奈何者也。言人生常當思慮，卒有不可如何之事，逆而防之，不使有起，若無慮而事欻起，是不曰如之何事也。……若不先慮而如之何之事，非唯凡人不能奈何矣，雖聖人亦無如之何也，故云吾末如之何已矣。（頁549～550）

邢《疏》：如，奈何。不曰如之何，猶言不曰奈是何。末，無也。若曰奈何是何者，則是禍難已成，不可救藥，吾亦無奈之何。（頁139下）

《正義》：《春秋繁露‧執贄篇》：「子曰：『人而不曰如之何、如之何者，吾莫如之何也矣。』……此以如之何爲問人之辭，凡稱「何如」是也。朱子《集注》云：「如之何、如之何者，熟思而審處之辭也，不如是而妄行，雖聖人亦無如之何矣。」

〔註6〕同註1所引書，頁141。

此以如之何，爲心自審度，亦通。……陸賈《新語・愼微篇》……曰無如之何者，亦統兩「如之何」爲一句，非如僞孔横分兩句也。（頁 627）

按：《集解》、皇《疏》、邢《疏》皆將「如之何如之何者」分讀之；《正義》則將之解爲連讀爲「如之何如之何者」，觀《論語》書中重言而連讀者，其例其多，如：〈雍也篇〉「觚哉觚哉」、〈憲問篇〉「使乎使乎」、〈陽貨篇〉「禮云禮云」、「樂云樂云」皆是。其所重言，乃爲加強語勢，故本章解釋，也應從《正義》連讀之解較恰當。若《集解》之意，上一「如之何」釋爲「不曰奈何是」、下一「如之何」釋爲「禍難已成」，同一章之相同二語，解釋卻不同，實不甚恰當。故《正義》之解較可取。〔註 7〕

子曰：「有教無類。」（〈衛靈公〉）

《集注》：人性皆善，而其類有善惡之殊者，氣習之染也。故君子有教，則人皆可以復于善，而不當復論其類之惡矣。（頁 168）

《正義》：《說文》云：「類，種類相似，唯犬爲甚，故其字從犬。」皇《疏》云：「人乃有貴賤，同宜資教，不可以其種類庶鄙而不教之也。教之則善，本無類也。」《呂氏春秋・勸學篇》：「故師之教也，不爭輕重、尊卑、貧富，而爭於道，其人苟可，其事無不可。」（頁 641）

按：《正義》，從《說文》訓詁開始，以類爲貴賤之別，只有教之，而不論其本人出身之貴賤。朱子則從性之善惡出發，故君子有教則人皆可以復于善，而不復論其類之惡。此兩種解釋，近來學者偏於劉氏，以爲孔子當時執教，不論貧富善惡，都可受教。但亦有偏於朱子者，以爲有「教」則無「類」，蓋通過教育，可以化不齊爲齊。在文法上，在字義上，兩者俱通，但根據〈述而篇〉孔子言：「自行束脩以上，未嘗無誨焉。」是指來受教者無論貴賤，不拒之，與「有教無類」相合，也與《正義》相近。〔註 8〕

吾豈匏瓜也哉？焉能繫而不食？（〈陽貨〉）

《集解》：匏，瓠也。言匏瓜得繫一處，不食故也。吾自食物，當東西南北不得如不食之物，繫滯一處。

《正義》：皇《疏》又載一通云：「瓠瓜，星名也。言人有材智，宜左時理務，爲人所用，豈得如匏瓜繫天而不可食耶？」黃震《日鈔》云：「臨川應抑之〈天文圖〉

〔註 7〕同註 1 所引書，頁 149。

〔註 8〕見楊向奎著：〈讀劉寶楠的論語正義〉（收於《孔子誕辰 2540 周年紀念與學術討論會論文集》，上海：三聯書店，1992 年 5 月），頁 2095～2096。

有匏瓜星，其下《注》引《論語》正指星而言。蓋星有匏瓜之名，徒繫於天而不可食，正與『維南有箕，不可簸揚；維北有斗，不可挹酒漿』同義。今案，「匏瓜」星名，見《史記・天官書》，此義亦通。」（頁 686~687）

按：《集解》釋「匏瓜」爲瓠瓜，皇《疏》、邢《疏》、《集注》皆從此說，然《正義》引皇《疏》的又一通，釋「匏瓜」爲星名，並以其義與《詩經》「維南有箕，不可簸揚，維北有斗，不可挹酒漿」，徒有其名，無有其實之意同。《史記・天官書》亦謂瓠瓜爲星名，故此解勝於匏瓜之解，因匏瓜的用途本不是用以食用，故繫於一處，而曰人當飲食，自應東西南北求覓之，不當如匏瓜繫而不食，人當飲食，與匏瓜繫而不食，並無必然關係，故《集解》之解並不當。〔註 9〕

百工居肆以成其事，君子學以致其道。（〈子張〉）

《集解》：包咸曰：「言百工處其肆則事成。」

邢《疏》：肆，謂官府造作之處也。（頁 171 下）

《正義》：俞氏樾《群經平議》：「《周易・說卦傳》：『〈巽〉爲工。』虞翻曰：『爲近利市三倍。』子夏曰：『工居肆。』然則此肆字即『市肆』之肆，市中百物俱集，工居於此，則物之良苦，民之好惡，無不知之，故能成其事。」（頁 740）

按：「肆」，《集解》皇《疏》都未言肆爲何處，至邢《疏》始言爲官府造作之處，《集注》並從此說，《正義》釋「肆」字爲市中陳物之處，引俞樾之言，謂「肆」爲官府造作之處，於古未聞，又謂邢《疏》誤解「肆」字，非但臆說無徵，且於喻意不合。《說文》云：「肆，極陳也。」知肆爲陳物之所，而市廛爲貨物之所居，故肆爲市肆之肆。

《正義》除以上所引注疏勝於前人者，另有取義裁新，可備一格者，亦附列於下：

賢賢易色。（〈學而〉）

《集解》：孔安國：「言以好色之心好賢則善。」

《正義》：宋翔鳳《樸學齋札記》：「三代之學，皆明人倫。賢賢易色，明夫婦之倫也。《毛詩・序》云：『〈周南〉、〈召南〉，正始之道，王化之基，是以〈關雎〉樂得淑女以配君子，憂在進賢，不淫其色，哀窈窕，思賢才，而無傷善之心焉。是〈關雎〉之義也。』此賢賢易色，指夫婦之切證。」陳氏祖范《經咫》、管氏同《四書紀聞》略同。今案：夫婦爲人倫之始，故此文敘於事父母、事君之前。《漢書・李

〔註 9〕同註 8 所引書，頁 158。

尋傳》引此文，顏師古《注》：「易色，輕略於色，不貴之也。」（頁 20）

按：《集解》釋「賢賢易色」爲尊敬賢德之人，改易好色之心，皇《疏》、邢《疏》、《集解》皆尊此說。觀《集解》之所釋正符合儒家對於進德修業的重視，孟子嘗言：「食色性也」（告子篇），而修德之要，正欲以進德之心，改易好色之心，即如〈子罕篇〉所言的：「好德如好色者也」，如此自可臻於善矣。而《正義》將「賢賢易色」釋爲重視妻之賢德而輕略其色，即〈關雎〉之意，是明夫婦之倫，此說亦可另備一格。《論語》中尚有「事父母能竭其力」之句，是明父子之倫；「事君能致其身」，是明君臣之倫；「與朋友交言而有信」，是明朋友之倫；而《孟子》謂三代之學，「皆所以明人倫」，故末句云「雖曰未學，吾必謂之學矣」，可知人倫日用的德性修養，是儒家所重視，甚至勝於典章制度的學習，儒家的實踐性格，亦由此可見，故《正義》之解，正具有這種人倫教化之義，且《中庸》亦曾道：「君子之道，造端乎夫婦」，正是此義之衍生，因此，《正義》的說法亦爲可取。

《詩》三百，一言以蔽之，曰：「思無邪。」（〈爲政〉）

《正義》：顧氏鎭《虞東學詩》云：「詩者，思也。發慮在心，而形之於言，以攄其懷抱。繫於作詩之人，不繫於讀詩之人。」又曰：「《論語》之言，《詩》獨詳，曰誦，曰學，曰爲，皆主於誦詩者也。」今直曰「《詩》三百」，是論《詩》，非論讀《詩》也。蓋當巡狩采詩，兼陳美刺，而時俗之貞淫見焉。及其比音入樂，誦自瞽矇，而後王之法戒昭焉。故俗有淳漓，詞有正變，而原夫作者之初，則發於感發懲創之苦心，故曰「思無邪」也。（頁 40）

按：言「思無邪」之意在於詩之作者初創之時，其所感所思而發於言，可備美刺，可見時俗之貞淫，凡發於作者感發懲創之初者，皆曰思無邪，而與讀者之意無關。

三十而立。（〈爲政〉）

《正義》：諸解「立」爲立于道，立於禮，皆統於學，學不外道與禮也。（頁 45）

按：此解「立」者，不外道與禮，程樹德《論語集釋》稱其「斯持平之論矣」（頁 72）。

六十而耳順。（〈爲政〉）

《集解》：鄭曰：「耳聞其言，而知其微旨。」

皇《疏》：李充云：「耳順者，聽先王之法言，則知先王之德行，從帝之則，莫逆於心。心與耳相從，故曰耳順也。」（頁 39）

《正義》：焦氏循《補疏》：「耳順即舜之察邇言。所謂善與人同，樂取於人以爲善也。

順者，不違也。舍己從人，故言入於耳，隱其惡，揚其善，無所違也。學者自是其學，聞他人之言，多違於耳。聖人之道，一以貫之，故耳順也。」（頁45）

按：此取焦循之意，以「耳順」爲舜察邇言之意，言人能聞人之言，隱其惡，揚其善，樂於與人爲善，而不以違逆攻訐其言爲快。

溫故而知新，可以爲師矣。（〈爲政〉）

《正義》：劉氏逢祿《論語述何篇》：「故，古也。《六經》皆述古昔、稱先王者也。知新，謂通其大義，以斟酌後世之制作，漢初經師皆是也。」案：劉說亦是。黃氏式三《論語後案》引《漢書・成帝紀・詔》云：「儒林之官，宜皆明於古今，溫故知新，通達國體。」〈百官表〉以「通古今」備「溫故知新」之義。《論衡・謝短篇》：「知古不知今，謂之陸沉沈；知今不知古，謂之盲瞽；溫故知新，可以爲師。古今不知，稱師如何？」孔穎達《禮記・敘》：「博物通人，知今溫古，攷前代之憲章，參當時之得失。」是漢、唐人解「知新」多如劉說。（頁55）

按：此引申「溫故知新」之意，爲攷前代之憲章，參當時之得失，其意更爲寬廣。

非其鬼而祭之，諂也。見義不爲，無勇也。（〈爲政〉）

《正義》：或謂季氏旅泰山，是祭非其鬼，凡鬼神，得通稱也。冉有仕季氏，弗能救，是見義不爲也。說亦近理。（頁74）

按：此以祭非其鬼、見義不爲，確有所指，其說可備一格。

或問禘之說。子曰：「不知也，知其說者之於天下也，其如示諸斯乎！」指其掌。（〈八佾〉）

《集解》：孔子謂或人言知禘禮之說者，於天下之事，如指示掌中之物，言其易了。

《正義》：《中庸》云：「宗廟之禮，所以序昭穆也；序爵，所以辨貴賤也；序事，所以辨賢也；旅酬下爲上，所以逮賤也；燕毛，所以序齒也。」又曰：「郊社之禮，所以事上帝也；宗廟之禮，所以祀乎其先也。明乎郊社之禮，禘嘗之義，治國其如示諸掌乎！」（頁98）

按：《集解》之解較爲籠統，《正義》則深入細節討論，可補《集解》之義。

歸與！歸與！吾黨之小子狂簡，斐然成章，不知所以裁之。（〈公冶長〉）

《集解》：孔子在陳思欲歸去，故曰：吾黨之小子狂簡者，進取於大道，妄作穿鑿以成文章，不知所以裁制，我當歸以裁之耳，遂歸。

《正義》：「不知所以裁之」，謂弟子學已成章，嫌己淺薄，不知所以裁之也。此正謙

幸之辭，其弟子之當裁制，自不言可知。（頁 199）

按：《正義》謂「不知所以裁之」是弟子自謙之辭，非夫子指陳之語，義可取。

犁牛之子騂且角，雖欲勿用，山川其舍諸？（〈雍也〉）

《集解》：犁，雜文。……言父雖不善，不害於子之美。

《正義》：其實《論語》「犁牛」即是耕牛，《東山經》借「犁」為「驪」，與此「犁牛」字同實異，不得援以為證。且騂角久牛既已可用，何必追溯所生，而以雜文為嫌，致有勿用之疑？若以雜文喻仲弓父行惡，無論此說全不可信，且即有之，而稱子之美，必及其父之惡，長者所不忍言，而謂聖人能出諸口乎？然則以犁牛為耕牛，以耕牛為喻微賤，其說信不可易。（頁 220）

按：《集解》釋「犁牛」為雜文之牛，《正義》則釋為耕牛，以喻微賤。

女為君子儒！無為小人儒！（〈雍也〉）

《集解》：君子為儒，將以明道；小人為儒，則矜其名。

《集注》：君子小人之分，義與利之閒而已。然所謂利者，豈必殖貨財之謂？以私滅公，適己自便，凡可以害天理者皆利也。（頁 88）

《正義》：君子儒，能識大而可大受；小人儒，則但務卑近而已。君子、小人以廣狹異，不以邪正分。（頁 228）

按：皇、邢《疏》皆本《集解》，《正義》之解，可備一格。

子不語怪，力，亂，神。（〈述而〉）

《正義》：《書傳》言夫子辨木、石、水、土諸怪，及防風氏骨節、專車之屬，皆是因人問答之，非自為語之也。至日食、地震、山崩之類，皆是災變，與怪不同，故《春秋》紀之獨詳。欲以深戒人君當修德力政，不諱言之矣。（頁 272）

按：此引《書傳》言諸怪之事，並以《春秋》比對之，義甚新穎。

人之生也直，罔之生也幸而免。（〈雍也〉）

《集解》：言人所以生於世而自終者，以其正直也。

《正義》：蓋直者，誠也。誠者，內不自以欺，外不以欺人。《中庸》云：「天地之道，可一言而盡也。其為物不貳，則其生物不測。」不貳者，誠也，即直也。天地以至誠生物，故《繫辭傳》言乾之大生，靜專動直。專直，皆誠也，不誠則無物，故誠為生物之本。人能存誠，則行主忠信，而天且助順，人且助順，故能生也。若夫罔者，專務自欺以欺人，所謂「自作孽，不可活」者，非有上罰，必有天殃，

其能免此者，幸爾。（頁 234～235）

按：「直」字，皇、邢《疏》、朱《注》皆宗《集解》，以正直解；《正義》特以《中庸》之誠解之。

巍巍乎！舜、禹之有天下也，而不與焉。（〈泰伯〉）

《集解》：美舜、禹也。言己不與求天下而得之。

皇《疏》：一云：「孔子歎己不預見舜禹之時也。」（頁 280）

《集注》：不與，猶言不相關。言其不以位爲樂也。（頁 107）

《正義》：毛氏奇齡《稽求篇》云：「《漢・王莽傳》：『太后詔曰：「選忠賢，立四輔，群下勸職。孔子曰：「舜、禹之有天下也，而不與焉。」」王充《論衡》云：『舜承安繼治，任賢使能，恭已無爲而天下治。故孔子曰：「巍巍乎！舜、禹之有天下也，而不與焉。」』（頁 307）

按：「不與」，《集解》釋爲不與求，《正義》謂魏篡漢得國，託於舜、禹受禪，故何晏等解此文以「不與」爲「不與求」也。然舜禹之爲大，不在其不求有天下而終有之，既有之矣，其遂無復可稱者乎？是知此說於理未安也。皇《疏》釋爲不預見，《集注》釋爲不相干，《正義》解爲任人自治，不必身預，無爲而治之意，皆可備一格。

樊遲問知。子曰：「務民之義，敬鬼神而遠之，可謂知矣。」問仁。子曰：「仁者先難而後獲，可謂仁矣。」（〈雍也〉）

《正義》：「民之義」者，《禮運》曰：「何謂人義？父慈，子孝，兄良，弟弟，夫義，婦聽，長惠，幼順，君仁，臣忠，十者謂之人義。」是也。「敬鬼神而遠之」者，謂以禮敬事鬼神也。《表記》：「子曰：『夏道遵命，事鬼敬神而遠之，近人而忠焉。殷人尊神，率民以事神，先鬼而後禮。周人尊禮尚施，事鬼敬神而遠之，近人而忠焉。』」**鄭《注》**：「遠鬼神近人，謂外宗廟，內朝廷。」案：尊命、尊禮、尚施，皆近人之事。周道與夏道，略相似也。「近人而忠」，即是務民之義。於鬼稱「事」、神稱「敬」者，禮數故言事，禮疏故言遠也。但事亦是敬，故《論語》此文，統言「敬鬼神」。夫子所以告樊遲者，正是教之從周道。《左氏傳》：「季梁曰：『民，神之主也。』」是以聖王先成民，而後致力于神，亦是舉夏、周道言之矣。「難」謂事難也。獲，得也，謂得祿也。《春秋繁露・仁義法篇》：「孔子謂冉子曰：『治民者，先富之，而後加教。』語樊遲曰：『治身者，先難後獲。』以此之謂治身之與治民，所先後者不同焉矣。《詩》云：『飲之食之，教之誨之。』先飲食而後教誨，謂治人也。又曰：『坎坎伐輻，彼君子兮，不素餐兮。』先其事，後其食，謂治身也。」董子說此義至明。下篇言「事君，敬其事而後其食」，義同。竊以夫子此文論仁知，皆居位臨民之事，意樊遲時或出仕故也。（頁 236~237）

按：程樹德《論語集釋》解此條曰：「劉氏之說是也。此章必係樊遲出仕時問答，故曰『務民之義』。《集注》『民亦人也』，失其旨矣。」（頁 407）

廄焚。子退朝。曰：「傷人乎？」不問馬。（〈鄉黨〉）

《集解》：鄭玄曰：「重人賤畜。」

《正義》：《釋文》曰：「『傷人乎』絕句。一讀至『不』字絕句。」（頁 422）

按：《集解》解此句，以「傷人乎」爲句，「不問馬」爲句。以其意爲重人賤畜，皇《疏》、邢《疏》、《集注》皆從此解，《正義》另解以「傷人乎不」爲句，「問馬」爲句，先關心人的安危，後關心馬的安危，益說明聖人仁民愛物之心，此義亦可取。

噫，斗筲之人，何足算也。（〈子路〉）

皇《疏》：言今之小人器量，如斗筲之器耳，何足數也。（頁 467）

邢《疏》：孔子時見從政者皆無士行，唯小器耳。（頁 118 下）

《集注》：斗筲之人，言鄙細也。（頁 164～165）

《正義》：斗筲之人，言今之從政，但事聚斂也。（頁 540）

按：以上皆釋「斗筲之人」爲器量狹小；《正義》以「斗筲之人」爲事聚斂者，用以形容當時之爲政者，其說亦可采。

愛之，能勿勞乎？（〈憲問〉）

《集解》：孔安國曰：「言人有所愛，必欲勞來之。」

《集注》：蘇氏曰：「愛而勿勞，禽犢之愛也。……愛而知勞之，則其爲愛也深矣。」（頁 150）

《正義》：王氏引之《經義述聞》解此文云：「《呂氏春秋》高《注》：『勞，勉也。』『勉』與『誨』義相近，故勞、誨並稱。」又：勞當訓憂。《淮南・精神訓》：「竭力而勞萬民。」〈氾論訓〉：「以勞天下之民。」高誘《注》並云：「勞，憂也。」又〈里仁篇〉：「勞而不怨」，即「憂而不怨」。憂者，勤思之也。正此處確詁。（頁 560）

按：《集解》釋「勞」爲勞來，皇《疏》、邢《疏》從之，此解簡朝亮《論語集注補正述疏》評其失曰：「且愛者勿勞苦之，則有矣。愛者勿勞來之，則窒矣。而曰愛之能勿勞乎，非善言也。」故此解有所未妥。《集注》則解「勞」爲勞動，義同於「有事弟子服其勞」、教弟子以「灑掃應對進退之儀」，皆是勞動之意，《集解》之解可取。《正義》一釋「勞」爲勉，即勸勉之意；因本章下文云：「忠焉能勿誨乎」，「勉」與「誨」義相近，故「勞、誨」並稱。愛其人，必勸勉其以勤勞，勿縱之以逸樂，故此義可通；又《正義》一釋「勞」爲憂，引《淮南子》爲證，義亦可取。〔註10〕

立則見其參於前也，在輿則見其倚於衡也。（〈衛靈公〉）

《集解》：包咸曰：「言思念忠信，立則常想見，參然在目前。」

皇《疏》：參，猶森也。言若敬德之道，行己立在世間，則自想見忠信篤敬之事，森森然滿亙於己前也。（頁540）

《集注》：參，讀如「毋往參焉」之參，言與我相參也。（頁162）

《正義》：王氏引之《經義述聞》：「家大人曰：『參字可訓爲直，故《墨子・經篇》曰：「參，直也。」《論語》「參於前」，謂相直於前也。又俞氏樾《群經平議》又以「參」爲「厽」。《玉篇》曰：「厽，《尚書》以爲參字。」蓋《西伯　黎篇》「乃罪多參在上」，古字作「厽」。《說文・厽部》：「厽，參坺土爲牆壁，象形。」《尚書》、《論語》並作當「厽」，參之言絫也，言見其積絫於前也，其說亦有理。（頁616）

按：《集解》釋「參於前」爲參然在目前，邢《疏》從之，此解義甚不可通；皇《疏》釋爲森，言森森然滿亙於己前也，《釋文》：「參，所金反。」說文：「森」字注，讀若「曾參之參。」是「參」、「森」音同，然經典「參」無訓「森」之例，此說亦不可從；《集注》釋爲相參於前，意如參與、參加之意，其解可從，《中庸》：「可以贊天地之化育，則可以與天地參矣。」此「參」正是與天地相參之參；而《正義》二解大同小異，義亦可通。〔註11〕

惡徼以爲知者。（〈陽貨〉）

《集解》：孔安國曰：「徼，抄也，抄人之意以爲己有。」

《集注》：徼，伺察也。（頁182）

《正義》：《釋文》：「徼，鄭本作絞，古卯反。」《中論・覈辨篇》：「孔子曰：『小人毀訾以爲辨，絞急以爲智，不遜以爲勇。』斯乃聖人所惡。」《中論》此文，誤以此節爲夫子語。「毀訾以爲辨」，即「訐以爲直」之義。絞急，與鄭本作「絞」字

〔註10〕同註1所引書，頁138～139。

〔註11〕同註1所引書，頁146。

同。（頁 708）

按：《集解》釋「徼」爲抄，皇《疏》、邢《疏》從之，言抄人之意以爲己有。《說文》：「徼，循也。循，順行也。」《漢書》言中尉徼循京師，引申爲凡遮取之義，故此解訓「徼」爲抄。又，《說文》：「鈔，叉取也。」無「抄」字。《一切經音義》二引字書：「抄，掠也。」又引通俗文，「遮取謂之抄掠。」《音義》又云：「古文抄勦二形。」〈曲禮〉又有：「毋勦說」，注：「勦猶攣也，謂取人久說以爲己說。」故知《集解》之釋爲可取。《集注》釋爲伺察，日人竹添光鴻《論語會箋》云：「惡徼以爲知者，徼者不逆詐之逆同義，徼擊之徼，亦言迎敵而遮之，故《集注》訓伺察。」伺察之意，亦可取。《正義》釋爲絞急者，謂於事急迫，自炫其能，以爲知也，亦言之成理。

丈人曰：「四體不動，五穀不分，孰爲夫子？」（〈微子〉）

《集解》：包咸曰：「丈人云不勤勞四體，不分殖五穀，誰爲夫子而索之邪？」

《集注》：分，辨也。五穀不分，猶言不辨菽麥爾，責其不事農業而從師遠游也。（頁 185）

《正義》：宋氏翔鳳《發微》云：「〈王制〉：『百畝之分。』鄭《注》：『分或爲糞。』此『五穀不分』，當讀如『〈草人〉糞種』之糞，必先糞種而後五穀可治。」俞氏樾《平議》略同，於義亦通。又：朱氏彬《經傳考證》：「宋呂本中《紫薇雜說》曰：『四體不勤二語，荷蓧丈人自謂。』其說得之。」（頁 724）

按：《集解》釋「四體不動，五穀不分」爲丈人責子路手足不勤勞，五穀不種殖。皇《疏》、邢《疏》皆從此說，《集注》則釋爲丈人責子路手足不勤勞，五穀不分辨，若以丈人之折節孔門之人，則以上二說皆有可能；《正義》之解，「四體不動，五穀不分」則是丈人自言，又解「分」爲糞，指施肥於田，種植五穀之事。本章下文云：「（丈人）止子路宿，殺雞爲黍而食之，見其二子焉」，可見丈人對子路亦甚禮遇，故以此語爲丈人自言，而非責孔門之語，其說亦通。〔註 12〕

子曰：「師摯之始，〈關雎〉之亂，洋洋乎盈耳哉！」（〈泰伯〉）

《集解》：周道衰微，鄭、衛之音作，正樂廢而失節，魯太師摯識〈關雎〉之聲，而首理其亂，洋洋盈耳，聽而美之。

《正義》：先從叔丹徒君《駢枝》曰：「始者，樂之始；亂者，樂之終。《樂記》曰；『始奏以文，復亂以武。』又曰：『再始以著往，復亂以飭歸。』皆以始亂對舉，

〔註 12〕同註 1 所引書，頁 166。

其義可見。凡樂之大節，有歌有笙，有閒有合，是爲一成。始於升歌，終於合樂。是故升歌謂之始，合樂謂之亂。《周禮・太師職》：『大祭祀，帥瞽登歌。』《儀禮》〈燕〉及〈大射〉皆太師升歌，摯爲太師，是以云『師摯之始』也。合樂，〈周南〉〈關雎〉、〈葛覃〉、〈卷耳〉，〈召南〉〈鵲巢〉、〈采蘩〉、〈采蘋〉，凡六篇。而謂之〈關雎〉之亂者，舉上以該下，猶言〈文王〉之三，〈鹿鳴〉之三云爾。升歌言人，合樂言詩，互相備也。洋洋盈耳，總歎之也。自始至終，咸得其條理，而後聲之美盛可見。言始亂，則笙、閒在其中矣。孔子反魯正樂，其效如此。」謹案：凌氏廷堪《禮經釋例》、程氏廷祚《論語說》並略同。（頁 305）

按：皇、邢《疏》皆宗《集解》，但其釋之過略，《正義》之解較詳盡。

樊遲請學稼。子曰：吾不如老農。（〈子路〉）

皇《疏》：孔子言我門唯有先王之典籍，非耕稼之所，汝若欲學稼，當就農夫之老者學之，故云：吾不如老農。（頁 448）

邢《疏》：孔子恐其不學禮儀，而學稼種，故拒之。（頁 116 上）

《正義》：當春秋時，世卿持祿，廢選舉之務，賢者多不在位，無所得祿，故樊遲請夫子學稼、學圃，蓋諷子以隱也。……古者四民各有恒業，非可見異而遷。若士之爲學，則由成己以及成物，「己欲立而立人，己欲達而達人」。但當志於大人之事，而行義達道，以禮、義、信自治其身，而民亦嚮化而至，安用此學稼、圃之事，徒潔身而廢義哉！（頁 524）

按：皇、邢皆泛說，《正義》則就時弊解之。

子謂衛公子荊，「善居室。始有，曰：『苟合矣。』少有，曰：『苟完矣。』富有，曰：『苟美矣。』」（〈子路〉）

皇《疏》：居家能治，不爲奢侈，故曰善居室。……子荊初有財帛，不敢言己財力所招，但云苟且遇合而已。……既果勝於前始有，但云得苟且自全而已，不敢言欲爲久富貴也。……富有謂家道遂大富時也，亦云苟且爲美，是性之所欲，故云苟美矣。（頁 453）

《集注》：苟，聊且粗略之意。言其循序而有節，不以欲速盡美累其心。（頁 143）

《正義》：公子荊仕衛得祿，終致富有。「苟」者，誠也，信也。「合」者，言己合禮，不以儉爲嫌也。「完」者，器用完備也。「美」者，盡飾也。公子荊處衛富庶之時，知國奢當示之以儉，又深習驕盈之戒，故言「苟合」、「苟完」、「敬美」。言其意已足，無所復歉也。（頁 528）

按：皇《疏》、《集注》皆釋「苟」爲苟且，言子荊雖有美居室，然不敢過於炫耀，故云苟且遇合。《正義》則釋「苟」爲誠、信，意爲居室誠已合禮、完備且美飾，其意已足，無所復歉。此解亦可取。

子路問曰：「何如斯可謂之士矣？」子曰：「切切偲偲，怡怡如也，可謂士矣。朋友切切偲偲，兄弟怡怡。」（〈子路〉）

《集注》：胡氏曰：「切切，懇到也。偲偲，詳勉也。怡怡，和悅也。皆子路所不及，故告之。又恐其混於所施，則兄弟有賊恩之禍，朋友有善柔之損，故又別而言之。」（頁 148）

《正義》：「切切偲偲，怡怡如也，可謂士矣。」夫子語止此，當時皆習見語，故夫子總言之。記者恐人不明，故釋之曰：「朋友切切偲偲，兄弟怡怡。」所謂「七十子之大義也」。……「僖」與「怡」音義略同。案：孟子言父子「不責善」，「責善，朋友之道也。父子責善，賊恩之大者。」合夫子此語觀之，是兄弟亦不可責善。（頁 549）

按：程樹德《論語集釋》於此條曰：「劉氏之說是也。觀此益知《集注》胡說之謬。」（頁 942）劉氏說甚有可取。

陳亢退而喜曰：「問一得三，聞詩，聞禮，又聞君子之遠其子也。」（〈季氏〉）

皇《疏》：君子不獨親子，故相疏遠。……范寧曰：孟子曰君子不教子何也，勢不行也，教子必以正，以正不行，繼之以忿，則反夷矣，父子相夷惡也。（頁 593）

《集注》：尹氏曰：孔子之教其子，無異於門人，故陳亢以爲遠其子。（頁 174）

《正義》：「遠其子」者，司馬光《家範》引此文說云：「遠者，非疏遠之謂也，謂其進見有時，接遇有禮，不朝夕嘻嘻相褻狎也。」案：古者命士以上，父子皆異宮，所以別嫌疑，厚尊敬也。一過庭須臾之頃，而學詩學禮，教以義方，所謂「家人有嚴君」者，是之謂遠。（頁 669）

按：「遠其子」，皇《疏》以君子不獨其子，故相疏遠，《集注》云君子教其子，無異於門人，故曰「遠」，意與皇《疏》相近。《正義》則以爲「遠」者，乃因父子之間厚於尊敬，無輕昵褻狎之舉，其意亦可備參考。

子曰：「小子何莫學乎詩？詩，可以興，可以觀，可以群，可以怨。邇之事父，遠之事君，多識於鳥獸草木之名。」（〈陽貨〉）

《正義》曰：學詩可以事父事君者，荀子言「詩故而不切，其依違諷諫，不指切事情，故言者無罪，聞者足戒。」《詩序》言：「正得失，動天地，感鬼神，莫近於

《詩》。先王以是經夫婦，成孝敬，厚人倫，美教化，移風俗。」明詩教有益，故學之可事父事君也。焦氏循《毛詩補疏・序》:「夫《詩》溫柔敦厚者也。不質直言之，而比興言之，不言理而言情，不務勝人而務感人。自理道之說起，人各挾其是非以逞其血氣，激濁揚清，本非繆戾，而言不本於情性，則聽者厭倦。至於傾軋之不已，而忿毒之相尋，以同爲黨，即以比爲爭。甚而假宮闈廟祀儲貳之名，動輒千百人哭於朝門，自鳴忠孝，以激其君之怒，害及其身，禍於其國，全失乎所以事君父之道。余讀《明史》，每歎《詩》教之亡，莫此爲甚。」（頁 689）

按：此《正義》引焦循說，言詩教之影響，語甚深切。

附錄五：《論語正義》疏義不當之例

《正義》中疏義不當之例尚有：

詩三百，一言以蔽之，曰：「詩無邪」。（〈爲政〉）

《集解》：包曰：「蔽，猶當也。」

《正義》：鄭《注》云：「蔽，塞也。」「塞」、「當」義同。《廣雅・釋詁》：「蔽，障也。」（頁40）

按：《正義》以「塞」、「障」詁「蔽」字，其義難以了解。潘維城《論語古注集箋》：「《過庭錄》曰：《詩》以道情，而人情易流，故當以正義壅塞之也。」劉氏豈同此義？然《論語》此章「之」字，自指《詩三百篇》言，非謂人情也。宋翔鳳《過庭錄》之說，亦扞格難通。按《呂氏春秋・當染篇》「功名蔽天地」，高誘注：「蔽，猶極也。」「極」、「盡」義同。此章「蔽」字義當爲「盡」，「一言以蔽之」，猶云一言以盡之耳。〔註1〕

我不欲人之加諸我也，吾亦欲無加諸人。（〈公冶長〉）

《集解》：馬曰：「加，陵也。」

《正義》：《左》襄十三年《傳》：「君子稱其功以加小人。」杜注：「加，陵也。」陵者，大阜有臨下之象。下篇云「己所不欲，勿施於人」，「施」、「加」同義。（頁183）

按：朱熹《集注》：「子貢言我所不欲人加於我之事，我亦不欲以此加之於人。此仁者之事，不待勉強，故夫子以爲非子貢所及。」下引程子之說，亦以「己所不欲，勿施於人」解之，與馬注異義。《正義》乃本之以釋馬注，殊非其旨。按馬注「加，陵也。」日本津藩縮臨古卷子本、正平本《集解》並作「凌」字。「陵」與「凌」通，《楚辭・國殤》：「凌余陣兮躐余行」，王逸注：「凌，犯也。」《玄應音義》卷二十四引《倉頡篇》：「凌，侵犯也。」《左傳》隱公三年「少陵長」，孔：「陵，謂加尙之。」石碏以「少陵長」與「小加大並爲六逆，即「加」、「陵」同義之證。又，《老子》「抗兵相加」，即舉兵相犯也；《國語・魯語》：「今無故而加」，即無故而違犯舊典，並「加」字有侵犯違犯義之例也。《論語》此文，子貢言：我不欲人之加陵於我，我亦欲無陵犯於人。夫子以爲「非爾所及」者，孔注：「非爾所及，言不能止人使不加非義於己也。」蓋欲己之行事皆得中行，無違於人，其事至難；

〔註1〕此條見陳鴻森著，《劉氏論語正義參正》，頁4。

欲人皆不加己，此尤非正身直行即可為功，其事益難。況〈憲問篇〉載「子貢方人」，則不能與物無忤，故子微諷之曰：「非爾所及」。此其義也。《正義》以「施」訓「加」，非馬融本旨。又，《正義》下文引段玉裁、沈濤之說，據《說文》：「加，語相增加也。」解為「飾辭毀人」，此別一義（黃式三《論語後案》亦襲用此說），然不如馬注以「陵犯」解之，義為深切也。〔註2〕

民可使由之，不可使知之。（〈泰伯〉）

《正義》：凌氏鳴喈《論語解義》以此章承上章《詩》禮樂言，謂「《詩》禮樂可使民由之，不可使知之」，其說是也。愚謂上章是夫子教弟子之法，此「民」亦指弟子。〈孔子世家〉言：「孔子以《詩》《書》禮樂教，弟子蓋三千焉，身通六藝者七十有二人。」身通六藝，則能興、能立、能成者也。其能興、能立、能成，是由夫子教之，故《大戴禮》言其事云「說之以義而視諸體」也。此則可使知之者也。自七十二人之外，凡未能通六藝者，夫子亦以《詩》《書》禮樂教之，則此所謂「民可使由之，不可使知之」之民也。（頁299）

按：程樹德《論語集釋》評曰：「此說以民指弟子，終覺未安。愚謂《孟子・盡心篇》：『孟子曰：「行之而不著焉，習矣而不察焉，終身由之而不知其道者，眾也。」』眾謂庸凡之眾，即此所謂民也，可謂此章確詁。紛紛異說，俱可不必。」（頁532）

司馬牛問君子。子曰：君子不憂不懼。（〈子路〉）

《集解》：牛兄桓魋將為亂，牛自宋來學，常憂懼，故孔子解之。

《正義》：夫桓魋謀亂，有覆宗絕世之禍，牛之為弟，豈得漠然無動於心？《孟子》謂「越人關弓射我，我談笑而道之；其兄關弓而射我，則己垂涕而道之。」如此乃為親親，乃為仁。今牛因兄為亂，常致憂懼，乃人倫之愛，人情所萬不能已者，而夫子解以「不憂不懼」，是教牛以待越人者待兄也。悖義傷教，遠失此經之旨。云「自宋來學」者，據桓魋未作亂，司馬牛來學於夫子時也。（頁487）

按：《集解》以此章為桓魋作亂時所言，皇、邢、朱皆宗此說；《正義》則認為桓魋作亂，夫子猶教司馬牛以不憂不懼，是悖義傷教之事，因此此章當為桓魋未作亂時所作。程樹德《論語集釋》評曰：「劉氏之說非也。不憂不懼，即孟子所謂不動心。蓋待兄關切是一事，不動心又是一事，各不相蒙。內典以憂即煩惱，為惡心所之一，無論何時，均不應有。蓋樂雖未必為善，而憂則無不為惡者，孔子所以言「君子坦蕩蕩，小人長戚戚」也。（頁828）

〔註2〕同註1所引書，頁8。

必也正名乎？（〈子路〉）

《集解》： 馬融曰：「正百事之名。」

皇《疏》： 鄭《注》云：「正名，謂正書字也，古者曰名，今世曰字。《禮記》曰：「『百名已上，則書之於策。』孔子見時教不行，故欲正其文字之誤。」（頁 447）

《集注》： 是時出公不父其父，而禰其祖，名實紊矣，故孔子以正名爲先。謝氏曰：「正名雖爲衛君而言，然爲政之道，皆當以此爲先。」（頁 142）

《正義》： 正名者何，正世子之名也。（頁 517）

按： 《論語》之言及名者，除本章三用外，尚有〈子罕篇〉達巷黨人評孔子之語：「大哉孔子！博學而無所成名。」餘則爲孔子之言論，〈里仁篇〉：「君子去仁，惡乎成名？」〈衛靈公篇〉：「君子疾沒世而名不稱焉。」此二「名」解爲聲名。〈泰伯篇〉：「大哉堯之爲君也，……民無能名焉。」之「名」乃功業與道德之稱。〈陽貨篇〉：「多識於鳥獸草木之名」之「名」爲動植物的名稱。可見孔子所謂之「名」，包羅甚廣，故可解正百事之名，《集注》釋爲「正祖禰之名」，毛奇齡《論語稽求篇》評其失曰：「天下有一定之名，祖孫父子是也，有不定之名而仍一定者，高曾祖禰是也，……假如入考廟而爲卑者，則卑亦名禰，……入考廟而名尊者，則尊亦名禰，……廟有定名，雖欲正之以世次之名，而有不可也。乃以不定之名覈之以一定之名，兩名仍有定，世信以爲孫既禰祖，即稱祖爲父也哉？」故知此種解釋過狹隘，而《正義》亦同，此以爲正世子之名，解之褊狹也。

君子固窮，小人窮斯濫矣。（〈衛靈公〉）

《集解》： 君子固亦有窮時。

《集注》： 程子曰：「固窮者，固守其窮，亦通。」（頁 161）

《正義》： 固窮者，言窮當固守也。《尸子》曰：「守道固窮，則輕王公。」（頁 611）

按： 《正義》宗程子之說，以「固窮」爲固守其窮，然下文言「小人窮斯濫矣」，意爲君子小人處世方法相反，指君子遇困窮，則能守正不阿，若解爲固守其窮，則窮爲本有，未能與下文相應，竹添光鴻《論語會箋》亦評之曰：「程子曰：『固守其窮』此說非也。……答以君子以窮爲平常，不足爲怪，此正與慍見之言相針對也。……況此窮原是近取之，非由來有此窮也，何謂之守乎？」故此解仍以《集解》爲佳。

參考書目

一、經　部

1. 《論語集解義疏》，（魏）何晏注、（梁）皇侃疏（臺北：臺灣商務印書館，1983年，影印文淵閣《四庫全書》本）。
2. 《論語集解義疏》，（梁）皇侃疏（臺北：廣文書局，1991年9月再版）。
3. 《論語注疏》，（魏）何晏集解，（宋）邢昺疏（臺北：藝文印書館，1989年1月，《十三經注疏本》）。
4. 《四書章句集注》，（宋）朱熹著（臺北：長安出版社，1990年2月）。
5. 《論語師法表》，（清）宋翔鳳著（臺北：藝文印書館，1966年，《無求備齋論語集成》本）。
6. 《論語正義》，（清）劉寶楠著，高流水點校（北京：中華書局，1990年3月）。
7. 《論語正義》，（清）劉寶楠著，高流水點校（臺北：文史哲出版社，1990年11月）。
8. 《論語正義》，（清）劉寶楠著（臺北：世界書局，1992年4月8版）。
9. 《論語集注補正述疏》，（清）簡朝亮著（臺北：鼎文書局，1972年5月）。
10. 《論語古注集箋》，（清）潘維城著（臺北：鼎文書局，1973年5月）。
11. 《論語集釋》，楊樹達著（臺北：鼎文書局，1973年5月）。
12. 《論語疏證》，楊樹達著（臺北：鼎文書局，1973年5月）。
13. 《論語集釋》，程樹德著，程俊英、蔣見元點校（北京：中華書局，1990年8月）。
14. 《四書五經要旨》，盧元駿著（臺北：三民書局，1972年9月）。
15. 《論語會箋》，（日本）竹添光鴻會箋（臺北：廣文書局，1961年11月）。
16. 《論語臆解》，陳大齊著（臺北：臺灣商務印書館，1968年3月）。
17. 《民國六十年以來臺灣地區論語著述目錄》（漢學論文集第二集——論語專輯），黃漢昌著（臺北：文史哲出版社，1983年12月）。

18. 《論語集解、皇疏、邢疏、集注、正義諸家異解辨正》，陳如勳著（臺北：文津出版社，1986 年 2 月）。
19. 《近四十年來孔子研究論文選編》，中國孔子基金學會學術委員會編（濟南：齊魯書社，1987 年 7 月）。
20. 《論語宋邢昺疏研究》，蔡娟穎著（臺北：國立臺灣大學國文研究所碩士論文，1990 年 6 月）。
21. 《歷代論語著述綜錄》，王鵬凱著（臺北：國立政治大學中國文學研究所碩士論文，1989 年 6 月）。
22. 《清代論語學》，張清泉著（臺中：私立逢甲大學中國文學研究所碩士論文，1992 年 6 月）。
23. 《經典釋文序錄疏證》，（唐）陸德明著、吳承仕疏證（臺北：新文豐出版公司，1975 年）。
24. 《漢學師承記》，（清）江藩著（臺北：明文書局，1965 年，《清代傳記叢刊》本）。
25. 《漢學商兌》，（清）方東樹著（臺北：廣文書局，1963 年元月）。
26. 《經義考》，（清）朱彝尊著（臺北：臺灣商務印書館，1984 年，影印文淵閣《四庫全書》本）。
27. 《中國經學史》，馬宗霍著（臺北：臺灣商務印書館，1986 年 2 月 7 版）。
28. 《禮學新探》，高明著（香港：集成圖書公司，1963 年 1 月）。
29. 《清初的群經辨僞學》，林師慶彰著（臺北：文津出版社，1990 年 3 月）。
30. 《中國經學史論文選集》（下冊），林師慶彰編（臺北：文史哲出版社，1993 年 3 月）。
31. 《清代學術史研究》，胡楚生著（臺北：臺灣學生書局，1988 年 2 月）。
32. 《孔子——周秦漢晉文獻集》，姜義華、張榮華、吳根梁編（上海：復旦大學出版社，1990 年 7 月）。
33. 《唐寫本鄭氏注及其研究》，王素編（北京：文物出版社，1991 年 11 月）。
34. 《清初學術論文集》，詹海雲著（臺北：文津出版社，1992 年 3 月）。
35. 《今存南北朝經學遺籍考》，簡博賢著（臺北：黎明文化事業公司，1975 年 2 月）。
36. 《顧炎武經學之研究》，孫劍秋著（臺北：中國學術著作獎助委員會，1992 年 7 月）。

二、史　部

1. 《漢書》，（漢）班固著（臺北：鼎文書局，1983 年 12 月 2 版）。
2. 《前漢書藝文志》，（漢）班固著（北京：中華書局，1985 年，《叢書集成新編》本）。
3. 《新唐書》，（宋）歐陽修著（臺北：鼎文書局，1983 年 12 月 2 版）。

4. 《宋史》，（元）脫克脫著（臺北：鼎文書局，1983 年 12 月 2 版）。
5. 《遼史》，（元）脫克脫著（臺北：鼎文書局，1983 年 12 月 2 版）。
6. 《四庫全書總目提要》，（清）紀昀等著（石家莊：河北人民出版社，2000 年 3 月）。
7. 《續修四庫全書提要》，不題編者（臺北：臺灣商務印書館，1972 年 3 月）。
8. 《明史》，（清）張廷玉著（臺北：鼎文書局，1983 年 12 月 2 版）。
9. 《十七史商榷》，（清）王鳴盛著（臺北：大化書局，1984 年 5 月再版）。
10. 《文史通義》，（清）章學誠著（臺北：鼎文書局，1977 年 3 月）。
11. 《清儒學案小傳》，（清）徐世昌著，周駿富編（臺北：明文出版社，1985 年，《清代傳記叢刊》本）。
12. 《清代樸學大師列傳》，（清）支偉成著，周駿富編（臺北：明文出版社，1985 年，《清代傳記叢刊》本）。
13. 《清史稿列傳》，（清）趙爾歧著，周駿富編（臺北：明文出版社，1985 年，《清代傳記叢刊》本）。
14. 《清史列傳》，（清）國史館原編，周駿富編（臺北：明文出版社，1985 年，《清代傳記叢刊》本）。
15. 《碑傳集》，（清）錢儀徵輯，周駿富編（臺北：明文出版社，1985 年，《清代傳記叢刊》本）。
16. 《碑傳集三編》，汪兆鏞輯，周駿富編（臺北：明文出版社，1985 年，《清代傳記叢刊》本）。
17. 《清劉楚楨先生寶楠年譜》，劉文興編（臺北：臺灣商務印書館，1986 年 6 月）。
18. 《清代通史》，蕭一山著（臺北：臺灣商務印書館，1986 年 2 月）。
19. 《清乾嘉時代之史學與史家》，杜維運著（臺北：臺灣學生書局，1989 年 4 月）。
20. 《孔子傳》，曲春禮著（濟南：山東友誼出版社，1990 年 6 月）。
21. 《孔子評傳》，匡亞明著（南京：南京大學出版社，1990 年 12 月）。
22. 《魯國文化與孔子》，劉振佳著（濟南：山東友誼出版社，1993 年 5 月）。

三、子　部

1. 《重編宋元學案》，（清）黃宗羲著，全祖望補修，國立編譯館編（臺北：正中書局，1987 年）。
2. 《明儒學案》，（清）黃宗羲著（臺北：里仁書局，1987 年 4 月）。
3. 《清儒學案》，（清）徐世昌著（北京：中國書店，1990 年）。
4. 《十駕齋養新錄》，（清）錢大昕著（臺北：藝文印書館，1965 年 10 月，《皇清經解》本）。
5. 《校禮堂文集》，（清）凌廷堪著（臺北：藝文印書館，1965 年 10 月）。

6. 《孟子字義疏證》，（清）戴震著（臺北：臺灣商務印書館，1968 年 3 月）。
7. 《荀子集解》，（清）王先謙集解（臺北：藝文印書館，1988 年 6 月 5 版）。
8. 《戴東原的哲學》，胡適著（臺北：臺灣商務印書館，1975 年 10 月臺 4 版）。
9. 《清代揚州學記》，張舜徽著（上海：上海人民出版社，1962 年 10 月）。
10. 《揚州派研究》，揚州師院學報編輯部古籍整理研究室編（江蘇：揚州師院，1987 年 11 月）。
11. 《揚州學派新論》，趙航著（江蘇：江蘇文藝出版社，1991 年 11 月）。
12. 《清代學術概論》，梁啓超著（臺北：臺灣商務印書館，1965 年 2 月，《萬有文庫薈要》本）。
13. 《中國近三百年學術史》，梁啓超著（臺北：華正出版社，1989 年 8 月）。
14. 《中國近三百年學術史》，錢穆著（臺北：臺灣商務印書館，1990 年 10 月臺 10 版）。
15. 《清儒學案叢書》，中央文物供應社編（臺北：編者自印，1955 年 3 月）。
16. 《清儒學案新編・第一卷》，楊向奎著（濟南：齊魯書社，1985 年 2 月）。
17. 《中國哲學十九講》，牟宗三著（臺北：臺灣學生書局，1989 年 2 月 3 版）。
18. 《中國人性論史・先秦篇》，徐復觀著（臺中：私立東海大學，1963 年 4 月）。
19. 《中國哲學原論・原性篇》，唐君毅著（臺北：臺灣學生書局，1989 年 11 月）。
20. 《中國思想傳統的現代詮釋》，余英時著（臺北：聯經出版事業公司，1989 年 2 月 3 版）。
21. 《論語義理疏解》，王邦雄等著（臺北：鵝湖出版社，1989 年 6 月 4 版）。
22. 《知識與價值——和諧、眞理與正義的探索》，成中英著（臺北：聯經出版事業公司，1989 年 10 月 2 次印行）。
23. 《儒家思想新論——創造性轉換的自我》，杜維明著，曹幼華、單丁譯（江蘇：人民出版社，1991 年 7 月）。
24. 《清代思想史》，陸寶千著（臺北：廣文書局，1983 年 9 月）。
25. 《中庸義理疏解》，楊祖漢著（臺北：鵝湖出版社，1986 年 6 月）。
26. 《清代學術研討會——思想與文學——論文集》，國立中山大學中國文學系編印（高雄市：國立中山大學中國文學系所，1989 年 1 月）。
27. 《清代哲學》，王茂、蔣國保、余秉頤、陶清等著（合肥：安徽人民出版社，1992 年 1 月）。
28. 《周易經傳象義闡釋》，朱維煥著（臺北：臺灣學生書局，1986 年 5 月）。
29. 《明末清初學術思想研究》，何冠彪著（臺北：臺灣學生書局，1991 年 2 月）。
30. 《中國儒學史》，趙吉惠、郭厚安、趙馥潔、潘策主編（鄭州：中州古籍出版社，1991 年 6 月）。

四、集 部

1. 《晦庵集》,(宋) 朱熹著 (臺北:臺灣商務印書館,1983 年,影印文淵閣《四庫全書》本)。
2. 《象山語錄》,(宋) 陸九淵著 (臺北:臺灣商務印書館,1983 年,影印文淵閣《四庫全書》本)。
3. 《朱子語類》,(宋) 黎靖德編 (臺北:文津出版社,1986 年)
4. 《滹南集》,(金) 王若虛著 (臺北:臺灣商務印書館,1983 年,影印文淵閣《四庫全書》本)。
5. 《滋溪文稿》,(元) 蘇天爵著 (臺北:臺灣商務印書館,1983 年,影印文淵閣《四庫全書》本)。
6. 《道園學古錄》,(元) 虞集著 (臺北:臺灣商務印書館,1968 年 12 月)。
7. 《清容居士集》,(元) 袁桷著 (臺北:臺灣商務印書館,1967 年,《四部叢刊初編・集部》)。
8. 《王陽明文集》,(明) 王陽明著 (臺北:考文出版社,1972 年 5 月 3 版)。
9. 《亭林詩文集》,(清) 顧炎武著 (臺北:臺灣商務印書館,1965 年,《四庫叢刊初編》縮本)。
10. 《日知錄》,(清) 顧炎武著 (臺北:臺灣商務印書館,1983 年,影印文淵閣《四庫全書》本)。
11. 《船山全集》,(清) 王夫之著 (臺北:畢聯出版社,1965 年 9 月)。
12. 《南雷文定》,(清) 黃宗羲著 (臺北:世界書局,1964 年 2 月)。
13. 《戴東原集》,(清) 戴震著 (臺北:臺灣商務印書館,1965 年 2 月)。
14. 《潛研堂文集》,(清) 錢大昕著 (臺北:臺灣商務印書館,1968 年 12 月)。
15. 《雕菰集》,(清) 焦循著 (北京:中華書局,1985 年,《叢書集成初編》本)。
16. 《揅經室集》,(清) 阮元著 (臺北:藝文印書館,1965 年 10 月,《皇清經解本》卷 1073)。
17. 《曾文正公詩文集》,(清) 曾國藩著 (臺北:臺灣商務印書館,1970 年 7 月)。
18. 《翁注困學紀聞》,(宋) 王應麟著,(清) 翁元圻注 (臺北:臺灣商務印書館,1968 年 3 月,《國學基本叢書》本)。
19. 《東塾讀書記》,(清) 陳澧著 (臺北:中華書局,1965 年,《四部備要》本)。
20. 《念樓集》,(清) 劉寶楠著 (臺北:文海出版社,1974 年,手稿影印本)。
21. 《丙辰箚記》,(清) 章學誠著 (臺北:新文豐出版公司,1985 年,《叢書集成續編》本)。
22. 《玉函山房輯佚書》,(清) 馬國翰著 (臺北:文海出版社,1967 年 6 月)。
23. 《越縵堂日記》,(清) 李慈銘著 (臺北:文光出版社,1963 年)。
24. 《清人文集別錄》,張舜徽著 (臺北:明文出版社,1982 年 2 月)。

25. 《觀堂集林》,(清)王國維著(臺北:世界書局,1961年3月)。
26. 《劉申叔先生遺書》,劉師培著(臺北:華世出版社,1975年8月)。

五、期刊部份

1. 〈論語子夏曰「賢賢易色」解〉,趙金海著,《大陸雜誌》,19卷3期,1959年8月。
2. 〈論語古文今文疏證〉,鄭毅庵著,《孔孟學報》,3期,1962年4月。
3. 〈論語先進篇「先進於禮樂」章研究〉,程發軔等著,《孔孟月刊》,3卷2期,1964年10月。
4. 〈論語顏淵篇克己復禮章〉,熊公哲等著,《孔孟月刊》,8卷5期,1970年1月。
5. 〈論語釋名〉,李紹户著,《建設》,19卷4期,1970年9月。
6. 〈皇侃論語義疏的性質和形式〉,戴君仁著,〈國立中央圖書館館刊〉,新三卷,第3、4期,1970年10月。
7. 〈論語源流考〉,朱建獻著,《孔孟月刊》,第12卷第4期,1973年12月。
8. 〈群經的新章句和新集注〉,百閔著,《國魂》,346期,1974年9月。
9. 〈評論語皇侃義疏之得失〉,董季棠著,《孔孟學報》,第28、29期,1974年9月,1975年4月。
10. 〈劉寶楠論語正義評述〉,李紹户著,《建設》,22卷4、5期,1975年9月、10月。
11. 〈翟灝論語考異與阮元校勘記〉,李紹户著,《建設》,25卷1期,1976年6月。
12. 〈論語之編纂及其篇章眞僞略考〉,張學波著,《孔孟月刊》,16卷11期,1978年7月。
13. 〈賢賢易色章解〉,龔樂群著,《孔孟月刊》,19卷9期,1981年5月。
14. 〈論語要義——論仁〉,王宜文著,《孔孟月刊》,20卷5期,1982年1月。
15. 〈清初學風與乾嘉考據之學〉,張火慶著,《中華文化復興月刊》,15卷6期,1982年6月。
16. 〈試論「論語」裡的利命仁〉,鄭力爲著,《鵝湖》,10卷1期(總109),1984年7月。
17. 〈論語中孔子所言「仁」之涵義〉,鄭月梅著,《孔孟月刊》,23期9卷(總273),1985年5月。
18. 〈從清初的反理學思潮看乾嘉學派的形成〉,陳祖武著,《清史論叢》,第6輯,1985年6月。
19. 〈劉寶楠論語正義之特性:有關宋、清朱劉論語注釋疑辨〉,封恆著,《藝術學報》,第40期,1986年10月。
20. 〈道光咸豐年間的經世實學〉,馮天瑜著,《歷史研究》,1987年第4期(總第188期),1987年8月。

21. 〈清代考據家的義理之學〉，高正著，《文獻》，1987 年第 4 期（總第 34 期），1987 年 10 月。
22. 〈清嘉道時期學術潮流述論〉，喻大華著，《遼寧師範大學學報》（《社會科學版》），1988 年第 6 期（總第 63 期），1988 年 11 月。
23. 〈道光年間的學術流派〉，劉繼德著，《寧夏大學學報》（《社會科學版》），1989 年第 3 期（總第 4 期），1989 年 6 月。
24. 〈中國經學的近代行程〉，朱維錚著，《復旦學報》（《社會科學版》），1989 年第 4 期，1989 年 7 月。
25. 〈試論論語的結集與版本變遷諸問題〉，王鐵著，《孔子研究》，1989 年第 3 期（總 15 期），1989 年 9 月。
26. 〈論道光朝經世思潮的不同流派〉，汪林茂著，《學術研究》，1989 年第 5 期（總第 96 期），1989 年 10 月。
27. 〈論清代學術的基本特徵〉，王保頂著，《社會科學輯刊》，1990 年第 5 期（總第 70 期），1990 年 9 月。
28. 〈論語源流再考察〉，郭沂著，《孔子研究》，1990 年第 4 期（總第 20 期），1990 年 12 月。
29. 〈論乾嘉學派的學術成就與歷史局限〉，王俊義著，《社會科學輯刊》，1991 年第 2 期（總第 73 期），1991 年 3 月。
30. 〈乾嘉學術成因新探〉，漆永祥著，《西北師大學報》（《社會科學版》），1991 年第 2 期（總第 96 期），1991 年 3 月。
31. 〈近代經世思潮的演變〉，陳振江著，《歷史研究》，1991 年第 3 期（總第 211 期），1991 年 6 月。
32. 〈應該給清代「樸學」以正當的評價〉，許文炎著，《新疆大學學報》（《哲學社會科學版》），1991 年第 3 期（總第 63 期），1991 年 9 月。
33. 〈論方東樹的漢學商兑〉，徐洪興著，《明清史》，1992 年 2 期，1992 年。
34. 〈關於乾嘉學派歷史貢獻之我見〉，王冬芳著，《安徽史學》，1992 年第 3 期，1992 年。
35. 〈讀劉寶楠的論語正義〉，楊向奎著，《孔子誕辰 2450 周年紀念與學術討論會論文集》（下），頁 2076～2096（上海：上海三聯書店，1992 年 5 月）。
36. 〈評價乾嘉學派應消除歷史成見〉，王俊義著，《社會科學戰線》，1992 年第 3 期（總第 59 期），1992 年 7 月。
37. 〈乾嘉考據學流派辨析——「吳派」「皖派」說質疑〉，暴鴻昌著，《史學集刊》，1992 年第 3 期（總第 48 期），1992 年 8 月。
38. 〈論語「三歸」另解〉，李衡眉著，《孔子研究》，1992 年第 3 期（總第 27 期），1992 年 9 月。
39. 〈儒家文化的變異和轉向——近代經學述要〉，天祥著，《孔子研究》，1992 年第

4 期（總第 28 期），1992 年 12 月。
40. 〈《論語集注》引鄭玄注辨證〉，何亞南著，《文教資料》，1993 年第 6 期（總第 204 期），1992 年 12 月。
41. 〈劉氏論語正義成書考〉，陳鴻森著，《清代經學國際研討會論文》，1992 年 12 月。
42. 〈「實學」概念的檢討〉，林慶彰著，《中國文哲研究通訊》，第 2 卷第 4 期，1992 年 12 月。
43. 〈劉氏論語正義參正〉，陳鴻森著，《王叔岷先生八十壽慶論文集》，（臺北：大安出版社，1993 年 10 月），頁 505～534。。
44. 〈江南儒士群體的歷史變動〉，周學軍著，《明清史》，1993 年 4 期。
45. 〈易傳中的天人關係〉，傅佩榮著，《中華易學》，5 卷 11 期（總號 59），1985 年 1 月。
46. 〈從中庸易傳看儒學的發展〉，李正治著，《孔孟月刊》，25 卷 8 期（總 296），1987 年 4 月。
47. 〈易傳繫辭中「一陰一陽之謂道」的研究〉，周景勳著，《哲學論叢》，23 期，1987 年 7 月。
48. 〈「易傳」關於天人之際的論述〉，戴璉璋著，《鵝湖》，15 卷 8 期（總 176），1990 年 2 月。
49. 〈論王夫之關於人的本質學說〉，王澤應著，《中國文化月刊》，124 期，1990 年 2 月。
50. 〈周易繫辭傳與論語中庸思想之通貫〉，王新華著，《中華易學》，11 卷 1 期（總 121），1990 年 3 月。
51. 〈戴震世界圖式的建構——天道論〉（一），張立文著，《孔孟月刊》，29 卷 10 期（總 346），1991 年 5 月。
52. 〈戴震世界圖式的建構——天道論〉（二），張立文著，《孔孟月刊》，29 卷 10 期（總 346），1991 年 5 月。
53. 〈戴震世界圖式的建構——天道論〉（三），張立文著，《孔孟月刊》，29 卷 10 期（總 346），1991 年 5 月。
54. 〈戴震世界圖式的建構——天道論〉（四），張立文著，《孔孟月刊》，29 卷 10 期（總 346），1991 年 5 月。
55. 〈儒家中庸概念的歷史演變〉，葛榮晉著，《哲學與文化》，18 卷 9 期（總號 208），1991 年 9 月。
56. 〈戴震氣化流行的學說及其對傳統氣論的繼承與發展〉，張懷承著，《中國文化月刊》，148 期，1992 年 2 月。
57. 〈戴震義理思想的基礎及其推展〉，張壽安著，《漢學研究》，10 卷 1 期（總 19），1992 年 6 月。